∞

秦镜高悬

中国古代的法律与社会

殷啸虎 著

北京大学出版社
PEKING UNIVERSITY PRESS

图书在版编目(CIP)数据

秦镜高悬:中国古代的法律与社会/殷啸虎著.—北京:北京大学出版社,2015.7
ISBN 978-7-301-26042-5

Ⅰ.①秦… Ⅱ.①殷… Ⅲ.①法制史—研究—中国—古代 Ⅳ.①D929.2

中国版本图书馆 CIP 数据核字(2015)第 159326 号

书　　　名	秦镜高悬:中国古代的法律与社会
著作责任者	殷啸虎　著
责 任 编 辑	刘秀芹
标 准 书 号	ISBN 978-7-301-26042-5
出 版 发 行	北京大学出版社
地　　　址	北京市海淀区成府路 205 号　100871
网　　　址	http://www.pup.cn
电 子 信 箱	sdyy_2005@126.com
新 浪 微 博	@北京大学出版社
电　　　话	邮购部 62752015　发行部 62750672　编辑部 021-62071997
印 刷 者	北京中科印刷有限公司
经 销 者	新华书店
	880 毫米×1230 毫米　A5　12.25 印张　294 千字
	2015 年 7 月第 1 版　2015 年 7 月第 1 次印刷
定　　　价	39.00 元

未经许可,不得以任何方式复制或抄袭本书之部分或全部内容。
版权所有,侵权必究
举报电话:010-62752024　电子信箱:fd@pup.pku.edu.cn
图书如有印装质量问题,请与出版部联系,电话:010-62756370

前　言

中国法律文化的发展有着悠久的历史。从古代文献的记载及地下文物的发掘看,中国法律至今已经历了四千多年的发展历程,这在世界法律发展史上也是首屈一指的。自秦汉以来,在法律体系上一脉相承,形成了独具一格的中华法系。另外,在国家管理和社会治理过程中,比较注重法律的作用,通过相关制度建设,在法律规范及其实施程序等方面积累了丰富的经验,形成了自己的特色。

其一,注重立法,重视法律的体系建设。自秦汉以来,历朝历代基本上都是在建政初期就进行大规模的立法活动,颁布法典,作为施政的依据;同时,在法典颁布后,通过各种形式的配套立法,形成了完备的法律体系,从法律形式和体系上保证了法律的有效实施。

其二,注重在实践中不断发展和完善法律。法律是相对稳定的,而社会现实是纷繁复杂的。如何运用相对稳定的法律处理纷繁复杂的社会问题,是中国古代法律实施过程中不断面对并且尝试去解决的问题。在这方面,中国古代法律实施过程中积累了丰富的有益经验。例如,在强调法律的规范性的同时,注重根据实际情况,灵活地适用法律;同时,根据实际情况的变化,不断修正和完善法律规定,使法律贴近社会生活,使法律更具有生命力。

其三,注重发挥法律的教化功能。古人云:刑为盛世所不能废,而亦盛世所不尚。刑罚本身不是目的,而只是实施教化的一种辅助手段。《唐律疏议》的开篇就说:"因政教而施刑法。""德礼为政教之本,刑罚为政教之用,犹昏晓阳秋相须而成者也。"法律不仅是一种社会行为规范,从根本上更是一种教化,最终目的是消除犯罪,所谓"刑期于无刑",达到"以刑止刑,以杀止杀"的目的。这种法律的教化观在今天看来,依然有着积极的意义。

当然,虽然中国古代也十分重视法律的作用,但这与今天我们所说的"法治"有着本质上的不同。现代意义的"法治"是一种国家治理的方略,而古代"法治"只是国家治理的一种手段。前者是价值层面的,而后者是工具层面的;前者是法在"人"之上,而后者是"人"(君主)在法之上。今天我们推进依法治国,固然要发挥工具意义上的"法治"的作用,但关键是要从价值层面,树立法治的绝对权威,推进依法治国。

中共十八届四中全会提出:"法律是治国之重器,良法是善治之前提。"法律作为人类社会政治文明的重要结晶,在国家管理和社会治理中发挥着极其重要的作用。全面推进依法治国是一项系统工程,要从中国的基本国情出发,发展符合中国实际、具有中国特色、体现社会发展规律的社会主义法治理论,为依法治国提供理论指导和学理支撑,其中一个重要方面,就是要汲取中华法律文化精华。我们的先人们早就开始探索如何驾驭人类自身这个重大课题,春秋战国时期就有了自成体系的成文法典,汉唐时期形成了比较完备的法典。我国古代法制蕴含着十分丰富的智慧和资源,中华法系在世界几大法系中独树一帜。因此,研究我国古代法制传统的成败得失,挖掘和传承中华法律文化精华,汲取营养,择善而用,是构建中国特色社会主义法治理论、建设中国特色社会主义法治国家的一项基础性工作。

目　　录

前言　/001

第一章　中华律典　/001

　　一　走下神坛的法律　/003

　　二　从礼崩乐坏到定分止争　/012

　　三　汉承秦制　/018

　　四　以礼入律　/025

　　五　中华法系的奠基之作　/031

　　六　灵活应变的《宋刑统》　/036

　　七　中国少数民族政权的法律　/039

　　八　礼以导民、律以绳顽的《大明律》　/047

　　九　律例合编的《大清律例》　/052

　　十　清末的"新政"与法律修订　/055

第二章　犯罪　/059

　　一　十恶不赦　/061

二　七杀　/071

  三　六赃　/076

  四　奸非　/082

  五　教令罪　/085

  六　不应得为　/087

  七　血亲复仇　/090

  八　公罪与私罪　/094

  九　"化外人"犯罪的处理　/097

  十　不作为犯如何定罪　/100

第三章　刑罚　/103

  一　制敕断罪　/105

  二　刑法的时间效力　/109

  三　中国古代实行过"罪刑法定"吗　/112

  四　比附为罪　/116

  五　保辜　/120

  六　矜老恤幼的法律体现　/123

  七　杀人而义与正当防卫　/127

  八　官员的司法特权　/130

  九　妇女犯罪的特殊规定　/134

  十　故意与过失　/138

  十一　共犯区分首从　/141

十二　再犯与累犯　/144

十三　二罪俱发与并合论罪　/147

十四　先自告除其罪　/150

十五　大赦天下　/154

十六　五刑　/157

十七　族刑与连坐　/162

十八　缇萦救父与肉刑改革　/166

十九　曹操割发代首与古代髡刑　/170

二十　《唐律》为什么规定计绢平赃　/173

二十一　刺配　/177

二十二　凌迟　/180

二十三　折杖法　/183

二十四　廷杖　/186

二十五　例分八字之义　/190

二十六　律眼十三字　/194

二十七　律注二十字　/198

第四章　诉讼与审判　/203

一　审判衙门与案件管辖　/205

二　诉讼的提起　/209

三　案件的审理　/214

四　上诉与复审　/227

五　死刑案件的核准与会审　/230

　　六　判决与刑罚的执行　/234

　　七　官吏的断狱责任　/237

第五章　法律与社会　/239

　　一　先秦时期的治安管理法　/241

　　二　《周礼》中的治安管理制度　/258

　　三　《封诊式》与古代司法鉴定　/276

　　四　古代司法鉴定的运用与发展　/280

　　五　古代的法律教育　/288

　　六　唐宋时期的法律考试　/291

　　七　赌博与古代法律　/294

　　八　盗墓与古代法律　/297

　　九　佛教与古代法律　/303

　　十　"乌台诗案"与宋代法制　/309

第六章　倡廉与肃贪　/317

　　一　古代的惩贪法　/319

　　二　古代法律对行贿的处罚　/323

　　三　请托也要治罪　/325

　　四　古代的官箴　/327

　　五　诸葛亮与蜀国吏治　/329

　　六　古代的两位"廉母"　/331

七　孟昶与《戒石铭》 /333

八　宋初严禁官吏经商 /335

九　张伯行与《禁馈送檄》 /336

十　老小于成龙 /338

十一　雍正与养廉金 /340

十二　丁宝桢受窘 /342

十三　浮梁县衙随想 /344

第七章　法律与生活 /347

一　古代的老年保护 /349

二　古代的养老令 /351

三　元日布法宣教 /353

四　古代的当铺 /354

五　古代的经纪人 /356

六　古代的集市管理 /358

七　古代法律对"私盐"的规定 /360

八　古代法律关于"拾遗"的规定 /361

九　唐朝的商品责任法 /362

十　唐朝的水利设施保护法 /363

十一　武则天与唐代法制 /365

十二　宋代的开封府 /367

十三　史传"狸猫换太子" /369

十四　苏东坡的西湖缘 /370

十五　手倦抛书午梦长　/372

十六　元朝的医药管理　/373

十七　清朝的内务府　/374

十八　清代官场的称呼　/375

十九　年终赐"福"　/377

二十　"员外"种种　/378

二十一　金莲三寸为哪般　/379

后记　/381

第一章
中华律典

《唐律疏议》的开篇说道:"因政教而施刑法","德礼为政教之本,刑罚为政教之用"。德主刑辅,礼法结合,成为中国古代法律发展的一条基本路径,同时也是了解和研究中国古代法律的基本线索;道德教化与刑事惩罚相结合,构成了中国古代法典的基本内容与基本特征。

一
走下神坛的法律

(一) 刑始于兵:一个古老的传说

中国古代的法律是怎样产生的?这个问题,到目前为止,仍然没有一个明确的答案。中国也同世界上其他国家和民族一样,经历了漫长的没有阶级、没有国家、没有法律的氏族社会。氏族内部的传统习惯,是氏族成员公认的调整人们行为的规范和准则。当时既没有法律,也没有法律的观念。古书中关于上古时期"不为刑辟""无制令而民从"的记载,正是这种氏族社会传统的反映。

法律和国家一样,是社会发展到一定阶段的产物。中国古代法律在产生的方式上,与战争有着密切的联系,因而古人就有了"刑始于兵"的说法,认为以刑法为主的法律是在战争中产生的。《辽史·刑法志》的开篇有这样一段话:"刑也者,始于兵而终于礼者也。鸿荒之代,生民有兵,如蜂有螫,自卫而已。蚩尤惟始作乱,斯民鸱义,奸宄并作,刑之用岂能已乎?帝尧清问下民,乃命三后恤功于民;伯夷降典,折民惟刑。故曰:刑也者,始于兵而终于礼者也。"这一段话,基本上反映了中国古代人对刑法产生问题的基本看法。

在从氏族社会过渡到阶级社会前后一段时间内,在中国的中原地区,传说曾发生过一系列规模较大的战争,如共工部落与蚩尤部落之间的战争、黄帝部落与蚩尤部落之间的战争、黄帝部落与炎帝部落之间的战争等。在部落与部落联盟内部,为了争夺首领的地位,也爆发了激烈

蚩尤像

的战争。为了取得战争的胜利,就必须有约束军队的强制措施,于是便出现了具有刑法性质的军纪军法,这也可以说是中国古代法律最早的形式。战争本身也被视为一种惩治罪犯的法律手段,即所谓"大刑用甲兵,其次用斧钺;中刑用刀锯,其次用钻凿;薄刑用鞭扑,以威民也。故大者陈之原野,小者致之市朝"①。同时,随着战争规模的扩大,俘获的战俘数量也大量增加。对这些战俘也不再按照过去的习惯予以处死,而是让他们沦为奴隶,对他们进行剥削和奴役。这又需要作为暴力手段的刑(法)进行管束和镇压,于是便产生了最早的刑法。此外,为了保证战争取得胜利,需要加强部落首领的权威;而战争的胜利,又反过来

---

① 《国语·鲁语》。

使部落首领的权威得到进一步的加强。随着部落的扩大,部落首领对部落的管理也不再单纯依靠过去的习惯,而是采取了一系列的强制措施,并由专门的机构和人员负责执行这些强制措施。这样便产生了处理部落内部事务的法律以及执行这些法律的法官。这些法官本来就是军队里的军官,从当时对法官的"士""士师""司寇"等称呼中,也可以清楚地看到这一点。

在中国古代法律产生的过程中,频繁的战争对法律的形成与发展起到了重要的促进作用,这也是导致中国古代法律具有以刑法为主、以维护君主独裁专制为核心的基本特征的重要原因。

(二)关于"皋陶作刑"

中国古代法律是什么时候产生的?对于这个问题,目前同样没有一致的、肯定的说法。根据古人的说法,中国最早的法律是由皋陶(音"摇")制定的。在《竹书纪年》中,也有"皋陶作刑"的记载。皋陶是传说中尧舜时期和夏朝初期的法官,据说是他制定了中国古代最早的刑法,即所谓"皋陶之刑"。其中规定:凡是犯有贪赃枉法、抢劫杀人等罪行,以及做了坏事还要自我标榜的人,都要处以死刑。[①] 在《尚书·大禹谟》里,还记载了夏禹同皋陶有关法律问题的一段对话:

> 帝(夏禹)曰:"皋陶,惟兹臣庶,罔或干予正。汝作士(法官),明于五刑,以弼五教,期于予治。刑期于无刑,民协于中,时乃功。懋哉!"

> 皋陶曰:"帝德罔愆,临下以简,御众以宽,罚弗及嗣,赏延于世。宥过无大,刑故无小。罪疑惟轻,功疑惟重。与其杀不辜,

---

① 《左传·昭公十四年》引《夏书》曰:"昏、墨、贼,杀,皋陶之刑也。"

皋陶像

宁失不经。好生之德,洽于民心。兹用不犯于有司。"

关于这段对话的真实性,从文献学的角度有不同看法,但其中提出的一些观点和主张,如"明刑弼教""刑期于无刑""罚弗及嗣,赏延于世""宥过无大,刑故无小""罪疑惟轻,功疑惟重""与其杀不辜,宁失不经"等,基本上成为后世立法和司法的基本指导原则。此外,后人还将皋陶奉为法官的始祖,后世的监狱里甚至还将他奉为狱神。当然,这些只是后人的传说而已,因为法律是在社会发展过程中逐步产生的,决不是哪一个人在一朝一夕间创造和制定的。不过,从"皋陶作刑"的传说中,我们也可以了解到这样一个事实,那就是中国古代的法律在第一个奴隶制王朝——夏朝建立之前,就已经出现了。

根据《尚书·舜典》等文献的记载,在舜担任部落首领的时候,就已经有了制裁部族内部犯罪行为的法律,所谓"象以典刑,流宥五刑,鞭作官刑,扑作教刑,金作赎刑。眚灾肆赦,怙终贼刑"。显然,这种法律也是以教育为主的,对于轻微的犯罪,用鞭刑和扑刑进行惩罚,使受罚者知错改过;一般人犯了罪,可以用钱赎罪;如果是偶尔犯罪,可以予以赦免,但如果不知悔改,就要给予严厉的惩罚。此外,舜还要求法官皋陶在处理案件时能够做到"惟明克允",秉公办案。从这些记载中可以看出,部族的习惯已经在性质上发生了变化,开始向法律转变了。在这一时期,法律逐步产生了。

(三)"天罚"与"神判"

在《尚书》中,收录了两篇不同时期发布但内容上颇有相似之处的文告。

一篇题为《甘誓》,它是夏朝的建立者启在率领大军讨伐另一个部落有扈氏时发布的战争动员令。其中这样说道:"有扈氏威侮五行,怠弃三正,天用剿绝其命。今予惟恭行天之罚。"大意是:"有扈氏违背天理伦常,倒行逆施,一意孤行,因此上帝要使他灭亡。现在我奉行上帝的旨意去讨伐他。"

另一篇题为《汤誓》,它是四百多年后商朝的建立者汤在讨伐夏朝最后一个君主桀时发布的战争动员令。其中也说道:"非台小子,敢行称乱,有夏多罪,天命殛之。……尔尚辅予一人,致天之罚,予其大赉汝。尔无不信,朕不食言。"大意是:"不是我大胆发动战争,而是夏王罪恶累累,上帝命令我去讨伐他。我知道夏王的确是罪恶昭著,我怕上帝发怒,不敢不加以讨伐。你们只要辅助我,奉行上帝的命令征讨夏王,我就会大大赏赐你们,决不食言!"

这两篇战争动员令,虽然并不是一个时期发布的,但其中都不约而同地提到了上帝和天命,并把对对方的讨伐说成是奉行上天的旨意。

这也反映了在战争中取得胜利并建立国家政权的统治阶级为了使自己的统治合法化,都抬出神灵作为偶像,根据自己的意志创造了上帝的形象,并因此而将自己对国家政权的掌握说成是上帝的授意,把法律说成是上天意志的体现,把对罪犯进行惩罚说成是在执行上帝的判决。他们通过神权与法权的结合,给法律蒙上了一层神秘的面纱,借以掩盖法律的实质。

根据"天罚"的观念,上古时期在司法审判中普遍适用神灵裁判(通称为"神判")的方式。商朝的甲骨卜辞中,就有许多这方面的内容。通过贞卜,由国王决定对罪犯处以刑罚或不处以刑罚。传说上古时候的大法官皋陶审理案件时,遇到有疑难的案件,无法断定被告是否有罪时,便叫神羊来审判。被告如果有罪,神羊便会用角去触他;没有罪的则不会触。在《墨子·明鬼篇》中,也记载了这样一个故事:春秋齐庄公时,齐国有两个叫王里国、中里缴的大臣打官司,打了三年还分不出是非。齐庄公很为难,最后决定在神社里审理此案。他命人牵来一只神羊,然后叫人对着神羊分别读两人的诉状。王里国的诉状读完后,神羊没有什么反应;而当中里缴的诉状读到一半时,神羊突然跳起来,用角当场将中里缴刺死了。

古人创造的"法"字,更是形象地反映了这种神灵裁判的方式和制度。古代的"法"字原写作"灋",它是由"氵""廌"和"去"三个部分组成:"氵"表示"法平如水"的意思;"廌"又称"獬豸",是一种似羊或似牛的独角兽,传说它能在法庭上明辨是非,对于理屈者或者罪犯,它就会用角去顶,这就是"去"的含义。因此,这个古老的"灋"字,形象地表现了古代神灵裁判的运用。

獬豸

（四）夏商周三代的法律制度

据说夏商时期已经有比较系统的法律制度了。《左传·昭公六年》记载："夏有乱政，而作禹刑；商有乱政，而作汤刑。"《尚书大传》中也说"夏刑三千"。这一时期的法律主要是以刑法为主的。所谓"夏刑三千"，按照汉代大儒郑玄的解释，就是墨、劓、膑、宫、辟五刑的汇编，"夏刑大辟二百，膑辟三百，宫辟五百，劓、墨各千"①。商朝刑法在夏刑的基础上有所增减，"殷因于夏，盖有损益"②。当然，由于年代久远和史料的缺乏，我们今天已经无法知道夏商法律的具体情况了。

---

① 《周礼·秋官·司刑》郑玄注。
② 《魏书·刑罚志》。

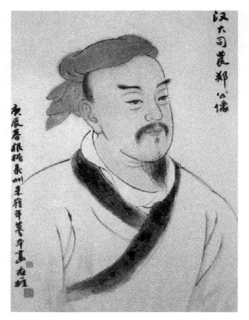

郑玄像

现在保存下来较早、较为完整的是有关西周时期法律的记载。在《尚书》《礼记》《周礼》等文献及文物中都保存了相当数量的西周时期的法律规定,从中可以了解到西周时期法律制度的大致情况。

在《尚书》中有《吕刑》篇,据说是西周穆王命吕侯所作的一部刑书,其中记载了五刑的具体内容,以及定罪量刑的一些基本原则,此外还规定了司法官吏的责任等。在其他一些文献中,也记载了一些相关内容,如《尚书·康诰》中就有关于量刑时要区分故意和过失的规定:"人有小罪,非眚(不是因为过失),乃惟终(屡教不改),自作不典,式尔,有厥罪小,乃不可不杀;乃有大罪,非终(并非屡教不改),乃惟眚灾(而是由于过失和意外事件),适尔,既道极厥辜,时乃不可杀。"在《礼记·曲礼》中,也有关于"矜老恤幼"刑罚原则的记载:"八十、九十曰耄,七年曰悼。悼与耄,虽有罪,不加刑焉。"此外,在《尚书·酒诰》中,专门有关于禁止"群饮"的规定:"厥或诰曰:群饮,汝勿佚,尽执拘以归于周,予其杀。又惟殷之迪,诸臣惟工,乃湎于酒,勿庸杀之,姑惟教之。有斯明享,乃不用我教辞,惟我一人弗恤,弗蠲乃事,时同于杀。"这大概是世界上最早的禁酒令了。

夏商周三代所形成的一些法律规定和法律原则,对后世法律的发展产生了很大的影响。

二

从礼崩乐坏到定分止争

虽然在夏、商、周三代都有成文法律,但这些成文法律是藏于官府,由少数贵族官员掌握的,并不向百姓公开。百姓犯了罪,由贵族担任的司法官员根据法律规定,参照具体情况作出裁决。所以,百姓犯了罪,应当判处什么样的刑罚,只能由这些贵族官员说了算,法律成了贵族的专利。这种状况,充分体现了"礼不下庶人,刑不上大夫"的礼治原则的要求。但到了春秋时期,社会情况发生了变化,出现了"礼崩乐坏"的局面,新兴地主阶级开始登上历史舞台,他们要求改变由贵族垄断法律的局面。在这种情况下,开始了以公布成文法律为主的法律变革。

(一)春秋时期公布成文法

在春秋时期各诸侯国中,最早公布成文法的是郑国。郑国在春秋初年还是一个大国,但由于后来四周邻国日益强大,不断对郑国进行侵扰,加上国内守旧势力很强大,使得郑国的国势日益衰弱。公元前543年,郑国著名的政治改革家公孙侨(字子产)执掌郑国国政后,便进行了政治、经济、法律等各方面的改革,并于公元前536年将郑国的刑书刻在鼎上,公布于众。这一举措立刻招来了旧贵族的强烈反对,甚至邻国晋国的政治家叔向也写信给子产,指责他这种公开法律的行为。他说:"先王议事以制,不为刑辟,惧民之有争心也。……民知有辟,则不忌于上,并有争心,以征于书,而徼幸以成之,弗可为也。"① 而子产的回答也很明白,他之所以这么做,只是为了"救世",是为了顺应时代的发展,使郑国重新强盛起来。

子产像

就在子产公布刑书23年后的公元前513年,曾经写信指责子产公布成文法的叔向所在的晋国,也正式公布了成文法。当时晋国的执政者赵鞅用向民间征收来的铁铸造了一个鼎,将范宣子制定的刑书刻在了鼎上,称之为"刑鼎"。

(二)战国时期的法律变革

自郑国、晋国相继公布成文法后,成文法的公布便成为一股历史潮流,为后来战国时期各诸侯国的变法改革奠定了法律基础。战国时期,

---

① 《左传·昭公六年》。

各诸侯国为了自身的生存和发展,先后开展了以富国强兵为内容的变法运动,并制定了反映封建地主阶级意志的成文法律,如齐国有《七法》、韩国有《韩符》、赵国有《国律》等。其中影响最大的,就是魏国李悝变法时制定的《法经》和秦国的商鞅变法。

魏国是战国七雄中最早实行变法的诸侯国。魏国国王魏文侯任用李悝为相,实行变法改革。李悝执政期间,推行了一系列的改革措施:在政治上,废除世卿世禄制度,剥夺旧贵族的政治特权,把官职爵位授给那些对国家有功、对国家有用的人;在经济上,实行"尽地力之教",鼓励农民开垦土地,提高产量,增加国家税收,满足人们的需求;在法律上,吸取各国的立法经验,制定了《法经》。

《法经》被后人认为是中国历史上第一部成文法典,它的原文已经失传,从后人有关记载看,它的内容共有6篇:第一篇是《盗》,主要是有关对侵犯财产犯罪的规定;第二篇是《贼》,主要是有关危害人身安全的杀人、伤人等犯罪的规定;第三篇是《囚》(一作《网》),主要是关于囚禁和审判方面的规定;第四篇是《捕》,主要是有关追捕罪犯的规定;第五篇是《杂》,是有关其他方面各种犯罪的规定,如赌博、行贿受贿、扰乱社会治安等;第六篇是《具》,是有关法律适用原则等方面的规定,相当于后世刑法的"总则"部分。对于这种编排方式的目的,《晋书·刑法志》中写道:"(李)悝撰次诸国法,著《法经》,以为王者之政莫急于盗贼,故其律始于《盗》《贼》;盗贼须劾捕,故著《网》《捕》二篇;其轻狡、越城、博戏、借假不廉、淫侈、逾制,以为《杂律》一篇;又以《具律》具其加减。是故所著六篇而已,然皆罪名之制也。"《法经》在编纂体例上已经粗具规模,成为后世封建法典的蓝本。

继李悝变法之后,各诸侯国也相继实行变法。其中影响最大的,就是秦国的商鞅变法。商鞅变法的主要内容,是用法律手段推行以富国

李悝像

强兵为目的的农战政策,对内奖励努力耕作,对外鼓励士兵勇敢作战。对于违反乃至破坏农战政策的人,则要给予严厉的处罚。为了保证这一政策的顺利推行,采取了一系列的措施:

首先,在沿用《法经》的基础上,制定了一些新的法律,如编制居民组织的《什伍之法》、强制百姓分居以增加税收的《分户令》、奖励军功的《军爵律》等。

其次,加强法律的宣传,取信于民,使这些法律能够得到切实有效的贯彻落实。在《史记·商鞅列传》中,就记载了这样一个故事:商鞅刚开始变法时,命人在国都南门放了一根三丈长的木头,并宣布说,谁能

商鞅像

将这根木头搬到北门,就赏给他十金。大家感到很奇怪,可谁也不敢去动这根木头。于是商鞅又将奖赏提高到五十金。这时有个人大胆地站出来,将木头搬到了北门。商鞅立刻赏给他五十金,证明自己言出必行。此后商鞅发布的法令都得到有效的贯彻落实。

再次,用严刑峻法来保证法律的实施。一方面,在法律上确立了重刑主义的原则,主张重刑轻罪,即对轻微的犯罪也要给予严厉的处罚,使人们连小罪也不敢犯,自然也就没人去犯罪了,这样刑罚也就没有用了,这就叫做"以刑去刑"。另一方面,确立了"连坐"制度,即一个人犯罪,其他相关的人都要牵连受到处罚。商鞅规定的连坐方式主要有四种:一是什伍连坐,即将五家编为一"伍",十家编为一"什",同什伍的百姓要相互监视,一家犯法,其他人家必须向官府告发,否则就要受到株连;二是军事连坐,即在军队中也将五人编为一"伍",若一人逃跑,其余四人就要被处死;三是全家连坐,即一人犯罪,全家都要受到株连;四是职务连坐,即官员对所管辖的百姓、上级对下级都要承担相应的连带责任。

商鞅用严刑峻法来推行政治经济和法制改革,在当时取得了巨大的成功,使秦国由一个落后的国家一跃而成为一个强大的国家。尽管商鞅后来被杀,但他的改革措施却被秦国的统治者继续奉行,为秦始皇统一中国奠定了坚实的基础。商鞅变法时确立的法律制度也被后来的秦王朝所继承。

三
汉承秦制

(一)《云梦秦简》与秦代法律

秦代法律是在商鞅变法时确立的法律制度基础上发展起来的,特别是秦始皇统一中国后,"法令由一统",进行了大规模的立法活动。但由于文献的散佚,我们已无法了解秦代法令的具体情况。所幸的是,1975年12月,在湖北云梦县睡虎地的秦代墓葬中发掘出土了1100余枚竹简,其中大部分是与法律有关的。经过整理的《云梦秦简》主要有以下几方面的内容:

(1)《秦律十八种》,这是《云梦秦简》的主要部分,包括《田律》《金布律》《置吏律》等18种法律,内容涉及刑法及行政、经济、民事等方面的法律规定。

(2)《效律》,这是有关官府物资账目检核制度的法律规定。

(3)《秦律杂抄》,这是对法律和单行法规的摘抄,其中有法律法规名称的计有《除吏律》《捕盗律》等11种,其他都没有名称,摘抄的内容也相当广泛。

(4)《法律答问》,这是官吏对法律法规的解释和补充说明,以及有关诉讼程序的说明等,其中引用了不少过去的判例作为解答的依据。这与《史记·秦始皇本纪》中有关"欲学法令者,以吏为师"的记载也是相符合的。

(5)《封诊式》,这是有关案件调查、检验、审讯等程序的准则和法

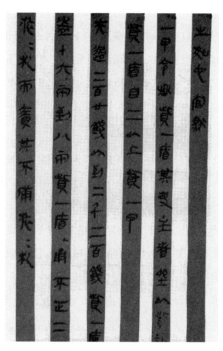

《云梦秦简》

律文书程式的规定,其中收录了不少有关侦查和勘验的案例。这也是目前可知的有关刑事侦查和法医检验方面最早的法律文书。

(6)《为吏之道》,其中记述了对官吏的各种要求,以及任用考核官吏的标准等,是官吏必须遵守的准则。

(7)《语书》,这是当时南郡的郡守颁发给本郡各县、道,告诫官民奉公守法的文告。

《云梦秦简》的内容虽然残缺不全,不能展现秦代法律的全貌,但它从一个侧面反映了秦代法律的一些情况,其中不少内容与出土的汉代竹简有关法律的内容非常相似,反映了汉代对秦代法律的继承情况。

除了《云梦秦简》外,在现今流传下来的史籍中,也有一些有关秦代法律的记载。虽然这只是一些不完整的只言片语的记载,但对于我们了解秦代法律的情况仍有一定的帮助。例如,在《史记·陈涉世家》中提到的"失期,法皆斩"的规定,就反映了秦二世时期严刑峻法政策极端化发展的概况。

(二)"汉承秦制"与汉朝法律

"汉承秦制",汉朝法律是在秦朝法律的基础上发展起来的。就在秦末农民大起义所燃起的反秦烽火正旺之际,刘邦率军西入函谷关,秦王朝灭亡。刘邦为了稳定民心,与关中百姓"约法三章":杀人者死,伤人及盗抵罪。除此之外,秦王朝的所有法律都予以废除。虽然这只是一种权宜之计,却深受关中百姓的拥护,对刘邦后来取得楚汉战争的胜利起到了重要作用。

汉王朝建立后,面对的是一个地域广大、饱经战乱破坏的国家,百废待兴,简单的三章之法是远远不能适应治理国家的需要的。在这种情况下,汉王朝开始在秦朝法律的基础上进行立法活动,颁布了一些法律法令,并逐步形成了以律、令、科、比为表现形式的法律体系。

1. 汉朝的律

汉朝的律是指国家制定和颁布的比较稳定与普遍适用的法律规范。汉朝的第一部律,是由相国萧何主持编纂的《九章律》。汉朝建立后,由萧何主持,对秦王朝的法律进行了整理,选择了其中能够适用的法律编为九篇,分为盗律、贼律、囚律、捕律、杂律、具律、户律、兴律、厩律,称为《九章律》。《九章律》的前六篇,主要是根据《法经》六篇的内容修订整理的;后三篇的内容则是根据秦王朝法律的有关内容汇编整理而成的,这也是"汉承秦制"在立法上的具体表现。当然,由于当时客观条件的限制,《九章律》基本上是对旧有的法律规范进行汇编,还没有形成严格的法典体系,但它同样对后世的立法产生了重要影响。

《九章律》已经失传,除了史籍中保存的个别条文外,具体内容已不可知。1983年底至1984年初,在湖北江陵市张家山的西汉前期墓葬中,发现了大量竹简,其中有汉律竹简五百余支,大体上反映了汉律的基本情况。

《九章律》

除了《九章律》外,汉初还有叔孙通主持编纂的《傍章》18篇。关于这部《傍章》的制定,还有这样一则故事:刘邦打下天下后,经常在朝堂上宴请群臣。他手下的一群武将,大多起自草莽,和他一起南征北战,从不讲究什么君臣礼仪。他们在朝堂上无拘无束,往往饮酒争功,喝醉了就大喊大叫,甚至拔剑砍柱子,全无体统。刘邦当然很不高兴,但碍于都是故交,也不好说什么。叔孙通建议刘邦搞一套朝见的礼仪,刘邦便让他去负责这项工作。在长乐宫建成的那一天,文武百官都按照叔

叔孙通像

孙通等新定的仪式朝见刘邦,一切上下有序,井井有条,再也不见往日那种乱哄哄的场面。刘邦大为高兴,说:我今天才知道做皇帝的尊贵啊!① 他命叔孙通将这一套礼仪规范用法律的形式确立下来。叔孙通在秦代旧仪的基础上,制定了《傍章》18篇,由于其内容都是有关朝廷礼节仪式的,所以又称为《汉仪》。

到了汉武帝时,出于强化皇权的需要,又制定了一些法律,其中比较重要的,有张汤主持编纂的《越宫律》27篇和赵禹主持编纂的《朝律》6篇。它们与《九章律》《傍章》18篇一起,被后人合称为"汉律六十篇",构成了汉朝"律"的主体部分。此外,还颁布了许多单行的律,如关

---

① 参见《史记·叔孙通列传》。

于考核地方官吏的《上计律》,关于田租口赋的《田租税律》,关于收藏禁书的《挟书律》等,数量、内容比汉初的律都大大增加了。

2. 汉朝的令

汉朝的令是指皇帝发布的诏令,它可以变更、取消甚至代替律的规定。从适用范围看,令的范围比律更广,凡是律没有规定的内容,都可以令的形式加以调整,或者以令的形式补充、变更律的规定。从颁布的时间看,律一般是前朝君主颁布的,具有一定的稳定性;而令则是根据当时的具体情况随时、随事发布的,具有相当的灵活性。也正因为如此,汉朝对令的汇编,也成为一项重要的立法活动。从汉令汇编的情况看,主要有两种方式:一是按发布时间的先后进行汇编,分为《令甲》《令乙》《令丙》等;二是根据内容进行汇编,如关于审判程序的《廷尉挈令》,关于监狱管理的《狱令》,关于租税和土地管理的《田令》等。据记载,当时的令共有三百余篇,成为一种主要的法律形式。

3. 汉朝的科

汉朝的科是规定犯罪与刑罚的单行法规,它渊源于皇帝所发布的诏令,是针对一事一罪而专门规定的,具有很强的针对性和实用性。如《首匿之科》就是专门规定为首窝藏罪犯的行为所应当承担的刑事责任。因此,制定、颁布科条也是当时的一项重要立法活动。后来科的数量、种类不断增多,以至于出现了"科条无限"的情形,反而影响了法律的正常实施。

4. 汉朝的比

比就是比附,当律令没有明文规定的时候,可以比照类似的规定以及先前的判例作为审判的依据。由于比具有较大的随意性,因此汉朝初年对比的适用有一定的限制。但是,由于适用比附灵活方便,加上汉武帝以后,律令繁多,司法官吏查找不便,使得对比附的适用日益普遍。为了防止随意援引比附,在法律上对可以被援引为比附的判例进行了汇编,有关审判的比称为"决事比",有关诉讼的比称为"辞讼比"。因此,汇编比也成为一项经常性的立法活动。

此外,在汉朝适用的比中,还有一种特殊的比附方式,那就是"春秋决狱",有关这方面的判例汇编又称为"春秋决事比"。它是以儒家的经书,特别是《春秋》一书中的精神和事例作为审判案件的依据。"春秋决狱"是汉代儒学大师董仲舒等人提倡的。它有两项重要的审判原则,一是阐发《春秋》经义的"尊王室,诛乱臣贼子"的所谓"微言大义",并根据经书的内容对法律穿凿附会,随意解释。二是提倡"原心论罪",即根据行为人的主观动机对他的行为进行判断:主观动机好的,做了违法的事情可以原谅;主观动机不好的,即使没有做错事也要受到惩罚,这就叫做"君子诛心"。而判断主观动机好坏的标准,就是《春秋》等儒家经书。在董仲舒的《春秋决狱》一书中,就记载了这样一则案例:

> 甲的父亲乙同丙相斗,丙用刀刺乙,甲见状上前帮助父亲,用木棍去打丙,没想到误伤了自己的父亲。按照当时法律的规定,甲的行为属于"殴父",依法应当斩首。但董仲舒认为:甲在主观上是为了救父而非殴父,因此尽管在事实上殴打了父亲,但根据《春秋》经义"君子原心"的原则,不应当处罚甲。①

从这一案例也可以看出,"春秋决狱"的方式在事实上赋予了儒家经书以法律效力,成为比附的依据。就这一点而言,它将儒家经书所主张的一些精神和原则直接运用到审判中,对当时及后世的儒家思想法律化及"以礼入律"产生了重要影响。其中的一些原则,也成为后世立法及司法的基本原则。也正因为如此,"春秋决狱"成了两汉及魏晋南北朝时期盛行不衰的审判方式。

---

① 《太平御览》卷640引《春秋决狱》。

四
以 礼 入 律

魏晋南北朝时期的中国,继秦末之后再度陷于分裂和战乱,其间除了西晋一度有过短暂的统一外,长期处于分裂割据状态,政权不断更迭。然而,由于这一时期各民族的不断融合,加上各统治集团为了自身的生存与发展,都重视以法律手段维护和巩固统治,因此,封建法律得到了一定程度的发展,尤其是随着儒家思想的法律化,儒家所倡导的礼教与法律的逐步结合,成为封建立法走向成熟的重要过渡时期。

(一) 曹魏的《新律》

三国时期最主要的立法活动,就是曹魏王朝在汉律基础上制定的《新律》(又称《曹魏律》)。曹魏代汉时,基本上是沿袭了汉朝的法律。但由于汉朝原有的法律体系庞杂,律令科比等法律规范的数量很多,显得杂乱无章,造成了适用上的困难。因此,到了魏明帝时,由陈群、刘劭等人主持,对汉朝原有的法律进行了较大规模的整理、归并和删减,制定了《新律》18篇。与原来沿用的汉律相比,《新律》主要有以下几个方面的变化:

1. 增加了篇章

《新律》以《九章律》为基础,融合了其他律令规范,另增加了《劫略律》《诈伪律》《毁亡律》《告劾律》《系讯律》《断狱律》《请赇律》《惊事律》《偿赃律》等9篇。

2. 调整了内容

《新律》在增加篇章的同时,对原有律令科比等规范的内容进行了调整,将不适用的以及重复的条文和内容删除,使律文的内容更加整齐划一。

3. 改变了体例

《新律》将《九章律》中的《具律》改为《刑名律》,并放在了首篇,改变了原来《具律》"既不在始,又不在终"的体例,使之更好地起到统率全篇的总则作用。这一体例自《新律》确定后,一直被后世法典所沿用。

(二) 西晋的《泰始律》

曹魏末年,晋王司马昭为取代曹魏政权作准备,以魏《新律》的内容繁杂严密为理由,命贾充、杜预等人负责对《新律》进行修订。这项工作直到西晋建立后的泰始三年才完成,并于次年颁布,因此后人称其为《泰始律》。《泰始律》共 20 篇,620 条。其具体篇名是:一《刑名律》,二《法例律》,三《盗律》,四《贼律》,五《诈伪律》,六《请赇律》,七《告劾律》,八《捕律》,九《系讯律》,十《断狱律》,十一《杂律》,十二《户律》,十三《擅兴律》,十四《毁亡律》,十五《卫宫律》,十六《水火律》,十七《厩律》,十八《关市律》,十九《违制律》,二十《诸侯律》。从篇章内容看,它是以《九章律》和《新律》为基础,并在三个方面作了重要修改:一是调整了篇目,分为 20 篇,并将原《刑名律》分为《刑名律》和《法例律》两篇;二是明确区分了律令,将有关定罪量刑方面的规定纳入"律"的内容,而有关国家制度的规定纳入"令"的内容,解决了汉代以来律令混杂的问题,在法典编纂体例上,也开创了律典与令典分别编纂的做法;三是法律解释与律文并行,《泰始律》颁布后,又由当时的律学家张斐、杜预等人先后编写了法律解释,经批准后公开颁布,与律文具有同样的法律效力。后人又将律文与张、杜所作的解释合编在一起,称为"张杜律"。

《泰始律》与汉魏律相比,在内容上更具礼律并重、刑宽禁简的特点。随着西晋的统一,《泰始律》也成为魏晋南北朝时期唯一的一部通行全国的法典,同时也是这一时期影响最大、施行时间最长的一部法典。正如民国法制史学者程树德所说:"晋自泰始四年,颁定新律,刘宋因之,萧齐代兴,王植撰定律章,事未施行,盖断自梁武改律,承用已经三代,凡二百三十七年,六朝诸律中,行世无如是之久者。"①

(三) 南朝的梁律与陈律

东晋灭亡后,我国南方先后建立了宋、齐、梁、陈四个王朝,总称为南朝。南朝的宋、齐两朝除了颁布过一些法令外,基本上是沿用《泰始律》。齐永明年间,由王植根据张斐、杜预等人的律注编纂了《永明律》20卷1530条,但并没有颁布施行。

梁武帝时,鉴于当时律令不统一的状况,由蔡法度等人主持,以齐《永明律》为蓝本,编纂了律20卷2529条。其内容现已失传,从篇目上看,是将《盗律》改为《盗劫律》,《贼律》改为《贼叛律》,《请赇律》改为《受赇律》,《捕律》改为《讨捕律》,删去了《诸侯律》,另增《仓库律》,其余篇名与秩序都与《泰始律》相同。

陈武帝即位后,认为梁律"纲目滋繁,䂓属乱离,宪章遗紊"②,命由范泉等人主持,重新修订律令,编纂了律30卷,内容上仍以梁律为基础,史称其"采酌前代,条流冗杂,纲目虽多,博而非要"③。从总体上看,梁、陈两朝的法律依然是沿袭晋代法律,没有太大的变化。

---

① 程树德:《九朝律考·晋律考序》,中华书局1963年版,第225页。
② 《隋书·刑法志》。
③ 同上。

(四) 北魏的律典

与南朝对峙的北魏王朝虽然是一个少数民族政权,但十分重视对汉民族法律文化的吸收,通过借鉴汉族法律,改变部族习惯。北魏太武帝时命崔浩等人以汉魏律为基础,结合了本民族的习惯,改定律典,至孝文帝太和十六年(492年)完成并颁布了北魏律20篇833章(条)。

北魏律也已失传,篇名保存的也只有15篇,即《刑名律》《法例律》《卫宫律》《户律》《厩牧律》《擅兴律》《贼律》《盗律》《斗律》《系讯律》《诈伪律》《杂律》《捕亡律》《断狱律》。另据推测,其余5篇可能是《请赇律》《告劾律》《关市律》《水火律》《婚姻律》。① 从篇名看,与晋《泰始律》大体相同,由此也可见《泰始律》对北魏立法的影响。

北魏分裂为东魏和西魏后,东魏制定了《麟趾格》作为基本法律(因在麟趾殿起草而得名),西魏则制定了《大统式》。在这一时期,"格"与"式"作为基本法律形式开始形成了。

(五) 泥古不化的北周《大律》

北周取代西魏后,在政治制度方面,带有浓厚的复古色彩,照搬《周礼》中的某些制度设计,在法律编纂方面也是如此。北周在前朝法律基础上制定了《大律》25篇,具体是:《刑名律》《法例律》《祀享律》《朝会律》《婚姻律》《户禁律》《水火律》《兴缮律》《卫宫律》《市廛律》《斗竞律》《劫盗律》《贼叛律》《毁亡律》《违制律》《关津律》《诸侯律》《厩牧律》《杂犯律》《诈伪律》《请赇律》《告言律》《逃亡律》《系讯律》《断狱律》,共1537条,篇章体例虽然沿袭了魏晋律,但却"烦而不要"②。史称《大律》的内容模仿《周礼》,显得泥古不化。因此,后人对这部法律的

---

① 参见程树德:《九朝律考·后魏律考》,中华书局1963年版,第352页。
② 《唐六典》卷6。

评价是"大略滋章,条流苛密"①。

(六) 简而不失的北齐律

北齐取代东魏后,由封述、崔昂等人主持,在北魏律的基础上,编纂了北齐律12篇,篇名为《名例律》《禁卫律》《户婚律》《擅兴律》《违制律》《诈伪律》《斗讼律》《贼盗律》《捕断律》《毁损律》《厩牧律》《杂律》,共949条。与前代的律典相比,它有两个重要变化:一是在体例上,将原来作为律典总则部分的《刑名律》与《法例律》两篇合而为一,称为《名例律》。这一体例确立后,一直为后世历朝律典所沿用,直到清末法律修订时,才改《名例律》为"总则"。二是在内容上,在参照前朝律典的基础上作了较大的删修增损,由20篇归并为12篇,据说律典的内容"所增损十有七八"②,因而具有"法令明审,科条简要"③的特点。北齐律在中国法典编纂史上具有重要地位。

(七) 魏晋南北朝时期的"以礼入律"

魏晋南北朝在中国法律发展史上是一个承前启后、继往开来的重要发展时期。这一时期在法律内容上的主要变化,就是儒家的思想主张逐步演变为法律原则,将礼教的规范逐步融合到法律条文之中,成为封建法律儒家化的重要过渡时期。

法律儒家化的主要表现,就是将儒家礼教所主张的"亲亲""尊尊"和"贵贵"原则渗透到法律中,指导立法和司法活动,这也就是"以礼入律"的过程。首先,把家族血缘关系作为司法审判的依据。曹魏《新律》不仅规定当杀人犯逃逸时,允许被害人的亲属自行复仇,而且规定家庭

---

① 《隋书·刑法志》。
② 《北齐书·崔昂传》。
③ 《隋书·刑法志》。

成员内部的侵害行为，可以根据身份不同而给予不同处理；晋《泰始律》不仅规定了"准五服以制罪"的原则，而且允许父母对违反教令的不孝子女可以自行处置，甚至处死。其次，根据儒家经书中"刑不上大夫"的主张，在法律中公开肯定贵族官员的等级特权。曹魏时，在法律上规定了维护司法特权的"八议"制度，其后南陈与北魏的法律也都规定了"官当"制度。此外，北齐律将违反礼教"亲亲""尊尊"精神，严重侵犯封建皇权和纲常礼教的犯罪归纳为"重罪十条"。这些规定，基本上都被隋唐的法律所继承，成为法律的基本原则和主要内容。

五
中华法系的奠基之作

隋唐时期是中国古代法律发展的一个重要时期。在这一时期，不论是法典的体例还是内容都基本成形，并成为后世法典编纂的楷模。

(一) 承前启后的隋《开皇律》

隋朝建立后不久，曾对律典进行了修订，但基本上是照抄，内容上没有太大变化。开皇三年(583年)，由苏威等主持重修律典，以北周《大律》为基础，①参照了魏晋以来的历代律典，尤其是北齐律，进行了较大规模的修订，定为12篇，即《名例律》《卫禁律》《职制律》《户婚律》《厩库律》《擅兴律》《盗贼律》(一作《贼盗律》)《斗讼律》《诈伪律》《杂律》《捕亡律》《断狱律》，共500条，这就是后人所说的《开皇律》。《隋书·刑法志》称其"刑网简要，疏而不失"。它在编纂体例和内容方面总结了前人的立法成果，并为封建法典的完善奠定了基础，在中国古代法律编纂史上具有承前启后的重要地位。

隋炀帝即位后，命牛弘等人重修律典，于大业三年(607年)颁布，史称《大业律》。《大业律》在体例上，将《开皇律》的12篇增加为18篇；

---

① 关于隋《开皇律》蓝本的问题，法制史学界通行的说法，都认为它是以北齐律为蓝本的，其主要依据是《隋书·刑法志》中所说的"多采后齐之制，而颇有损益"。但从《开皇律》对旧律条文的删改看，减去死罪81条，流罪154条，徒杖罪千余条，共删去1200余条，加上保留的500条，那么作为蓝本的律典至少应有1700余条。北齐律不足千条，要在此基础上进行删改显然是不可能的。而北周《大律》有1537条，隋初修律时又略有增加。因此，《开皇律》应当是以《大律》为蓝本，参照了北齐律进行修订的。

在内容上,对一些犯罪行为的量刑予以减轻。但是,在实践中,并没有得到切实的贯彻。

(二) 集大成的唐律和《唐律疏议》

唐律是在隋朝法律的基础上制定的。隋朝末年,李渊起兵太原。他平定长安后,为了收买人心,仿效刘备"约法三章"的做法,宣布与民"约法十二条",规定除杀人、劫盗、背军、叛逆等行为要处死外,其余所有的苛法都予以废除。唐王朝建立之初,又由刘文静等人参照隋朝法律,本着"务在宽简,取便于时"①的精神,制定了新格53条作为临时性的法律。在此基础上,又由裴寂等人主持,对《开皇律》进行修订,删除了53条过于苛细的条文,将新格53条纳入,编为12篇,500条,于武德七年(624年)颁布,史称《武德律》。唐太宗即位后,又由长孙无忌等人主持,仍以《开皇律》为蓝本,进行了较大规模的法律修订。这项工作历时十年才完成,史称《贞观律》。《贞观律》虽然在体例上仍然沿袭了《开皇律》与《武德律》,但在内容上却作了较大的改动,"比隋代旧律,减大辟者九十二条,减流入徒者七十一条",其余"削烦去蠹,变重为轻者,不可胜纪"。②

唐高宗即位后,仍由长孙无忌等人主持,对《贞观律》进行了修订,于永徽二年(651年)颁布,是为《永徽律》。同时,为了解决每年法律考试时律文解释的标准问题,又由长孙无忌等人主持,根据儒家的经书以及通行的令、格、式等规范,对律文进行了逐条逐句的解释,附于律文之后,于永徽四年(653年)颁布,称为《律疏》,元朝以后改称为《唐律疏议》。《唐律疏议》吸收了魏晋以来法律解释的成果,用儒家的经书去阐

---

① 《旧唐书·刑法志》。
② 同上。

《唐律疏议》

释、补充律文,作为立法和司法的依据。它通过律、疏结合,在法律中完整地将儒家思想肯定下来,完成了以礼入律的历史进程。

唐玄宗开元年间,又由李林甫等人主持,对律典进行了修订,刊定《开元律》12卷,《开元律疏》30卷。在内容上,除了对《永徽律》及《律疏》的个别文字及条目的更改外,其他方面似乎没有多大的变动。

《唐律》虽有多部,但通常说的《唐律》,是指《永徽律》及《唐律疏议》。《唐律》共12篇500条,连同"疏议"部分,共分为30卷。具体篇目是:

1.《名例律》,共6卷57条,是全篇的总纲。名,是指刑罚适用的名称与等级;例,是指刑罚适用的体例原则等。其中具体规定了五刑、十恶、八议以及自首、同居相隐等内容,和一些专门的法律用语的解释,是唐律指导思想和基本原则的集中体现,相当于后世刑法的"总则"部分。

2.《卫禁律》,共2卷33条,是关于皇宫警卫以及关津要塞保卫等方面犯罪的规定。它包括两部分内容:一是侵犯宫殿庙社的犯罪,二是侵犯关津及边塞保卫的犯罪。

3.《职制律》,共3卷58条,是关于官吏职务方面犯罪及有关行政公务方面犯罪的规定。它主要包括三部分内容:一是关于职务方面的犯罪,二是违反驿传制度的犯罪,三是官吏贪赃枉法的犯罪。

4.《户婚律》,共3卷46条,是有关妨碍和破坏户籍、土地、赋税管理以及婚姻家庭、继承等方面违法犯罪的规定。

5.《厩库律》,共1卷28条,是关于官府的牲畜管理和仓库管理两方面犯罪的规定。

6.《擅兴律》,共1卷24条,是关于军队的征调、行军出征,以及工程兴建等方面犯罪的规定。

7.《贼盗律》,共4卷54条,是关于严重危害统治秩序和财产制度犯罪的规定。主要有三部分内容:一是危害皇权和统治秩序的犯罪,二是危害人身安全的犯罪,三是侵犯官私财产的犯罪。

8.《斗讼律》,共4卷59条,分为"斗殴"和"告讼"两个部分。前者是关于斗殴、伤害等方面犯罪的规定,后者是有关诉讼方面犯罪的规定。

9.《诈伪律》,共1卷27条,是有关诈骗和伪造犯罪的规定。

10.《杂律》,共2卷62条,是将上述几篇所没有包括的规定汇编在一起,内容很广泛。主要有以下几方面:一是违反社会治安管理的犯罪,二是买卖、借贷方面的违法犯罪,三是违反市场管理的违法犯罪,四是犯奸罪,五是毁坏官私财物的犯罪。

11.《捕亡律》,共1卷18条,是关于追捕犯人过程中的违法犯罪,以及各种逃亡犯罪的规定。

12.《断狱律》，共2卷34条，是关于司法审判以及监狱管理等方面违法犯罪的规定。主要内容包括：官吏违反监狱管理的犯罪、非法刑讯以及其他各种违法审判的犯罪。

除了"律"以外，在唐朝，令、格、式也是当时主要的法律形式。

令以"设范立制"，是国家行政制度方面的规章的汇编。唐朝前期的各个帝王基本上都对令典进行过编纂，其中较有代表性的是《开元令》，共27篇30卷1500余条，内容非常庞杂。

格以"禁违正邪"，是以皇帝名义发布的敕令的汇编，按照官署进行编纂，如"刑部格""户部格"等。其中有关指导国家机关内部活动、在官署内部施行的称为"留司格"；颁行各州县，由地方官府共同适用的称为"散颁格"。

式以"轨物程事"，是国家机关的办事细则和公文程式方面的规定的汇编。唐朝先后制定有《武德式》14卷、《垂拱式》20卷、《开元式》20卷等。式也是按照官署进行编纂的。

唐朝的律、令、格、式四种法律形式是并行为用、相互补充的。一般来说，令、格、式是从积极的方面规定国家的各项制度；律则是从消极的方面对违反令、格、式的行为及其他各种犯罪行为进行制裁。如"市令"是关于集市管理的规定，"狱官令"是关于监狱管理的规定，如果有违反并构成犯罪的，就要按照《杂律》及《断狱律》中的相关规定进行处罚。因此，尽管四者作用不同，但目的却是一致的。

唐律及其"疏议"集封建立法之大成，在中国法律发展史上具有深远影响。它总结了以往各朝的立法与司法经验，成为后世法律立法的楷模。唐以后各朝代的法典编纂基本上都是以《唐律疏议》为蓝本。同时，《唐律疏议》对古代东亚及南亚各国，特别是日本、朝鲜等国的法律，也产生了直接影响，成为"中华法系"的代表。

六
灵活应变的《宋刑统》

唐律自《开元律》刊定后，基本上没有再做过修订。但是，一部一成不变的唐律，显然是不能适应社会情况变化需要的。因此，自中唐以后，在立法实践中，通常以"编敕"的方式来补律条的不足，即对一些以皇帝的名义发布的临时性的条款进行整理汇编，作为律文的补充。唐宣宗大中年间，由张戣将通用的令、格、式以及敕条附于相关律文之后，并将律文按性质分为121门，加上律文后所附的令、格、式及敕条，共1250条，称之为"刑法统类"（又称"刑律统类"）。因为它是在大中七年（853年）颁布的，所以又称为《大中刑律统类》。《大中刑律统类》的颁布，是中国古代法典编纂体例的一项重大变化，它改变了自秦汉以来的单纯以律文为主的律典编纂形式，而代之以律文为主，附以相应的解释性及补充性、修正性的条款，使律典更具实用性和应变性。

继唐以后的五代时期，在法典编纂体例及名称上，一般以"刑律统类"（简称"刑统"）为主，其中最具代表性的，就是后周显德年间颁布的《大周刑统》（又称《显德刑统》）。《显德刑统》在《大中刑律统类》的基础上，补入了《唐律疏议》的内容，或全录，或节录，并增加了五代时期颁布的一些敕条，共21卷，"刑名之要，尽统于兹"[①]。

[①] 《旧五代史·刑法志》。

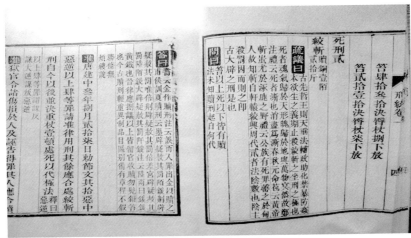

《宋刑统》

宋朝初年的法典编纂沿用了"刑统"的体例,以后周的《显德刑统》为蓝本,将《唐律疏议》全文收录,补入敕条15条,删除109条,另文增加"起请"32条,共31卷(包括目录1卷),分为213门,711条,其中律文502条,令、格、式、敕条177条,于建隆四年(963年)刊印颁行,因此称为《建隆重定刑统》,通称《宋刑统》。这也是中国历史上第一部雕版印行的法典。

《宋刑统》虽然全文抄录了唐律及《唐律疏议》的内容,但体例却完全不同。与唐律相比,《宋刑统》在编纂体例上的变化主要有以下几方面:

1. 分门

《宋刑统》在每篇律中按律文的性质归类分为若干门,计:《名例律》24门,《卫禁律》14门,《职制律》22门,《户婚律》25门,《厩库律》11门,《擅兴律》9门,《贼盗律》24门,《斗讼律》26门,《诈伪律》10门,《杂律》26门,《捕亡律》5门,《断狱律》17门,共213门,便于检索,增强了实用性。

2. 令格式敕条

《宋刑统》在一些律文后面,附有相关的令格式敕条。这些令格式敕条按发布的时间先后分列,内容有删节的,也都注明"节文"。这些令格式敕条或用以补律文之不足,或用以更改律文的规定。

3. 起请

《宋刑统》在一些令格式敕条之后,还附有"起请",这是法典编纂者对原有律文及新增令格式敕条的内容审核详虑后提出的修改意见和建议。这些意见、建议一概冠以"臣等参详"等字样。

除此之外,《宋刑统》在体例及内容上,还有几项重要变化:一是在《名例律》的"杂条"门所附的"疏议"之后,有20则"议",这些"议"主要是对"疏议"内容的补充;二是将唐律中原有的"余条准此"的规定归并为一门,共44条,列于《名例律》,以便于检索;三是对律文中的个别疑难字句进行了训释,这类训释一律标以"释曰"的字样,约有30处;四是作了一些文字上的改动,删去了一些不必要的或过时的文字,并增加了一些新的内容。

七
中国少数民族政权的法律

中国自古以来就是一个多民族的国家,各少数民族与汉民族一起缔造了辉煌灿烂的古代文化;各民族文化的交流,也推动了古代法律制度和法律文化的发展。自唐末五代以来,在中国的北部和西部地区,先后出现了契丹(辽)、金、西夏及蒙古(元朝)等少数民族的政权。它们在向中原地区扩展的过程中,不断吸收汉族文化,并在此基础上,结合本民族的习惯,形成了具有民族特色的法律制度。

(一)辽国(契丹)的法律

辽国是中国北方契丹族建立的一个少数民族政权。唐朝末年,由于中原地区军阀混战,给了契丹向南扩张的机会。契丹在连年的对外侵掠过程中,势力不断强大。公元916年,契丹族首领耶律阿保机仿效汉人的制度,建立了国家政权,国号为契丹,不久又改国号为辽。

辽国(契丹)建立后,为了适应政治、经济、文化以及社会生活等各方面的需要,开始了制定法律的活动。921年,辽太祖耶律阿保机以"国家庶务,钜细各殊,若宪度不明,则何以为治,群下亦何由知禁"为由,命大臣"定治契丹及诸夷之法"。①在大臣耶律突吕不的主持下,制定了《决狱法》。这是契丹最早的一部基本法律。

随着辽国统治政权的巩固,立法活动也得到了很大发展。特别是

---

① 参见《辽史·刑法志》。

第六代君主圣宗耶律隆绪即位后,命人翻译了唐、宋的律令,并在此基础上命大臣对现行法律中的遗缺项目和轻重失当之处分条疏奏,审议增改。重点是解决对于契丹人和汉人适用法律轻重不均的问题,并明确规定:"自今贵戚以事被告,不以事之大小,并令所在官司案问,具申北、南院复问得实以闻;其不案辄申,及受请托为奏言者,以本犯人罪罪之。"①其后,辽兴宗耶律宗真于重熙五年(1036年),命大臣萧德、耶律庶成等"纂修太祖以来法令,参以古制",编成《重熙新定条制》(简称《重熙条制》)547条。这是辽国的一部重要的成文法典。辽道宗耶律洪基于咸雍六年(1070年),又以"契丹、汉人风俗不同,国法不可异施"为由,对《重熙条制》进行了较大规模的修改,"凡合于律令者具载之,其不合者别存之"。共增订为789条,②是为《咸雍重修条制》。这部法律的制定,标志着辽国汉化进程的完成。但由于《咸雍重修条制》"条约既繁,典者不能遍习,愚民莫知所避,犯法者众,吏得因缘为奸"③,所以于道宗大安五年(1089年)又下令"复行旧法"④,恢复行用《重熙条制》。

从辽国(契丹)立法活动的发展看,有两个显著的特点:一是整个立法发展的过程,就是不断吸收、继承以唐宋法律为代表的汉族法律文化传统的过程;二是整个立法发展的过程,就是从"蕃汉异治"逐步向各民族统一适用法律过渡的过程。契丹初年,曾对境内的不同民族采取"以国制治契丹,以汉制待汉人"⑤的民族分治政策,"定治契丹及诸夷之法,汉人则断以律令"⑥。其后,辽圣宗改革法律时,废除了"契丹人及汉

---

① 《辽史·刑法志》。
② 同上。
③ 同上。
④ 《辽史·道宗纪》。
⑤ 《辽史·百官志》。
⑥ 《辽史·刑法志》。

人相殴致死,其法轻重不一"的做法。至修订《咸雍重修条制》时,又以"契丹、汉人风俗不同,国法不可异施"为指导思想,基本实现了契丹与汉人以及其他各民族统一适用法律。

(二) 金国的法律

金国建立初期,在法律上基本沿袭了女真族的习惯法,以所谓"祖宗旧俗法度"为治国之本。在先后征服的原辽、宋地区,则基本上是沿用当地原有的契丹法律或者宋朝法律。随着金国政权的逐步稳固,在法律制度上,也开始了继承汉族法律文化,并吸收女真固有法律的立法活动。金熙宗皇统年间(1141—1149 年),以女真习惯法为基础,"兼采隋、唐之制,参辽、宋之法",制定了《皇统制》。这是金国第一部成文法律。

自《皇统制》颁行之后,金国又先后颁布了《续降制书》《军前权宜条例》等,造成了多种法令并行的局面,"或同罪异罚,或轻重不论,或共条重出,或虚文赘意,吏不知适从,奸缘舞法"[1]。为此,于金世宗大定十七年(1177 年)设立了专门机构,由大理寺卿移剌慥负责,召集精通法律的人士共同参与,以《皇统制》和《续降制书》《军前权宜条例》等为基础进行修订。基本原则是:凡是《皇统制》及《续降制书》中没有规定的,参照唐宋律的律文予以补充;《皇统制》《续降制书》及律文都没有规定的,以及疑而不能决的,取旨定夺;《军前权宜条例》中可以作为常行制度的,也予以保留。共定为1190 条法律,编为12 卷,并于大定二十二年(1182 年)正式颁布,史称《大定重修条制》。[2]经过这次法律修订,金国的法律基本上实现了汉化。

---

[1] 《金史·移剌慥传》。
[2] 《金史·刑志》。

金章宗明昌元年(1190年),以《大定重修条制》中制、律混淆,不便适用为由,下令重新审定律令,并设置详定所,作为专门的修订法律的机构。至明昌五年(1194年)基本完成,是为《明昌律义》。但由于《明昌律义》的内容与《大定重修条制》差异较大,一旦颁布,可能会造成适用上的困难,因此,在大臣们的建议下,以知大兴府事尼庞古鉴、御史中丞董师中等为校定官,大理卿阎公贞、户部侍郎李敬义等为覆定官,重新修订法律。这项工作于泰和元年(1201年)完成,共有律12篇30卷,篇目与《唐律》相同,内容基本上也是沿袭《唐律》,只是增加了赎刑的数额和徒刑的年限,删去了47条不合时宜的条文,另新增了149条,略有修改的有282条,加上还有几条拆分的条文,共563条。同时,"附注以明其事,疏议以释其疑",即沿袭了《唐律疏议》的内容,故称为《泰和律义》。此外,还修成《泰和令》20卷29篇700余条、《新定敕条》3卷219条、《六部格式》30卷,从而形成了与宋朝一样的律、令、格、式、敕条并行的法律体系。

(三) 西夏的法律

西夏是一个党项族建立的政权。在建立政权之前,该民族基本上处于比较落后的状态,无法令,无徭役,以畜牧为业,不知稼穑。①对于民间纠纷,往往采用调解的方式进行处理。凡发生互相杀伤的案件,由官府选择"舌辩气直之人为和断官,听其曲直,杀人者,纳命价钱百二十千"②。

西夏在建立政权的过程中,吸收汉民族文化,非常注意法律制度的建设。作为西夏开国君主的李德明、李元昊父子,对于法律问题尤为重

---

① 参见《旧唐书·党项羌传》。
② 《辽史·外记》。

视。《辽史·外记》称李德明"通法律";《宋史·外国传》也称李元昊"案上置法律"。西夏建立后,各代君主不断修律。现有资料证明,西夏至少在崇宗贞观年间(1101—1113年)就已有了称作"律令"的法典。[①] 现存的西夏法典,是仁宗天盛年间(1149—1169年)颁布的《天盛改旧新定律令》。这是目前可知的第一部用少数民族文字印行的法典,共20卷,分为150门1461条。从编纂体例和内容看,既吸收、借鉴了唐宋法典编纂的经验,沿袭了唐宋法律的内容,如有关"十恶""八议""官当"的规定等;又大量保留了党项部族原有的习惯法的内容,形成了自身的特色。

(四)元朝的法律

元朝是在原蒙古部落的基础上逐步发展成为一个统一的封建国家的。元朝建立后,在国家政权和各项制度,特别是法律制度建设方面,在吸收汉民族文化的同时,大量保留了固有的民族习惯,形成了在中国法制史上独树一帜的特点。

1.《至元新格》

《至元新格》是元朝建立后制定颁布的第一部成文法律。至元二十八年(1291年),中书右丞何荣祖主持编撰了《至元新格》,经元世祖忽必烈批准刻版颁行。《至元新格》共分为公规、选格、治民、理财、赋役、课程、仓库、造作、御盗、察狱等十个部分。从内容看,基本是一些行政规范的汇编,相当于唐宋时的"令"。

2.《大元通制》

元朝建立后,在立法形式上,尤其是在如何看待继承以律令式法典

[①] 参见史金波等译注:《天盛改旧新定律令》,法律出版社2000年版,"前言"第2页。

为代表的汉族法律传统的问题上,曾产生了激烈的争论。元朝建立初年(1271年),就下令废除了原先在中原地区沿用的金《泰和律》。在禁行《泰和律》之后,为了使用法有所准凭,一方面,循蒙古部落的习惯,将一些具有典型意义的判例加以汇编,作为审判的依据;另一方面,又试图在吸收、借鉴前朝立法成果的基础上,制定一部通行的综合性的成文法律乃至成文法典。元世祖时,王恽在《上政事书》中,就建议"将累朝圣训,与中统迄今条格,通行议拟,参而用之"①。胡祗遹也认为:"泰和旧律不敢凭倚,蒙古祖宗家法汉人不能尽知,亦无颁降明文,未能遵依施行。……窃谓宜先选必不可废急切者一二百条,比附祖宗成法。"②在这种情况下,元成宗大德四年(1300年),命何荣祖负责"更定律令",并特别强调"古今事异,不必相沿,但取宜于今者"③。但何荣祖还是仿效唐宋律的体例,编定《大德律令》380余条。尽管由于未及颁行,何荣祖便去世了,但《大德律令》还是遭到了批评,最终未能颁布。

大德十一年(1307年),中书省建议"律令事重,未可轻议,请自世祖即位以来所行条格,校雠归一,遵而行之"④。此后,立法活动便主要以编修"条格"和"断例"为主。元仁宗皇庆元年(1312年),命赵世炎等"以格例条画有关于风纪者,类集成书,号曰《风宪宏纲》"⑤。延祐二年(1315年),命李孟等人"类集前朝条格",并于次年完成,"著为令"。⑥

---

① 《元史纪事本末》卷11《律令之定》。
② 《紫山大全集》卷22《论定法律》。
③ 《元史·成宗本纪》。
④ 《元史·武宗本纪》。
⑤ 《新元史·刑法志》。
⑥ 参见《元史·仁宗本纪》。

元英宗时,在前朝编撰格例的基础上,对现行的条格和断例等进行了系统的整理,编撰了《大元通制》,颁行全国。《大元通制》共2539条,计有诏制94条,条格1151条,断例717条,令类577条。条格是按照唐宋令典的体例编集的,共分27篇,但内容是一些行政方面事例的汇编。断例是具有典型意义的刑事判例的汇编,编撰方式仿效宋朝的断例,即按《唐律》11篇的体例(不包括"名例"部分)进行编集。因此,《大元通制》不是一部唐宋律那样的成文法典,而是一部法规和判例的汇编,是成文法与判例法的结合。这种立法形式,是由元朝特殊的文化传统所决定的。

3.《经世大典》

元文宗天历二年(1329年),下令采辑本朝典故,仿照《唐会要》《宋会要》的体例,编集政书,至顺二年(1331年)完成,是为《皇朝经世大典》,简称《经世大典》。这是一部汇集元朝政治、经济和法律制度的综合政书,共880卷,另有目录12卷,公牍1卷,纂修通议1卷,分为帝号、帝训、帝系、治典、赋典、礼典、政典、宪典、工典等10门,其中宪典部分分为名例、卫禁、职制、祭令、学规等22门。《元史·刑法志》的内容即为《经世大典》的宪典部分。

4.《元典章》

《元典章》是元朝中期以前法令文书的分类汇编,由地方官吏自行编辑刻印,后由中书省批准在全国颁行。《元典章》由《前集》和《新集》组成。《前集》60卷,分为诏令、圣政、朝纲、台纲、吏部、户部、礼部、兵部、刑部、工部10门,收录了自中统至延祐年间颁布的条画、诏令、条格等,共373目,目下有若干断例、条格。《新集》不分卷,而分为国典、朝纲、吏部、户部、礼部、兵部、刑部、工部8门,收录了英宗至治元年、二年

（1321—1322年）的诏令、条格和断例。《元典章》的这种编撰体例,对《大明律》按六部分篇的体例产生了直接影响。

《元典章》

八
礼以导民、律以绳顽的《大明律》

(一)《大明律》的制定

明朝的法典编纂自朱元璋称吴王之后就开始了。吴元年(1367年),朱元璋命李善长等主持律典编纂工作,以唐律为蓝本制定新律,共有律文285条,于洪武元年(1368年)颁布,因此又称洪武元年律。洪武元年律仿效《元典章》按六部分篇的体例,计有《吏律》18条,《户律》63条,《礼律》14条,《兵律》32条,《刑律》150条,《工律》8条。虽然内容是根据唐律增损而成,但比较简单,而且没有《名例律》(这部分内容被放在了《大明令》中)。

洪武六年(1373年),又由刑部尚书刘惟谦等主持,详定《大明律》,并由朱元璋亲自对每条律文斟酌裁定,于次年颁布,这就是洪武七年律。洪武七年律在体例上一准于唐律,分为12篇,内容以洪武元年律为基础,共定律606条,分为30卷。

洪武七年律颁布后,经过不断的修订补充,尤其是后来政治形势的变化,朱元璋废除中书省和丞相制度,直接以六部为最高国家机关,导致了法典编纂体例的变化。洪武二十二年,重修《大明律》,在体例上又改以六部分篇,冠以《名例律》,并将洪武七年以后历年增订的律文和条例按类编入,定为30卷,460条,于洪武三十年(1397年)颁布,成为明朝

《大明律》

的基本法典。至此,"一代法始定,中外决狱,一准三十年所颁"①。

洪武三十年颁布的《大明律》共分为七篇,律首附有五刑图、狱具图和八礼图。五刑图将笞、杖、徒、流、死五种刑罚的处刑等级以及加减标准列入图中;狱具图规定了笞、杖、讯杖、枷、杻、索、镣七种狱具的制作材料、大小、轻重以及适用等;八礼图也称丧服图,详细说明亲属关系。七篇律文的具体篇目是:

1. 《名例律》1卷,47条;
2. 《吏律》2卷,包括职制卷15条,公式卷18条,共33条;
3. 《户律》7卷,包括户役卷15条,田宅卷11条,婚姻卷18条,仓库卷24条,课程卷19条,钱债卷3条,市廛卷5条,共95条;
4. 《礼律》2卷,包括祭祀卷6条,仪制卷20条,共26条;
5. 《兵律》5卷,包括宫卫卷19条,军政卷20条,关津卷7条,厩牧卷11条,邮驿卷18条,共75条;
6. 《刑律》11卷,包括贼盗卷28条,人命卷20条,斗殴卷22条,骂詈卷8条,诉讼卷12条,受赃卷11条,诈伪卷12条,犯奸卷10条,杂犯卷11条,捕亡卷8条,断狱卷29条,共171条;
7. 《工律》2卷,包括营造卷9条,河防卷4条,共13条。

《大明律》虽然只有460条,但它的条文往往将唐律中的四五条合为一条,另新增律文160多条,其中大多是承袭元朝的法律,也有一些是明朝新定的。《大明律》在定罪量刑上也有与唐律不同的特点,清人薛允升将其归纳为"大抵事关典礼及风俗教化等事,唐律均较明律为重;贼盗及有关帑项钱粮等事,明律则又较唐律为重"②。在"一准于

---

① 《明史·刑法志》。
② 《唐明律合编》卷9"祭享"条注。

礼"的立法指导思想基础上,进一步明确为"明礼以导民,定律以绳顽",使宽猛相济的刑事政策更为具体化,体现了封建社会后期法典中礼法关系新的变化。

(二)《大诰》

在明初制定《大明律》的过程中,于洪武十八年至二十年(1385—1387年)先后颁布了四编《大诰》,即《大诰一编》74条,《大诰续编》87条,《大诰三编》43条,《大诰武臣》32条,共236条。它是朱元璋亲自主持制定的一部特别法,各条目都由案例、法令和皇帝的训导三部分组成,实际上是针对一些典型案例所发布的法令汇编。在内容上,主要是一些惩治贪官污吏和害民豪强的判例。这些判例在量刑上都比《大明律》的规定大大加重,体现了重刑治吏和法外用刑的特点。为了使《大诰》能够得到有效的贯彻实施,朱元璋曾发布命令,规定家家户户必须有一本《大诰》,而且还规定:犯流罪以下,如果身上携带有《大诰》的,可以减罪一等;没有携带的则要加罪一等。可见朱元璋对《大诰》是非常重视的。不过,朱元璋死后,《大诰》除部分内容被编入《大明律》外,基本上是摒弃不用了。

(三)《问刑条例》

朱元璋在颁布《大明律》后,曾留下了一条"祖训":子子孙孙必须世世遵守,不得更改一字。但仅仅靠460条律文,是不能适应复杂的社会现实需要的。因此,在司法实践中,便通过"例"这种形式来弥补律文的不足。明朝的例原是以君主名义发布的对某一具体事例或案件处理的诏令,因不断积累,逐步演变为通行的条例。朱元璋曾说过:"律者,常经也;条例者,一时之权宜也。"[①]明孝宗时,为了适用上的方便,对前

---

① 《明太祖实录》卷236。

代的条例进行了系统的整理、汇编,删定为297条,编为《问刑条例》,于弘治十三年(1500年)颁布,与《大明律》一同施行。明神宗万历十三年(1585年)重修《问刑条例》时,将修订后的382条条例附在相关律文之后,从而正式确立了律例合编的法典编纂体例,并被后来清朝的立法直接继承。

(四)《大明令》

《大明令》是明洪武元年(1368年)颁布的,它仿效《元典章》按六部分篇的体例,计《吏令》20条,《户令》24条,《礼令》17条,《兵令》11条,《刑令》71条,《工令》2条,共145条。

《大明令》的性质和内容,与前朝令典不尽相同,最为突出的就是将刑事法律与行政性规章混杂在一起。在《刑令》中,有不少是关于刑法的通则性规定(即《名例律》中的内容),另有一小部分则是关于具体定罪量刑的规定。这些内容,在后来修订《大明律》时,都编入了律典之中。因此,《大明令》实际上只是一部临时性法典,是开国之初作为权宜之作而制定的,在内容上与同时起草的律典并没有严格的区别。关于这一点,明代的丘濬这样说过:"洪武元年,即为《大明令》,颁行天下,盖与汉高祖初入关约法三章同一意也。……律者,刑之法也;令者,法之意也。法具则意寓于其中。草创之处,未暇详其曲折,故明示以其意所在,令是也;平定之后,既已备其制度,故详载其法之所存,律是也。"[①]

所以,不仅《大明令》的性质和内容与前代的令典不尽相同,而且它的地位与作用也已发生了变化。事实上,作为国家规章汇编的令典,已逐渐被典章汇编的形式所取代。自洪武元年的《大明令》后,明朝再没有编令之举,而是代之以《会典》的编纂了。

---

① 转引自《春明梦余录》卷44。

九
律例合编的《大清律例》

(一)《大清律例》的编纂

清朝入关后,以《大明律》为蓝本,制定了《大清律集解附例》,于顺治四年(1647年)颁布。这是清朝第一部法典,但内容基本上是照抄《大明律》。至雍正三年(1725年)才开始对律文进行修订,修订后的法典称为《大清律集解》。《大清律集解》颁布后,"虽屡经纂修,然仅续增附律之条例,而律文未之或改"①。乾隆五年(1740年),又对法律进行了一次较大的修订,对原有的律文和条例逐条考订,或删,或留,或增补,并将律例合编,条例附于律文之后,共分436门,附例1042条,称为《大清律例》。清朝的法典经过近百年的修订,至此最终完成。此后,编修条例成为清朝主要的立法活动,而律文不再改动。直到清朝末年的法律修订,《大清律例》才被废止。

(二) 条例、事例与则例

清朝在沿用明朝律例合编的法典编纂体例的同时,也继承了编例的传统,以条例补律文之不足,因此修订条例成了一项经常性的活动。雍正三年颁行《大清律集解》时,对律文后所附的条例进行了整理,编为"原例""增例"和"钦定例"三类。原例是累朝沿用的旧例,增例是康熙年间制定的条例,钦定例则是雍正时特旨或核准的条例,三类条例共

---

① 《清史稿·刑法志》。

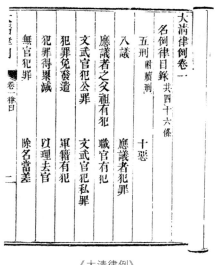

《大清律例》

824条。至乾隆年间修订《大清律例》时,将原例、增例等名目删去,将例统一编纂,并规定五年一小修,十年一大修。这样一来,条例越来越多,嘉庆时增至1573条,同治时则增至1892条。到了光绪年间,条例还在不断增加,只是没有再开馆编修。

除条例外,清朝还将中央各部院衙门历年奉旨或奏准的例,汇编成事例和则例。事例是按发布年代的先后进行汇编的,则例是按部门与内容进行汇编,具有特别法的性质。清朝的则例,按部门汇编的有《吏部则例》《户部则例》《礼部则例》《兵部则例》《刑部则例》《工部则例》等六部;按内容进行汇编的有《大挑则例》《督捕则例》《八旗则例》等。事例与则例都是皇帝的谕旨和官员奉旨的奏条汇编,经皇帝裁可而定为例的,主要用于处理各部院的行政事务。

(三) 少数民族地区的单行法

除《大清律例》外,清朝还针对当时统一的多民族国家的特点,制定了专门适用于少数民族地区的单行法律。这类法规主要有：

1. 《蒙古律例》

蒙古族是最早与满族结盟的少数民族，在满族政权中的地位非常特殊，因此清朝统治者对蒙古族的事务也采取特色处理的方式。在入关之前，就专门规定了适用于蒙古族的《蒙古律书》。至康熙年间，又修订了《蒙古律书》。乾隆年间，汇集了有关针对蒙古族的法律和条例，制定了《蒙古律例》，共209条。

2. 《西宁青海番夷成例》

《西宁青海番夷成例》又称《西宁番子治罪条例》，简称《番例》，是从康熙年间颁布的《蒙古律例》有关条款中选编而成的，制定于雍正十一年（1733年），共68条。这部法规一直沿用到民国初年。

3. 《回疆则例》

《回疆则例》简称《回例》，是适用于回疆（相当于现今新疆地区，但范围更大）的单行法，于嘉庆十六年（1811年）制定，主要规定了回疆地区的基本政治、经济、法律、宗教等方面的制度。

4. 《西藏通制》

清政府进驻西藏后，曾制定了《西藏善后章程》13条，后来又制定了《钦定藏内善后章程》29条。在此基础上，制定了《西藏通制》26条。这是关于西藏地区的基本法，明确规定了中央政府对西藏行使主权。

除上述单行法外，清朝还于道光年间将经过修订的《蒙古律例》及其他适用于少数民族地区的单行法律汇编为《理藩院则例》，共713条，成为适用于整个少数民族地区的基本法。这些法律对于协调中央政府与少数民族地区的关系，保证国家的统一和加强对少数民族地区的管理，都具有重要意义。

十
清末的"新政"与法律修订

鸦片战争后,中国逐步进入了半殖民地半封建社会。西方列强在对中国进行军事侵略和经济掠夺的同时,也带来了西方的民主宪政思想和法律制度。在西方文化的冲击之下,清朝以"法律修订"的形式,开始了法制近代化的历程。

(一)法律修订的提出

法律修订是清末"新政"的一项重要内容。1901年,清政府宣布实行"新政"伊始,两江总督刘坤一、湖广总督张之洞就提出改革法制、修订法律的建议。同时,西方列强也表示赞同和支持清政府实行法律改良和修订,这在客观上也推动了法制改革和法律修订的进行。

1902年,在袁世凯及刘坤一、张之洞等人的联名推荐下,清政府任命刑部左侍郎沈家本、出使美国大臣伍廷芳等人为修订法律大臣,负责法律修订工作。法律修订的主要任务,就是参照西方各国和日本的法律,对以《大清律例》为主的现行法律进行修订,使之能够"中外通行"。1903年,正式成立了"修订法律馆",着手进行法律修订工作。在沈家本的主持下,修订法律馆组织人员翻译了德、法、日、俄等国的法典数十部,并聘请了日本法学家松冈义正、冈田朝太郎等人为修律顾问,正式着手起草新的法律。

(二)法律修订的主要内容

沈家本主持的修订法律馆自1904年至1911年,起草了大量的法律法规,其中最主要的是刑律、民律、商律、刑事民事诉讼律及法院编制法等。

1. 刑律的修订

刑律的修订是清末法律修订的主要内容。在清政府宣布修订法律之后,首先对《大清律例》作了一些局部的修订,删除了一些不合适的内容。自1906年起,修订法律馆即着手起草新刑律。这项工作分为两步:第一步,先在《大清律例》的基础上,编订现行刑律,作为新刑律的基础;第二步,在现行刑律的基础上,制定新刑律。

《大清现行刑律》于1910年完成,并于同年5月5日颁布。这只是一部过渡性的刑律,共30篇,389条,附例1327条。在体例上,删去了原《大清律例》的吏、户、礼、兵、刑、工六律的总目;在内容上,改革了刑罚,废除了旧的五刑制度,并对有关婚姻、田宅、钱债等纯属民事方面的规定不再处以刑罚;此外,还增加了一些新的罪名。但从总体上看,《大清现行刑律》还是沿袭了《大清律例》的主要内容。

《大清新刑律》于1906年开始起草,次年完成草案,交各衙门讨论,遭到了种种非难,不得不又进行了修改。1910年,修正稿正式完成,送交资政院讨论时,又引起了激烈争论,一时意见无法统一。由于原定公布新刑律的期限已到,只得先行公布,但又在后面附了《暂行章程》5条。

《大清新刑律》分为总则与分则两编,总则17章,分则36章,共53章,411条,另附《暂行章程》5条。它以传统法律为基础,同时吸收了各国立法经验,成为近代中国第一部专门的刑法典。从体例和内容看,它仿照了西方大陆法系国家的法典体例,引进了西方国家刑法的基本原则,废除了传统法律的"十恶""八议""亲亲相隐"等原则和制度,条文内容与西方国家刑法的规定也基本相同。

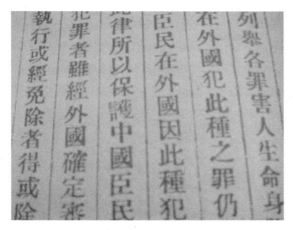

《大清新刑律》

2. 民律的起草

由于清末的法律修订是以修订《大清律例》为主的,因此民律直到1907年才列入修律计划,至1911年完成《大清民律草案》。该草案分为总则、债权、物权、亲属、继承5编,33章,1569条,基本上是抄袭了日本、德国等国的民法典,同时也沿袭了某些礼教规范。《大清民律草案》完成后,还没有来得及公布,清朝便灭亡了。

3. 商律的起草

商律是1908年开始起草的,于1910年完成,分为总则、商行为、公司法、海船法、票据法5编,共59章,1008条,基本上是抄袭日本商法。后又由农工商部对一、三两编进行了修改,也未能颁布。

4. 刑事民事诉讼律的起草

1906年,沈家本、伍廷芳等参照日本、德国等国的诉讼法典,起草了《刑事民事诉讼法草案》,大量采用西方国家的诉讼法原则。在交付讨论时,因遭到各省总督、巡抚的反对而被搁置。1908年,修订法律馆又分别起草了民事诉讼律与刑事诉讼律,至 1911 年完成,但也未来得及公布。

5. 法院编制法的制定

清末"新政"的一项重要内容,就是官制改革,仿效西方"三权分立"的体制,实行"司法独立"。1906 年,清政府制定并颁布了《大理院审判编制法》。1910 年,修订法律馆又制定并颁布了《法院编制法》,共 16 章,164 条,内容上也大量抄袭日本的《裁判所构成法》。

清末法律修订时制定的大量法律法规,在体例和内容上都突破了古代中国固有的法律体系和法律传统,引进了西方国家的法律原则。虽然绝大多数都没有能够得到公布实施,但其成果基本上被民国初年的立法所继承。因此,清末的法律修订在事实上宣告了中国古代法律的终结和法律近代化的开始。

第二章
犯　罪

制裁和预防犯罪,是中国古代法律的基本功能。据传上古时期,罪名繁多,五刑之属有罪名三千条。而被后人认为是第一部成文法典的《法经》的内容"皆罪名之制也",开始对犯罪行为进行系统的归类。

一
十恶不赦

十恶是指十类严重侵犯皇权和伦理纲常的犯罪。十恶的罪名在隋朝的《开皇律》中正式形成,并被以后历代律典所继承。具体罪名是:谋反、谋大逆、谋叛、恶逆、不道、大不敬、不孝、不睦、不义和内乱。

(一) 十恶的形成与发展

十恶中的很多罪名,是起源于汉朝,经魏晋南北朝的发展逐步形成的。《唐律疏议》在谈到十恶的起源时这样写道:"汉制九章,虽并湮没,其'不道'、'不敬'之目见存,原夫厥初,盖起诸汉。案梁陈已往,略有其条。周齐虽具十条之名,而无'十恶'之目。开皇创制,始备此科,酌于旧章,数存于十。"

汉朝法律中有关十恶方面的罪名,主要有大逆不道、大不敬、不孝、谋反等。

1. 大逆不道、不道

汉代的"不道"罪内容很广,"大逆"罪是包括在"不道"罪之中的,所以往往将"大逆不道"连称。不道主要是指对皇权直接危害的犯罪行为,在量刑上也最为严厉,一般都要处以弃市或腰斩之刑。《汉书·景帝纪》如淳注引汉律云:"大逆不道,父母妻子同产皆弃市。"汉景帝时的晁错就是被诬以"大逆不道"的罪名,本人被腰斩于市,"父母妻子同产

晁错像

无少长皆弃市"①。除有关侵犯皇权的犯罪外,"杀不辜一家三人"的行为也属于不道,②这即是后世不道罪的基本内容。

2. 大不敬

汉代"大不敬"的内容也很广泛,有擅入宫殿门不敬、阑入甘泉上林不敬、入朝不下司马门不敬、干犯乘舆大不敬、奉使不敬、奉诏不敬、犯跸不敬、触讳不敬等,只要是触犯了君主的尊严,都可以加上不敬或是大不敬的罪名。对于大不敬的行为,重者也要处死。《汉书·薛宣传》:"(薛)况首为恶,(杨)明手伤,功意俱恶,皆大不敬,明当以重论,及况皆弃市。"

3. 不孝

秦代已有不孝的罪名。③汉代标榜以"孝"治天下,因此"不孝"被视为最严重的犯罪之一。衡山王太子刘爽就是因为控告父亲,被加上"不孝"的罪名,处以弃市。④

---

① 《汉书·晁错传》。
② 参见《汉书·翟方进传》如淳注引汉律。
③ 参见睡虎地秦墓竹简小组编:《睡虎地秦墓竹简》,文物出版社1978年版,第195、263页。
④ 参见《汉书·衡山王传》。

4. 恶逆

汉代已有"恶逆"罪名,《后汉书·梁竦传》:"而陷竦等以恶逆"。但具体内容及处罚不详。

5. 谋反

汉代谋反罪名虽已出现,但在内容上仍属于"大逆不道",量刑也是按照大逆不道罪来进行的。

此外,还有一些罪名,虽然名称不同,但内容却与后世的"十恶"中有关罪名相同,如"禽兽行",即与后世十恶中的"内乱"有相似之处。

曹魏时,在沿袭汉律中有关罪名的同时,对其内容也作了比较明确的规定:"但以语言及犯宗庙园陵,谓之大逆无道,腰斩,家属从坐,不及祖父母、孙。至于谋反大逆,临时捕之,或污潴,或枭菹,夷其三族,不在律令,所以严绝恶迹也。"① 晋代的法律则进一步从法理上对有关罪名的内涵作了界定。在张斐的《律注》中,就有"亏礼废节,谓之不敬","逆节绝理,谓之不道","陵上僭贵,谓之恶逆"。② 从量刑上看,对"大不敬""不孝"等犯罪,一般也都要处以弃市之刑。

北朝的北齐在前朝立法的基础上,将有关危害皇权和伦理纲常的严重犯罪归纳为"重罪十条":"一曰反逆,二曰大逆,三曰叛,四曰降,五曰恶逆,六曰不道,七曰不敬,八曰不孝,九曰不义,十曰内乱。其犯此十者,不在八议论赎之限"③。与北齐同时代的北周虽然没有"重罪十条"的名目,"而重恶逆不道、大不敬、不孝、不义、内乱之罪"④。

隋朝的《开皇律》在"重罪十条"的基础上,"置十恶之条,多采后齐

---

① 《晋书·刑法志》引《魏律》序。
② 《晋书·刑法志》。
③ 《隋书·刑法志》。
④ 同上。

之制,而颇有损益。一曰谋反,二曰谋大逆,三曰谋叛,四曰恶逆,五曰不道,六曰大不敬,七曰不孝,八曰不睦,九曰不义,十曰内乱。犯十恶及故杀人狱成者,虽会赦,犹除名"①。唐律沿用了"十恶",并作了具体规定。至此,"十恶"作为法定罪名,至明清一直相沿不改,直到清末修订法律时,才删去了"十恶"的罪名。

(二) 十恶的内容及处理

《唐律疏议》中说:"五刑之中,十恶尤切,亏损名教,毁裂冠冕,特标篇首,以为明诫。其数甚恶者,事类有十,故称十恶。"十恶的具体内容是:

1. 谋反

《唐律疏议·名例律》"十恶"条注:"谓谋危社稷"。社稷是君主的代称。根据《疏议》的解释:"社为五土之神,稷为田正也,所以神地道,主司啬。君为神主,食乃人天,主泰即神安,神宁即时稔。臣下将图逆节,而有无君之心,君位若危,神将安恃。不敢指斥尊号,故讬云社稷。"因此,谋反就是图谋危害君主及统治政权的行为,"王者居宸极之至尊,奉上天之宝命,同二仪之覆载,作兆庶之父母。为子为臣,惟忠惟孝。乃敢包藏凶慝,将起逆心,规反天常,悖逆人理,故曰'谋反'"。

谋反是所有犯罪行为中危害性最大、最严重的犯罪,所以量刑也最重。《唐律疏议·贼盗律》"谋反大逆"条规定:"诸谋反……者,皆斩;父、子年十六以上者皆绞,十五以下及母女、妻妾(子妻妾亦同)、祖孙、兄弟、姊妹若部曲、资财、田宅并没官;……伯叔父、兄弟之子皆流三千里,不限籍之同异。"还规定:"即虽谋反,词理不能动众,威力不足率人者,亦皆斩;父子、母女、妻妾并流三千里。"甚至"口陈欲反之言,心无真

---

① 《隋书·刑法志》。

实之计,而无状可寻者",也要流三千里。

明清法律对谋反的量刑,比唐律要重。《大明律·刑律·贼盗》规定:"凡谋反,……但共谋者,不分首从,皆凌迟处死;祖父、父、子、孙、兄弟及同居之人,不分异姓,及伯叔父、兄弟之子,不限籍之同异,年十六以上,不论笃疾废疾,皆斩。其十五以下及母女、妻妾、姊妹,若子之妻妾,给付功臣之家为奴,财产入官。"

2. 谋大逆

《唐律疏议·名例律》"十恶"条注:"谓谋毁宗庙、山陵及宫阙。"宗庙是皇帝供奉祖先的庙宇,山陵是皇帝先人的陵墓,宫阙则是皇帝居住的宫殿。《疏议》:"有人获罪于天,不知纪极,潜思释憾,将图不逞,遂起恶心,谋毁宗庙、山陵及宫阙","此条之人,干纪犯顺,违道悖德,逆莫大焉,故曰'大逆'。"宗庙、山陵、宫阙等都是皇权的象征物,对它们的毁坏同时也意味着对皇权的一种直接侵犯,所以在量刑上,对谋大逆的行为同样要给予严厉处罚。

唐律对谋大逆的行为,根据程度不同,量刑也不同。如果仅仅只有预谋而没有实施犯罪的,处以绞刑;如果已经实施犯罪的,则与谋反罪同样处理。《唐律疏议·贼盗律》"谋反大逆"条《疏议》:"大逆者谓其行讫,……谋而未行,唯得绞罪"。明清律则不分程度如何,一律与谋反同样处理。

3. 谋叛

《唐律疏议·名例律》"十恶"条注:"谓谋背国从伪",即图谋叛国投敌的行为。对谋叛罪的处罚,《唐律疏议·贼盗律》"谋叛"条规定:"诸谋叛者,绞;已上道者,皆斩。妻、子流二千里。若率部众百人以上,父母、妻、子流三千里。所率虽不满百人,以故为害者,以百人以上论。"《疏议》:"谋叛者,谓谋欲背国投伪。始谋未行事发者,首处绞,从者流;

已上道者,不限首从,皆斩"。对于"亡命山泽,不从追唤者,以谋叛论;其抗拒将领者,以已上道论"。而对于那些"被驱率者",即事先并未共谋而是被蒙骗、胁迫参与谋叛的,则不予处罚。

明清法律对于谋叛罪的处理,与唐律的规定大体相同。

4. 恶逆

《唐律疏议·名例律》"十恶"条注:"谓殴及谋杀祖父母、父母,杀伯叔父母、姑、兄、姊、外祖父母、夫、夫之祖父母、父母。"《疏议》:"父母之恩,昊天罔极。嗣续妣祖,承奉不轻。枭镜其心,爱敬同尽,五服至亲,自相屠戮,穷恶尽逆,绝弃人理,故曰'恶逆'。""殴谓殴击,谋谓谋计。自伯叔以下,即据杀讫,若谋而未杀,自当'不睦'之条。'恶逆'者,常赦不免,决不待时;'不睦'者,会赦合原,惟止除名而已。以此为别。"因此,对祖父母、父母等只要有殴打或杀害的预谋就构成恶逆罪名,而对伯叔父等则必须有杀害的行为才构成恶逆,这也是"恶逆"与"不睦"的区别之一。

《唐律疏议·贼盗律》"谋杀期亲尊长"条:"诸谋杀期亲尊长、外祖父母、夫、夫之祖父母、父母者,皆斩";"谋杀缌麻以上尊长,……已杀者,皆斩。"

明清法律对恶逆的量刑比唐律有所加重。《大明律·刑律·人命》:"犯谋杀祖父母、父母及期亲尊长、外祖父母、夫、夫之祖父母、父母,已行者,皆斩;已杀者,皆凌迟处死。"

5. 不道

《唐律疏议·名例律》"十恶"条注:"谓杀一家非死罪三人,支解人,造畜蛊毒、厌魅。"根据《疏议》的解释,杀一家非死罪三人,"谓一家之中,三人被杀,俱无死罪者。若三人之内,有一人合死及于数家各杀二人,唯合死刑,不入十恶。或杀一家三人,本条罪不至死,亦不入十恶";肢解人,谓杀人而肢解,亦据本罪合死者;造畜蛊毒、厌魅,"谓造合成蛊。虽非造合,乃传畜,堪以害人者,皆是"。即未成者,不入十恶。厌魅者,其事多端,不可具述,皆谓邪俗阴行不轨,欲令前人疾苦及死者"。对"不道"罪,根据行为与情节的不同,处以不同的刑罚:

(1)《唐律疏议·贼盗律》"杀一家三人支解人"条:"杀一家非死罪三人,及支解人者,皆斩;妻、子流二千里。"

(2)《唐律疏议·贼盗律》"造畜蛊毒"条:"诸造畜蛊毒(谓造合成蛊,堪以害人者),及教令者,绞;造畜者同居家口虽不知情,若里正知而不纠者,皆流三千里。"《疏议》:"蛊有多种,罕能究悉,事关左道,不可备知。或集合诸蛊,置于一器之内,久而相食,诸蛊皆尽,若蛇在,即为蛇蛊之类。造谓自造,畜为传畜,可以毒害于人,故注云:谓造合成蛊,堪以害人者。"

(3)《唐律疏议·贼盗律》"憎恶造厌魅"条:"诸有所憎恶,而造厌魅,……欲以杀人者,各以谋杀论减二等;以故致死者,各依本杀法。……即于祖父母、父母及主,直求爱媚而厌咒者,流二千里;若涉乘舆者,皆斩。"《疏议》:"厌事多方,罕能详悉,或图画形象,或刻作人身,刺心钉眼,系手缚足,如此厌胜,事非一绪;魅者,或假托鬼神,或妄行左道之类。"

明清法律对于"不道"罪的处罚,基本与唐律相同,但对于"杀一家非死罪三人及支解人"的,改为凌迟处死,财产断付死者之家。

6. 大不敬

《唐律疏议·名例律》"十恶"条注:"谓盗大祀神御之物、乘舆服御物;盗及伪造御宝;合和御药,误不如本方及封题误;若造御膳,误犯食禁;御幸舟船,误不牢固;指斥乘舆,情理切害及对捍制使,而无人臣之礼。"大不敬所包含的内容非常广泛,主要有以下几方面:

（1）盗大祀神御物及乘舆服御物：《唐律疏议·贼盗律》规定处流二千五百里；明清法律则规定处斩。

（2）盗及伪造御宝：《唐律疏议·贼盗律》规定，盗御宝者，绞；伪造御宝者，斩。

（3）合和御药，误不如本方及封题误：《唐律疏议·职制律》规定对医人处以绞刑；明清法律则仅处杖一百。

（4）造御膳误犯食禁：《唐律疏议·职制律》规定对主食者处绞刑；明清法律则为杖一百。

（5）御幸舟船误不牢固：《唐律疏议·职制律》规定对工匠处以绞刑，明清法律则处杖一百。

（6）指斥乘舆，情理切害：《唐律疏议·职制律》规定处斩；明清法律"大不敬"中无"指斥乘舆"罪名。

（7）对捍制使无人臣礼：《唐律疏议·职制律》规定处绞刑；明清法律对此未作规定。

7. 不孝

《唐律疏议·名例律》"十恶"条注："谓告言、诅詈祖父母、父母，及祖父母、父母在，别籍异财，若供养有阙；居父母丧，身自嫁取，若作乐、释服从吉；闻祖父母、父母丧，匿不举哀，诈称祖父母、父母死。"显然，"不孝"罪名的内容也非常广泛，主要有以下几方面：

（1）告言、诅詈祖父母、父母：《唐律疏议·斗讼律》规定，告祖父母、父母者，绞；明清法律规定，告祖父母、父母属于"干名犯义"，即使所告属实，也要处以杖一百、徒三年。

（2）祖父母、父母在，别籍异财：《唐律疏议·户婚律》规定，凡祖父母、父母在而子孙别籍异财的，要处以徒三年；明清法律改为处杖一百，而且是祖父母、父母控告才能受理。

（3）居父母丧身自嫁取：《唐律疏议·户婚律》规定要处徒三年；明清法律规定处杖一百。

（4）居父母丧作乐、释服从吉：《唐律疏议·职制律》规定处徒三年；明清法律规定处杖八十。

（5）闻祖父母、父母丧，匿不举哀：《唐律疏议·职制律》规定处流二千里；明清法律规定处杖六十、徒一年。

（6）诈称祖父母、父母死：《唐律疏议·诈伪律》规定处徒三年；明清法律规定处杖一百。

8. 不睦

《唐律疏议·名例律》"十恶"条注："谓谋杀及卖缌麻以上亲，殴告夫及大功以上尊长、小功尊属。"《疏议》："睦者，亲也。此条之内，皆是亲族相犯，为九族不相协睦，故曰'不睦'。"唐律对谋杀及卖缌麻以上亲的行为，视亲属关系的远近，科以不同的刑罚；对殴、告大功以上尊长和小功尊属的行为，也视血亲关系的远近给予不同的处罚。明清法律对"不睦"的量刑也继承了这一原则。

9. 不义

《唐律疏议·名例律》"十恶"条注："谓杀本属府主、刺史、县令、见受业师，吏卒杀本部五品以上官长；及闻夫丧匿不举哀，若作乐、释服从吉及改嫁。"据此，构成"不义"罪名主要有两种情形：

（1）杀本属府主、刺史、县令、见受业师，吏、卒杀本部五品以上官长：《唐律疏议·贼盗律》规定，诸谋杀制使，若本属府主、刺史、县令及吏卒杀本部五品以上官长，流二千里；已伤者，绞；已杀者，皆斩。明清法律规定基本相同。

（2）闻夫丧匿不举哀，若作乐、释服从吉及改嫁：《唐律疏议·职制律》规定与闻父母丧匿不举哀同样处理，明清法律亦同。

10. 内乱

《唐律疏议·名例律》"十恶"条注:"谓奸小功以上亲、父祖妾,及与和者。"《唐律疏议·杂律》规定:"诸奸父祖妾、伯叔母、姑、姊妹、子孙之妇、兄弟之女者,绞。"明清法律则规定处斩。

从十恶的内容看,根据所侵害的客体及对象,大体可以分为三种情形:一是危害统治政权即皇帝人身尊严和安全的行为,如谋反、谋大逆、谋叛及大不敬等;二是破坏家庭伦理纲常的行为,如恶逆、不孝、不睦、不义和内乱等;三是严重危害人身安全的恶性犯罪,如不道等。由于十恶是最严重的犯罪行为,因此,除了在量刑上比一般犯罪要加重以外,还有以下一些特点:第一,十恶中的一些罪名,只要有预谋即可构成犯罪,并不要求具体实施犯罪,如谋反,只要有"谋",即予处斩;还有一些罪名,以预谋为构成犯罪的前提,而以具体实施犯罪作为加重处罚的条件,如谋大逆,谋而未行,处绞刑;若逆事已行,则要处斩。第二,十恶中的一些罪名,不仅要处罚罪犯本人,还要连坐其家属,有的还要并处"没官"的附加刑。第三,十恶为"常赦所不原",而且犯十恶的,"不在八议、论赎之限"[①]。

---

① 《唐六典》卷6。

二
七　杀

中国古代刑法中的"七杀",是指七种杀人行为,即杀人罪的总称。"七杀"之称最早见于元人徐元瑞编纂的《吏学指南》一书,具体指谋杀、故杀、劫杀、斗杀、误杀、戏杀、过失杀等七种杀人行为。

杀人罪是一种较为原始的犯罪形式。《尚书·尧典》中有寇、贼、奸、宄四种严重犯罪。"贼",据郑玄的解释,"杀人为贼",即故意杀人的行为。据说早在虞舜时的皋陶所作的刑法中,就规定了对杀人罪的处罚:"昏、墨、贼,杀。"①在《法经》中,对杀人罪进一步作了明确规定:"杀人者诛,籍其家及其妻氏;杀二人者及其母氏。"此后历代刑法,对各种杀人罪都作了具体规定。

(一) 谋杀

谋杀,即二人或二人以上,事先有所准备,共同谋划的杀人行为。秦汉法律中,已对谋杀作了专门规定。至晋代,在法理上对谋杀人的概念作了限定:"二人对议,谓之谋。"②《北魏律·贼律》将谋杀分为预谋、已伤(已杀还苏)及已杀三种情况(阶段),并科以相应的刑罚。唐律继承了这一做法。《唐律疏议·贼盗律》"谋杀人"条:"诸谋杀人者,徒三年;已伤者,绞;已杀者,皆斩。从而加功者,绞;不加功者,流三千里。造意者,虽不行,仍为首(雇人杀者,亦同)。即从者不行,减行者一等。"

---

① 《左传·昭公十四年》。
② 《晋书·刑法志》。

所谓"谋杀人"的行为,据《疏议》的解释,是指二人以上事先同谋策划而杀人的行为,如果是一人独自所为,但事先经过了周密计划和充分准备,也按谋杀对待。在量刑上,只要具备谋杀的行为,即只要有预谋,就已构成犯罪,发生结果的,加重处罚。

明清法律将谋杀分为谋而已行未曾伤人、伤而不死及杀讫(已杀)三种情况,分别量刑。《大明律·刑律·人命》:"凡谋杀人,造意者斩,从而加功者绞;不加功者杖一百、流三千里,杀讫乃坐;若伤而不死,造意者绞,从而加功者杖一百、流三千里,不加功者杖一百、徒三年;若谋而已行未曾伤人者,杖一百、徒三年,为从者各杖一百,但同谋者皆坐。其造意者身虽不行,仍为首论;从者不行,减行者一等。"可见,较唐律更为明确,但在量刑上,均比唐律加重。

(二) 故杀

故杀,即故意杀人的行为。故杀与谋杀的区别在于谋杀是在产生杀人故意之前,经过(一般是两人以上的)有计划的预谋,才着手实施犯罪;故杀则是在产生杀人故意之后,立即着手实施的杀人行为,而且故杀只需一人就可以实施。在先秦时期,故杀与谋杀之间没有明显的区别,一般均称为"贼"。至秦汉时,始分为"谋杀人"与"贼杀人"两种,贼杀人即故意杀人。至晋代,对故意杀人与谋杀人的行为在法理上作了明确区分:"其知而犯之,谓之故","无变斩击,谓之贼",即故意杀人在主观上必须有故意,并已预知可能发生的后果,这是与谋杀以外的其他杀人行为的主要区别。

唐律对故杀行为作了具体规定。《唐律疏议·斗讼律》"斗殴杀人"条中,将故杀分为三种情形:一是"非因斗争,无事而杀",即罪犯与被害人之间并无利害冲突而将其杀死;二是在斗殴中,使用凶器将对方杀死,尽管主观上并无杀人故意,但罪犯已预知兵刃斫人可能发生的后

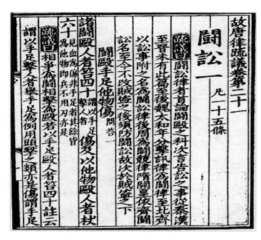

《唐律疏议·斗讼律》

果;三是"虽因斗,但绝时而杀伤者",即斗殴之后,各已分散,又回来将斗殴者杀死的。对故意杀人的,一律处以斩刑。

明清刑法对故意杀人概念的区分,较前代为明确。《大清律例·刑律·人命》"斗殴及故杀人"条注中说,故意杀人是"临时有意欲杀,非人所知"的杀人行为,指明了故意杀人与谋杀和斗殴杀人的不同之处:"有意欲杀",区别于斗杀;"非人所知"又不同于谋杀。对于故意杀人的,《大明律》规定处斩,《大清律例》则改为斩监候。

(三)劫杀

劫杀,即抢劫杀人的行为。劫杀在主观上虽然并不一定有杀人的故意,但由于这类犯罪侵犯的是财产关系和人身安全双重客体,因此在古代法律中,属于情节严重的杀人行为。早在《尚书·康诰》中,就已将"杀越人于货",即杀人抢劫的行为作为严重犯罪。秦汉刑法称之为"盗杀人"。《唐律疏议》对强盗杀人的行为,视其后果与是否持杖,科以不同的刑罚:强盗伤人的,绞;杀人者,斩;持杖伤人的,斩。明清刑法对强盗杀人的处罚较唐律为重。

(四) 斗杀

斗杀,即因斗殴杀人的行为。斗杀与故杀的主要区别,就在于斗杀者本无杀人故意。商鞅变法时,对斗杀罪在法律上作了规定:"为私斗者,各以轻重被刑大小。"①汉承秦制,对斗杀罪在法律上也作了规定。《唐律疏议·斗讼律》"斗殴杀人"条《疏议》:"斗殴者,原无杀心,因相斗殴而杀人者。"因此,凡斗杀者,一是没有杀人故意,二是不得使用兵刃。若以兵刃斗杀的,则按故杀论罪。对于斗殴杀人的行为,唐律规定要处以绞刑;杀伤的,则按保辜期限内的伤势变化论罪。明清刑法规定基本与此相同。

(五) 误杀

误杀,即误杀旁人的行为。晋张斐《律注》中说:"斗而杀伤旁人,又似误。"晋律中也有"过误伤人三岁刑"的规定,对误杀者减轻处罚。误杀与斗杀的不同,在于打击的对象。《唐律疏议·斗讼律》"斗殴误杀旁人"条:"诸斗殴而误杀旁人者,以斗杀伤论;至死者,减一等。"《疏议》:"假如甲共乙斗,甲用刃、杖欲击乙,误中于丙,或死或伤者,以斗杀伤论。不从过失者,以其元(原)有害心,故各依斗法。"明清法律则规定:"因斗殴而误杀伤旁人者,各以斗殴杀伤论(死者并绞);其谋杀、故杀而误杀旁人者,以故杀论(死者处斩)。"

(六) 戏杀

戏杀,即在嬉戏时杀伤他人的行为。由于这类犯罪在主观上并无

---

① 《史记·商君列传》。

杀人与伤人的故意，因此处罚较其他杀人行为轻。晋张斐《律注》："两和相害，谓之戏。"《唐律疏议》对戏杀伤人的行为，比照斗杀伤减罪二等，但如果以金刃及登高等危险手段游戏而杀伤他人的，比照斗杀减罪一等。明清刑法则规定，因戏而杀伤人的，比照斗杀伤论罪。

（七）过失杀

过失杀，即在缺乏高度注意或异常谨慎的情况下发生的杀伤行为。由于这类行为主观上无杀人故意，只是因为意想不到的情况才发生了杀人的结果，因此，在诸类杀人行为(七杀)中，属于最轻的。因此，历代刑法都规定过失杀人从轻或是减轻处罚。汉律中有"过失杀人不坐死"的规定。晋律："过误伤人，三岁刑。"《唐律疏议》以过失杀人为"耳目所不及、思虑所不到"而发生的杀人行为，如因射禽兽而误射中杀人等，在处罚上，对过失杀伤的行为，各依其状，以赎论。明清刑法对过失杀伤人的行为，比照斗杀伤罪收赎，以赎金给付被害者之家，作为医药及营葬费用。

中国古代刑法中对"七杀"罪，还有一项特殊的规定，即因身份关系而发生的杀伤行为，在量刑上是不同的。如尊长与卑幼之间相互杀伤的行为，不论属于哪一种杀伤形态，在处罚和量刑上都有很大的差异。这是"准五服以判罪"这一原则在量刑上的具体运用。

三

六　赃

中国古代的"六赃",也称赃罪、犯赃,是指与金钱和财物有关的各种犯罪的总称。晋代张斐的《律注》中说:"货财之利谓之赃",意即以非法手段取得官私财物的行为,都叫作赃罪。六赃之名,虽然最早见于《唐律疏议》,但在古代,赃罪本身与对赃罪的处罚,几乎是同时出现的。自人类进入阶级社会后,统治阶级为了维护他们的私有财产,用法律的形式确认了私有制的地位。任何侵犯这种法律所保护的财产关系的行为,都要给予严厉的制裁。传说在皋陶制定的刑法中,将官吏的贪赃行为称为"墨",有犯者格杀勿论。西周时的《吕刑》中,规定了"惟货""惟来"两种收受贿赂、曲法枉法的行为,作为"五过"(五种官吏犯罪行为)之一。战国的《法经》中,将保护私有财产关系的"盗法"列于首位,对于各种侵犯财产关系的行为用严刑予以制裁。

至汉代,对赃罪的规定渐趋规范。汉代的赃罪,分为"盗"与"受赇"。赇,据《说文解字》的解释,为"以财物枉法相谢也"。受赇,即官吏收受他人财物、歪曲枉法的行为。官吏犯赃的,称之为"坐赃"。东汉时官吏犯"坐赃"的,不仅本人处以弃市,而且还要禁锢其子孙。晋代,在法理上对各种犯赃行为作了区分。张斐《律注》:"取非其物,谓之盗;货财之利,谓之赃;取财似受赇。"对于赃罪的处罚,采取根据赃物的多少而分别量刑的做法。这一做法,被南北朝时期的法律直接继承。

到了唐朝,在总结前人立法经验的基础上,对赃罪在法律上作了综合归纳,分为六类,称之为"六赃"。《唐律疏议·名例律》"以赃入罪"条《疏议》:"在律,正赃唯有六色:强盗、窃盗、(受财)枉法、(受财)不枉法、受所监临及坐赃。自外诸条,皆约此六赃为罪。"《唐律疏议·杂律》"坐赃致罪"条《疏议》亦说:"赃罪正名,其数有六,谓受财枉法、(受财)不枉法、受所监临、强盗、窃盗并坐赃。"

1. 强盗

《唐律疏议·贼盗律》"强盗"条注:"谓以威若力而取其财,先强后盗、先盗后强等。若与人药酒及食,使狂乱取财,亦是。"对于强盗罪的量刑,根据得财多寡、伤人程度以及是否持有凶器等三个方面因素来决定:

(1) 是否得财:"诸强盗,不得财徒二年,一尺徒三年,二匹加一等;十匹……绞。"

(2) 是否杀伤人:"……伤人者,绞;杀人者,斩。"

(3) 是否持杖:"其持杖者,虽不得财,流三千里;五匹,绞;伤人者,斩。"

除了一般的强盗外,唐律中还规定了两种特殊的强盗行为:

第一,强盗共犯:"凡强盗共犯者,罪无首从"。

第二,律比强盗,即比照强盗罪论处。这类情形大体上有以下几种:一是放火为盗,"故烧人屋舍及聚积之物而盗者,并赃以强盗论",赃满十匹者绞;二是因殴抢夺财物,"诸本人以他故殴击人,因而夺其财者,计赃以强盗论",但最高刑为加役流;三是略人奴婢,"略人奴婢者,以强盗论,……罪止流三千里"。

2. 窃盗

《唐律疏议·贼盗律》"窃盗"条《疏议》:"窃盗人财,谓潜形隐面而取。"对于窃盗罪的量刑,原则上以得财多少为依据,"诸窃盗,不得财笞五十,一尺杖六十,一匹加一等;五匹徒一年,五匹加一等;五十匹加役流"。对于频犯窃盗的,在量刑上采取"累而倍论"的做法,即将所得财物总数相加("累"),再折其半("倍"),然后据此量刑。如一人于同一时间内先后窃盗数家,第一家得财物十尺,第二家得财物一匹,第三家得财物二匹(按律:窃盗二匹处杖八十),赃物总数为三匹十尺,折半为一匹二十五尺,量刑也是杖八十;但对所获之赃,按规定要"总征"而"倍备",即根据赃物的总数加倍退还。如果窃盗多次,经"累而倍论"计算后反而比窃盗一次轻的,则"止从一重而断",即按得财物最多的一次量刑,赃物退赔依然按照"总征"而"倍备"的原则。

3. 受财枉法

受财枉法,是指"监临主司受财而枉法"的行为。《唐律疏议·职制律》"监主受财枉法"条《疏议》:"监临主司,谓统摄案验及行案主典之类,受有事人财而曲为处断者。"对于受财枉法的行为,根据收受财物多少量刑:"一尺杖一百,一匹加一等;十五匹绞"。此外,还有一些行为,也要比照受财枉法论处。这些行为有:

(1)事后受财:"诸有事先不许财,事过之后而受财者,事若枉,准枉法论"。

(2)乞取受所监临财物:"诸监临之官,受所监临财物,……乞取者,准枉法论"。

(3)监临势要受人财而为请求:"诸受人财而为请求,……监临势要,准枉法论"。

(4)贷所监临财物:"诸贷所监临财物,……有剩利者,计利准枉法论"。

(5)妄增减出入课役:"诸里正及官司,妄脱漏增减以出入课役,……赃重入己者,以枉法论,至死者加役流"。

(6) 主守导令囚翻异:"诸主守受囚财物,导令囚翻异,及与传通言语,有所增减者,以枉法论"。

4. (受财)不枉法

《唐律疏议·职制律》"监主受财枉法"条:"不枉法者,一尺杖九十,二匹加一等;三十匹加役流。"《疏议》:"虽受有事人财,判断不为曲法。"不枉法由于没有造成"枉法"的后果,量刑上有所减轻。

5. 受所监临财物

按照《唐律疏议·职制律》"受所监临财物"条《疏议》的解释,受所监临财物是指"监临之官,不因公事而受监临内财物"的行为,这也是它与"受财枉法"的主要区别。凡监临之官,受所监临财物的,"一尺笞四十,一匹加一等;八匹徒一年,八匹加一等;五十匹流二千里"。此外,另有一些行为,也比照受所监临财物论处。这些行为有:

(1) 有事请求,事先不许财,事过之后受财,但不枉法的,"以受所监临财物论"。

(2) 贷所监临财物,满百日不还的,"以受所监临财物论"。

(3) 监临官私役所监临,及借奴婢、牛马、车船、邸店之类,各计所庸、赁,以受所监临财物论。

(4) 率敛所监临财物馈赠人的,"虽不入己,以受所监临财物论"。

(5) 主守受囚财物,以受所监临财物论。

6. 坐赃

《唐律疏议·杂律》"坐赃致罪"条《疏议》:"坐赃者,谓非监临主司,因事受财,而罪由此赃,故名坐赃致罪。"也就是说,凡不属于前面五种赃罪的,都包括在"坐赃"的范围之内。凡坐赃致罪的,"一尺笞二十,一匹加一等;十匹徒一年,十匹加一等;罪止徒三年"。

从唐律对"六赃"的分类及处理看,根据犯罪构成的不同与量刑的

不同,可作以下划分:

(1)根据犯罪构成的划分,分为强盗与窃盗,受财枉法、受财不枉法和受所监临财物,以及坐赃三大类。强盗与窃盗的主体虽然并不确定,犯罪手段也不相同,但它们侵犯的客体基本上是一致的,即刑法所保护的财产关系;受财枉法、受财不枉法和受所监临财物的犯罪主体,都是国家的官吏;而坐赃则是上述两类赃罪以外的其他各种犯赃行为。

(2)根据量刑的不同,分为强盗和受财枉法,受财不枉法、受所监临财物和窃盗,以及坐赃三类。强盗与受财枉法的最高刑为死刑;受财不枉法、受所监临财物和窃盗的最高刑为流刑;坐赃的最高刑为徒刑。

宋代刑法对六赃的分类,基本沿袭了唐律的规定,但对赃罪的量刑要比唐律加重。宋初规定:犯窃盗赃满五贯处死。职官以赃坐罪者,虽会赦不得叙,并永为定制。辽、金、元刑法亦采取这一做法。

明代刑法虽然沿用了六赃的分类法,但在内容上作了一定的改变,一是以监守盗、常人盗、窃盗、(受财)枉法、(受财)不枉法、坐赃为六赃;二是在律文中,专门规定了"受赃"一门,对官吏犯赃作了具体规定。在量刑上,亦采取并赃论罪的原则。监守盗、常人盗及受财枉法的,最高刑为死刑;窃盗、受财不枉法的,最高刑为杖一百,流三千里;坐赃的,最高刑为杖一百,徒三年。对犯监守盗、常人盗和窃盗的,还要附加刺字(刺于小臂膊)的刑罚。在实际的量刑中,对各种赃罪特别是官吏犯赃的行为,要较律文规定加重。同时,明代刑法不再以强盗作为赃罪,这是因为,强盗罪所侵犯的虽然是官私财产权利与他人的人身权利这双重客体,但主要的还是后者。因此,《大明律》中规定:凡强盗已行而不得财者,皆杖一百,流三千里;但得财者,不分首从,皆斩。不再以赃物的多少为量刑标准。这比起唐律来,从分类上说应当是更为合理了。

清代刑法基本沿袭了明代的赃罪分类法,但在量刑上,受财不枉法与窃盗的最高刑改为绞监候,较明代刑法为重。

中国古代刑法对"六赃"的处罚,均采取"计赃为罪"的原则,又称"以赃定罪""以赃论罪",即根据犯罪所得赃物的多少和价值的大小来决定刑罚的轻重。《唐律疏议·名例律》"平赃及平功庸"条《疏议》:"赃,谓罪人所取之赃,皆平其价值。"这种做法,仅仅注重赃物的数量和价值,忽略了其他有关情节和行为的危害程度,在实际处理中难免有失公正。因此,有不少人对此提出了批评。北宋时的曾布就指出:"盗情有轻重,赃有多少,今以赃论罪,则劫贫家情虽重而以赃少减免;劫富室情虽轻而以赃重论死,是盗之生死系于主之贫富也。"因此,他主张应当根据实际的危害程度对赃罪量刑,①但这一主张并未能够得到实行。直至清末变法,《大清新刑律》颁布,始删去"以赃定罪"的规定。

---

① 参见《宋史·刑法志》。

四
奸　非

奸非，又称犯奸，是指违反法律和伦常的两性关系。"奸"在中国古代通常是非法的性关系的总称。古代法律的奸罪从手段上看，分为强奸与和奸两类；从对象上看，又分为亲属相奸、常人相奸、主奴相奸等。由于奸罪的对象不同，法律上的量刑也不同。

《小尔雅·广义》里，有"男女不以义交谓之淫，上淫曰蒸，下淫曰报，旁淫曰通"的说法。《尚书大传》中，也有"男女不以义交者，其刑宫"的记载。战国的《法经·杂法》中的"淫禁"里，也有"妻有外夫则宫"的规定。在《云梦秦简》中，有几则奸非罪的规定。《封诊式》中收录了一则逮捕通奸犯的报告："乙、丙相与奸，自昼见某所，捕校上来诣之。"虽然没有说应当给予什么样的处罚，但显然是要依法制裁的。同父异母的兄妹通奸，则要处以弃市之刑。此外，奴仆强奸女主人的，也要比照殴主处以死刑。[①]

在唐律中，除了明确将亲属之间的非法性关系归纳为十恶中的"内乱"，依法予以严惩外，对其他各种奸非行为，也作了明确的规定。

1. 和奸

《唐律疏议·杂律》"和奸无妇女罪名"条《疏议》："和奸，谓彼此和同者"。"凡奸"条："诸奸者，徒一年半；有夫者，徒二年。"《疏议》："和

---

① 参见睡虎地秦墓竹简小组编：《睡虎地秦墓竹简》，文物出版社1978年版，第183、225、278页。

奸者,男女各徒一年半;有夫者,徒二年。妻、妾罪等。"

2. 强奸

《唐律疏议·杂律》"凡奸"条规定:强奸罪要比照和奸罪加一等论处;"折伤者,各加斗折伤罪一等"。另据"和奸无妇女罪名"条《疏议》,"强奸者,妇女皆悉无罪"。

3. 良贱相奸

《唐律疏议·杂律》规定,"良人"与奴婢、部曲等"贱民"之间相奸,与和奸的量刑是不同的。良人与他人部曲妻、杂户、官户妇女通奸的,杖一百;强奸的,加一等,处徒一年;奸官私婢女的,杖九十。而部曲、杂户、官户等与良人妇女通奸的,则要比常人通奸加一等论处;奴奸良人妇女的,徒二年半;强奸的,处流刑;因强奸而致被奸者受伤的,绞。

4. 主奴相奸

《唐律疏议·杂律》规定:良人与自家部曲妻通奸的,不构成犯罪;但"部曲及奴奸主及主之期亲,若期亲之妻者,绞;强者,斩。即奸主之缌麻以上亲及缌麻以上亲之妻者,流;强者,绞。"

5. 监守内奸

《唐律疏议·杂律》"监主于监守内奸"条规定:"诸监临主守,于所监守内奸者(谓犯良人),加奸罪一等。"

此外,凡是在父母及丈夫的丧期内与他人通奸,以及同道士、女官、僧、尼通奸的,比凡奸加二等论处。

明清法律对奸非行为的处罚,基本上沿袭了唐律的分类及处罚原则,但在量刑上有所变化,减轻了和奸的处罚,加重了对强奸的处罚。《大明律》及《大清律例》中都规定:凡和奸者杖八十,有夫者杖九十;强奸者,绞(清朝为绞监候);未成者,杖一百,流三千里。此外,奴与主妇通奸的,则一律处斩。

在清朝的法律中,还对两种奸罪作了特别规定:一是轮奸行为,《大清律续纂条例》中规定,凡轮奸的,比照强盗律,不分首从皆斩;二是强奸被囚女犯的,依律要处以绞刑。

另外,值得一提的是,"奸非"作为一项专门的罪名,是元朝法律明确提出的。元朝法律还专门规定:夫获妻奸,妻拒捕的,杀之无罪;妻妾与人通奸,丈夫于奸所当场将奸夫奸妇杀死的,依法不坐。①

---

① 参见《元史·刑法志》。

五
教 令 罪

中国古代刑法中的教令罪,是指教唆他人实施犯罪的行为。从教令罪的犯罪构成看,在主观方面,教令者必须有教唆他人犯罪的故意,并利用被教令者的犯罪行为达到其实施教令的目的;客观方面,被教令者必须实施了教令者所教唆的犯罪行为。因此,教令犯在犯罪形态上,虽然属于共犯的一种,但与一般共犯中的"造意"者是有所区别的。一般共犯中的"造意"者,为"唱首先言"之人,在整个犯罪过程中,造意者不但与其他共犯者一起谋划,而且亲身参与实施犯罪,并分担犯罪行为的一部分;而教令者则是采取教唆、诱使他人的方法,挑起他人的犯罪故意,去实施犯罪行为,教令者本人并不实际参与实施犯罪。

由于教令犯具有引起他人的犯罪故意、唆使他人实施犯罪的特点,古代刑法对教令犯均采取从重处罚的原则。在秦代,对于教唆未成年人犯罪的,采取只处罚教令者、不处罚被教令者的原则。《云梦秦简·法律答问》:"甲谋遣乙盗杀人,受分十钱,问乙高未盈六尺,甲何论?当磔。"按秦代规定,凡身高不足六尺的,属于未成年人,无刑事责任能力。甲教唆未成年人盗杀人,应承担全部刑事责任,处以"磔"刑。汉代刑法对教令者采取的是与被教令者同罪的处罚原则。《周礼·秋官·庶士》注引《贼律》:"敢蛊人及教令者弃市"。对于教唆他人杀人的行为,处以"弃市"的刑罚。晋律也取相同的处罚原则。

唐律在继承前代立法经验的基础上,对教令罪作了明确规定,并根据被教令者刑事责任能力的不同,分为教令常人与教令老幼两种类型。

(1)教令常人犯罪的,教令者与被教令者同罪。《唐律疏议·诈伪律》"诈教诱人犯法"条:"诸诈教诱人使犯法(注:犯者不知而犯之),及和令人犯法(注:谓共知所犯有罪)……皆与犯法者同坐。"

(2)教令九十岁以上、七岁以下老幼犯罪的,仅罚教令者,不罚被教令者。因为在这类教令犯中,被教令者本身无刑事责任能力,仅作为教令者的犯罪工具;教令者实际上是利用被教令者间接实施了犯罪行为,实现其犯罪故意。《唐律疏议·名例律》"老小及疾有犯"条规定:"九十以上、七岁以下,虽有死罪,不加刑。即有人教令,坐其教令者。"

明清刑法对于教令犯的处罚,基本上仍采取《唐律疏议》中的原则。《大明律·刑律·诈伪》"诈教诱人犯法"条规定:凡用言词教唆他人犯法的,与犯法者同罪。《大清律例》"教唆词讼"条也规定:"凡教唆词讼及为人作词状,增减罪情诬告人者,与犯人同罪。"对教唆老幼犯罪的,也"罪坐教令之人"。

中国古代对教令罪还有一项特殊规定:对教令他人实施与身份有关的犯罪时,对教令者与被教令者的量刑是不同的。晋代张斐的《律注》中就说:"即令人殴其父母,不可与行者同得重也。"按法律规定,殴父母在量刑上属于加重的对象,但对教令犯,则只能按殴常人量刑,因而原则上虽然教令者与被教令者同罪,但在实际量刑中有较大的差异。《唐律疏议》也采取这一原则,在适用上又作了具体规定:(1)教令常人告缌麻以上亲及教令部曲、奴婢告主人的,各减被教令者罪处罚;被教令者论如律。(2)教令九十岁以上、七岁以下的老幼实施有关身份的犯罪,如教"七岁小儿殴打父母,或教九十耄者斫杀子孙",对教令者一律按殴打及杀死凡人论罪,不得因身份关系加重或减轻。

六
不 应 得 为

"不应得为"是中国古代刑法中的一项概括性罪名,它是指法律没有明文规定,但按"理"不应当做的行为。

汉代法律有"不当得为",《尚书大传》:"非事而事之,出入不以道义,而诵不祥之辞者,其刑墨。"郑注:"非事而事之,今所不当得为也。"《汉书·武五子传》:"昌邑哀王歌舞者张修等十人,无子,又非姬,但良人,无官名,王薨当罢归。太傅豹等擅留,以为哀王园中人,所不当得为。"颜师古注:"于法不当然。"因此,汉律中的"不当得为",指的就是按情理与法律不应当做的行为,虽然法律没有明文规定,但依法还是应当禁止的。《汉书·酷吏传》:"(田)延年奏言:'商贾或豫收方上不祥器,冀其疾用,欲以求利,非民臣所当为,请没入县官。'奏可。"

唐律将"不当得为"改称为"不应得为"。《唐律疏议·杂律》"不应得为"条注:"谓律、令无条,理不可为者。"《疏议》:"杂犯轻罪,触类弘多,金科玉条,包罗难尽。其在律在令无有正条,若不轻重相明,无文可以比附。临时处断,量情为罪,庶补遗阙,故立此条。"根据这一解释,只有在没有律令正条可以比附而于理又不合的情况下,才可以适用"不应得为"的规定。对于"不应得为"的行为,情节一般的,处以"笞四十";事理重者,"杖八十"。唐律适用"不应得为",主要有以下三种情形:

(1)律无明文而适用"不应得为"的。这又分为两种情形:一是同时比照"不应得为"轻重两种处罚的,如《唐律疏议·职制律》"匿父母及夫等丧"条答问:"问曰:闻丧不即举哀,于后择日举讫,事发合得何罪?答曰:……期亲以上,不即举哀,后虽举讫,不可无罪。期以上从'不应得为重';大功从'不应得为轻'。"另如《户婚律》"居父母丧主婚"条《疏议》:"其父母丧内,为应嫁娶人媒合,从'不应为重',杖八十;夫丧从轻,合笞四十。"二是单独比照"不应得为重"处罚的,如上条:"若居夫丧,而与应嫁娶人主婚者,律虽无文,从'不应为重',合杖八十"。另如《贼盗律》"口陈欲反之言"条《疏议》:"若有口陈欲逆、叛之言,勘无真实之状,律、令既无条制,各从'不应为重'。"

(2)未遂而适用"不应得为"的。《唐律疏议·卫禁律》"向宫殿射"条《疏议》:"若箭力应及宫殿而射不到者,从'不应为重'。""宫门等冒名守卫"条答问:"以非应宿卫人自代,重于'阑入'之罪;若未至职掌之处,事发在宫殿内,止依'阑入宫殿'而科;如未入宫门事发,律无正条,宜依'不应为重',杖八十;其在宫外诸处冒代,未至职掌处,从'不应为轻',笞四十。"

(3)违"礼"而适用"不应得为"的。《唐律疏议·职制律》"匿父母及夫等丧"条答问:"又问:居丧期作乐,及遣人作,律条无文,合得何罪?答曰:《礼》云:大功将至,辟琴瑟。……又云:小功将至,不绝乐。《丧服》云:古者有死于宫中者,即三月为之不举乐。况乎身服期功,心望宁戚,或遣人作乐,或自奏管弦,既玷大猷,须加惩戒。律虽无文,不合无罪。从'不应为'之坐,期丧从重,杖八十;大功以下从轻,笞四十。"

宋以后的法律沿袭了"不应得为"的规定。《明律集解》纂注:"凡理之所不可为者谓之不应为,从而为之,是亦罪也。"《大清律例·刑律·杂犯》"不应为"条注:"律无罪名,所犯事有轻重,各量情而坐之。"

从古代法律对"不应得为"规定的内容看,所处罚的是法律没有明文规定、依法也不能适用比附,亦即事实上并没有构成犯罪,但于道义和礼教而言所不允许的行为。从立法意图而言,它充分体现了《唐律疏议》所说的"铨量轻重,依义制律"的指导思想。但在事实上,"不应得为"的规定扩大了刑事处罚的范围,埋下了擅断的弊端。

七
血亲复仇

血亲复仇的观念,起源于氏族社会。当时的氏族习惯承认血亲复仇,当一人被他人伤害,那么,他的家属和他的族人都有为他复仇的义务。进入阶级社会之后,复仇的习惯被继承下来。特别是在以家族为本位的宗法奴隶制社会的法律中,对血亲复仇普遍加以承认。从《周礼》中关于血亲复仇的有关记载看,血亲复仇有法定的手续,并有专管复仇的官员,只要事先到"朝士"那里登记了仇人的姓名,那么,将仇人杀死便可无罪。同时,又有"调人"的官职,专门负责避仇与和解事宜,并规定复仇只以一次为限,不准反复寻仇。《礼记·曲礼上》中说:"父之仇,弗与共戴天,兄弟之仇,不反兵(身不离兵器),交游之仇,不同国。"《春秋公羊传·隐公十一年》中也说:"君弑,臣不讨贼,非臣也。子不复仇,非子也。"把不复仇的行为视为不忠不孝,这在一定程度上反映了当时法律对复仇问题是采取支持的态度。

秦汉时期,在法律上对血亲复仇问题作了限制。商鞅变法时规定:凡私斗者,各以轻重处刑,①禁止民间自相复仇。西汉时也下令:凡罪犯已经被官府依法处罚,而又私下复仇,相互杀伤的,要加罪二等。② 但在事实上,到了西汉中后期,法律规定已成具文。复仇案件渐增,法律对复仇者多采取宽容态度。东汉章帝建初年间(76—83年)制定了"轻侮

---

① 参见《史记·商君列传》。
② 参见《后汉书·桓谭传》。

法",对因父母亲被人侮辱而将侮辱者杀死的行为,明确可以减轻处罚。虽然"轻侮法"在汉和帝时便被废止了,但事实上,法律对复仇行为仍采取默许的态度。《后汉书·赵熹传》记载:王莽末年,赵熹的堂兄为人所杀,无子,赵熹当时年仅15岁,便担当为堂兄复仇的使命。他约了几个同伴带着武器去仇人家,恰好仇人全家都重病卧床,没有能够相斗的人。赵熹认为,"因疾报杀,非仁者心",不忍下手,对仇人说:"尔曹若健,远相避也。"仇人全家都在床上叩首致谢。仇人病愈后,自缚见赵熹,赵熹拒不接见,请死之人也不杀。后来,赵熹还是将仇人杀死了。当时官府对赵熹的复仇行为并未予以追究。

魏文帝黄初四年(223年),下诏禁止复仇:"今海内初定,敢有私复仇者,皆族之。"①但魏明帝制定《新律》时,又对复仇问题作了变通规定:"贼斗杀人,以劾而亡,许依古义,听子弟得追杀之。会赦及过、误相杀,不得报仇。"②即只有在故杀及斗杀人而凶手又因官府追捕而逃亡时,才允许被害者的子弟复仇,追杀凶手;如果是误杀及过失杀,或是已遇大赦的情况下,则不允许私自复仇。此后的一些朝代,也都在法律上对复仇问题加以限制和禁止。北魏太延元年(435年)下诏,对于已经官府判决的杀害、伤害案件,禁止私相报仇,违者诛及宗族。③ 南梁太清元年(547年)也下诏:"不得挟以私仇而相报复,若有犯者,严加裁问。"④北周保定三年(563年),也有"禁天下报仇,犯者以杀人论"⑤的规定。但在事实上,对复仇的行为,又往往予以赦免甚至旌表。北魏显祖时,一个叫孙男玉的女子为丈夫报仇,依法被判为死罪,但后来又以

---

① 《三国志·魏志·文帝纪》。
② 《晋书·刑法志》。
③ 参见《魏书·世祖纪》。
④ 《梁书·武帝纪》。
⑤ 《周书·武帝纪》。

她"重节轻身,以义犯法",予以特赦。① 南梁的张景仁 8 岁时,其父被人杀死,他立志报仇,终于斩仇家之首以祭奠父亲,并自缚去官府投案自首。梁简文帝下令赦免他的罪,并免去他一家的租税,以旌表他的"孝行"。② 因此,这一时期,随着儒家思想的法律化,礼教的鼓励复仇与法律的禁止复仇之间产生了冲突。

隋唐法律对复仇不再作专门规定,对于复仇杀人的,按照谋杀及故杀、斗杀等有关规定处理,不再有减免刑罚的条款,但有一项特殊的规定。《唐律疏议·斗讼律》规定:"诸祖父母、父母为人所殴击,子孙即殴击之,非折伤者勿论。折伤者减凡斗折伤三等。至死者依常律。"即在祖父母或父母被人殴击的情况下,子孙可以报复的方式紧急救援。但在对于实际的复仇案件的处理上,究竟是依照法律规定还是按礼教规定处理,意见仍不一致。至宋朝,在沿袭唐律规定的同时,又作了一项规定:凡子孙复仇的案件,由官府具案奏取敕裁。③ 这样,虽然不承认复仇的权利,却又予以特殊的考虑。这是一种兼顾礼法而具有弹性的办法。

元代法律中,对复仇的问题又重新作了规定:父为人所杀而子殴死仇人,不但无抵罪的责任,而且杀父之家还须付烧埋银五十两。④ 公开承认复仇的合法性。明清刑法则规定:祖父母、父母为人所杀,子孙当场将凶手杀死的,可以不承担刑事责任,但事后再杀的,则要杖六十。⑤

古代法律在复仇问题上举棋不定的同时,严厉禁止亲属被人杀死而私下和解的行为。亲属关系越近,对私下和解的处罚也越重(对卑亲

---

① 参见《魏书·烈女传》。
② 参见《南史·孝义列传》。
③ 参见《宋刑统·斗讼律》"祖父母父母为人殴击子孙即殴击之"条"臣等参详"。
④ 参见《元史·刑法志》。
⑤ 参见《大明律》及《大清律例》之《刑律·斗殴》"父祖被殴"条。

属被杀私下和解的处罚与之相反)。《唐律疏议·贼盗律》"亲属为人杀私和"条:"诸祖父母、父母及夫为人所杀,私和者,流二千里;期亲,徒二年半;大功以下,递减一等。"《大明律》及《大清律例》之《刑律·人命》"尊长为人杀私和"条:"凡祖父母、父母及夫……为人所杀,而子孙、妻妾……私和者,杖一百,徒三年;期亲尊长被杀,而卑幼私和者,杖八十,徒二年;大功以下,各递减一等。其卑幼被杀,而尊长私和者,各减卑幼一等。"至于受财私和的,更是为法所不容,唐、宋、明、清法律都规定要计赃按盗罪论处。

此外,中国古代法律在限制复仇的同时,还专门规定了移乡避仇的制度。这一制度始于《周礼》,其《地官·调人》中说:凡仇杀案件经调解之后,杀人父的,要避之于海外,杀人兄弟的,要避之于千里之外。汉代也有移乡避仇的法律规定。晋令规定:"杀人父母,徙之二千里外。"[①]唐律则对"杀人移乡"作了专门规定,《唐律疏议·贼盗律》"杀人移乡"条:"诸杀人应死会赦免者,移乡千里外。"其目的,仍是防止被害之家因报仇而再度发生仇杀。

---

① 《宋书·傅隆传》。

八
公罪与私罪

中国古代的公罪,也称"公坐",是指官吏因公事而致罪的行为,即官吏在行政方面的错失行为;私罪,也称"私坐"是指官吏不因公事所犯,或虽因公事但意涉阿曲、假公济私的犯罪行为。

在汉代,就已有了公罪与私罪的区分。据《后汉书·第五伦传》记载,第五伦的曾孙、兖州刺史第五种因得罪中常侍单超,被单超以事诬陷,流放朔方,第五种亡命藏匿民间数年。后徐州从事臧旻上书为他辩白:"(第五)种所坐以盗贼公负……罪止征徙,非有大恶。"注云:"太山之贼,种不能讨,是力不足以禁之,法当公坐,故云公负。"东汉末年,司徒王允之侄、发干县长王凌因罪被处以髡刑(五岁刑),当道扫除,恰遇曹操车过,曹操以其为王允之兄子,又系犯公罪,遂使主者免其罪,并任命为骁骑主簿。① 由此可见,汉朝时对犯公罪者不仅可以减轻或免除处罚,而且赦免后仍可以重新入仕,不受限制。

至西晋时,在法律上将区分公罪与私罪作为一项基本原则确立下来。张斐的律注中就有"犯罪为公为私"的划分。《抱朴子·审举篇》中也说:"诸居职,其犯公坐者,以法律从事。"南北朝时的刑法基本上也都继承了这一制度,不仅对公罪和私罪作了划分,而且在量刑上对犯公罪者得比照私罪减轻或免除其刑罚。北魏太宗时,大臣安同征发民工

---

① 参见《三国志·魏志·王凌传》注引《魏略》。

治大岭山,通天门关,结果被诬以筑城聚众、欲图大事的罪名,太宗命群臣议罪。群臣认为:安同擅兴事役,劳扰百姓,宜应穷治,以肃来犯。但太宗则认为安同"虽专命而本在为公,意无不善",故而免其罪责。① 南陈时,"若公坐过误,罚金"②。对犯公罪者,大多采取"免官"的方式进行处罚。

《唐律疏议》在总结前代立法经验的基础上,对公罪和私罪的划分及处理作了明确的规定。《名例律》"官当"条注:"公罪,谓缘公事致罪而无私曲者。"《疏议》:"公事与夺,情无私、曲,虽违法式,是为公坐。"即官吏因执行公务时发生的错失行为和违法行为,官吏在主观上本无错失及违法的故意,也无追求私利的意图。《疏议》:"私罪,谓不缘公事,私自犯者",或"虽缘公事,意涉阿曲,亦同私罪"。即官吏所犯与其职务无关的罪,或是利用职权,贪赃枉法,谋取私利的行为,尽管与其职务或公事有关,但因主观上是为谋取私利,故而仍以私罪论处。由于公罪在主观上无犯罪故意,纯系职务公事上的错失,而私罪则系利用职权或与公事无关的故意犯罪行为,因而在处罚上,采取公罪比照私罪从轻或减轻处罚的原则。《名例律》"官当"条:"诸犯私罪,以官当徒者,五品以上,一官当徒二年;九品以上,一官当徒一年。若犯公罪者,各加一年当。"另外,对于犯公罪的,同职联署之官要连坐,"诸同职犯公坐者,长官为一等,通判官为一等,判官为一等,主典为一等,各以所由为首"。若同职中有利用职务挟私枉断,连坐之官不知情的,以失论,若同职中有犯与职务无关的私罪的,则不适用连坐之法。

宋朝法律对公罪和私罪的划分,基本上继承了唐律的规定,但在实

---

① 参见《魏书·安同传》。
② 《隋书·刑法志》。

际的适用中,要较唐律为严格。如犯公罪者,得以铜赎罪,但犯私罪者则否;在违制失公坐与违制失私坐的量刑上,也有区别。《大元通制·名例》也规定:"诸牧民官公罪之轻者,许罚赎"。

明清法律对公罪与私罪的划分及处理,较之唐宋法律更为具体。《大明律·名例律》"文武官犯公罪"条规定:凡内外大小军民、衙门官吏,犯公罪当处以笞刑的,官收赎,吏每季类决,不必附过;当处杖罪以上的,明立文案,每年一考纪录罪名,九年一次通考所犯次数、重轻,以决定其黜陟。"文武官犯私罪"条规定:凡文武官犯私罪的,笞四十以下,附过还职;笞五十以上的,解见任别叙;杖六十的,降职一等,杖七十的降二等,杖八十的降三等,杖九十的降四等,俱解见任官职;杖一百的,罢职不叙。此外,对犯公罪的规定了各种减免刑罚的优待:官吏有犯公罪的,会赦皆得免罪,无官犯罪,有官事发,公罪亦得收赎纪录。但犯一应私罪的,并论如律。

中国古代法律对公罪与私罪的划分,是对官吏犯罪的特殊规定,它将官吏因公务而发生的错失行为与假公济私、利用职权徇私枉法的行为在量刑上作了区分,对于保护官吏执行公务时的积极性与主动性,加强国家机关的效能,有着一定的作用。

九
"化外人"犯罪的处理

中国古代的"化外人",是指不属于中国王朝管辖的其他国家和地区的人民。而"化外人"犯罪的处理,实质上就是如何处理王朝管辖以外的国家和地区的人在中国领土内犯罪案件的问题。

中国自秦汉中央集权的大一统王朝建立后,对外交往不断发展,各国来中国经商与定居的人也逐渐增多。西域丝绸之路的开辟,扩大了中外的商业贸易和文化交流。为了处理对外交往中的有关事宜,秦汉在中央政府内专门设有"典客"一职,位列九卿,主管接待外国宾客(当时主要为边境的少数民族),解决有关外交事务。不过,当时的统治者以天下正统自居,对王朝以外的国家和部族均视为"蛮夷"。对于中国与其他国家和部族的人民发生争讼案件时,一般都是按中央政府的法令及当地的习俗处理,法律上并无专门规定。

到了隋唐时期,随着对外经济贸易和文化交流的进一步发展,外国来中国学习和经商的人员日趋增多,广州、扬州、长安等城市,都有外商的邸店,居住在那里经商的外国人常有几千人。随着交往的扩大,中国人与外国人之间以及外国人相互之间的争讼与犯罪案件也随之增多。为了更好地解决这类争讼案件,在《唐律疏议》中,开始对化外人相犯的问题作出明确的规定。《名例律》"化外人相犯"条:"诸化外人,同类自相犯者,各依本俗法,异类相犯者,以法律论。"《疏议》曰:"化外人,谓蕃夷之国,别立君长者,各有风俗,制法不同。"也就是说,由于外国人与中国人的风俗习惯和法律制度不尽相同,因而在处理这类争讼时,必须参考具体情况,采取不同的方法。根据《唐律疏议》的规定,对化外人相犯案件的处理,主要依据以下两项原则:(1) 同类相犯者,"须问本国之制,依其本属法断之",即两个相同国籍的外国人在中国发生争讼时,按照他们所属国家的法律处理;(2) 异类相犯者,"皆以国家法律论定刑名",即外国人与中国人,以及两个不同国籍的外国人之间发生的争讼,按照《唐律疏议》中的有关规定定罪量刑。这一规定,以属人法主义与属地法主义相结合,在当时的条件下,既尊重外国人所属国家的法律,又不损害大唐王朝的主权。

宋朝法律对化外人相犯案件,原则上继承了《唐律疏议》的规定。《刑统释文》对此解释说:"同类相犯,此谓蕃夷之国,同其风俗,习性一类,若是相犯,即从他俗之法断之;异类相犯,此谓东夷之人,与西戎之人相犯,两种之人,习俗既异,夷戎之法,各又不等,不可以其一种之法断罪,遂以中华之政决之。"但在实际的处理上,则又视具体情况而各异。当时广州为外商聚集之地,为了便于管理,解决各类争讼案件,曾专门设立了"蕃坊"。据《萍州可谈》一书记载,蕃坊中置蕃长一人,主管蕃坊公事,蕃人有罪,诣广州府审讯得实,送蕃坊行遣;徒以上的犯罪,由广州府依法决断。对外国人与中国人的争讼案件,根据有关的敕、例,往往采取外国人与中国人各按其俗法决断的做法。当时的一些士大夫对此颇有非议。汪大猷任泉州知州时,就曾以"安有中国用岛夷俗"①为理由,改为一律按宋法治罪。

明代刑法对化外人相犯的规定与《唐律疏议》有所不同。首先,关于化外人的概念,据《大明律集解纂注》的解释,为"外夷来降之人,及收

---

① 《泉州府志·汪大猷》。

捕夷寇,散处各地方者皆是。言此等人,原非我族类,归附即王民"。因此,此处所称化外人,并不是指具有外国国籍的人,而仅指归化后取得中国国籍的外国人,与《唐律疏议》中化外人的概念是不同的。其次,对化外人犯罪的处罚,《大明律》规定:"凡化外人犯罪者,并依律拟断。"即以属地法主义为原则。

清代刑法对化外人相犯案件的处理上,在承袭明制的同时,又作了新的补充。对一般化外人相犯的案件,沿用明制,按大清刑法定罪量刑;但对于隶属于理藩院的内外蒙古、青海、西藏等地的人犯罪,一律比照蒙古人犯罪条例处理。据《大清律例》规定,蒙古人与民人(即大清王朝直接管辖下的臣民)交涉之案,凡遇有斗殴、拒捕等事的,由该地方官员与旗员会同审讯明白,如果是蒙古人在内地犯罪的,即按大清刑律办理;如果是民人在蒙古地方犯罪的,按照蒙古例办理。蒙古地方发生的抢劫案件,如果作案者都是蒙古人,则按蒙古例处理;如果都是民人,则按大清刑律处理。如果是蒙古人与民人共同抢劫的,则核定罪名,如果蒙古例量刑重于大清刑律的,俱按蒙古例量刑;大清刑律重于蒙古例的,俱按刑律量刑。即在处理上,以属人法主义与属地法主义相结合的同时,附之以从重的原则。同时,在《大清律例》以外,还专门制定了《回例》《番例》《蒙古律例》等专门适用于少数民族政权的法律。

中国古代刑法对化外人相犯的规定,基本上采取的是属人法主义与属地法主义相结合的原则。这一规定,对于清末领事裁判权制度的确立,产生了很深的影响。

十
不作为犯如何定罪

犯罪行为通常分为"作为"与"不作为"两种形式。作为是罪犯以积极的手段去实施刑法所禁止的各种行为,而不作为则是罪犯消极地不去实施自己所应当(有义务)实施的行为。中国古代的刑法中所规定的犯罪行为,大都是以作为的方式构成的。有些行为,法律明确规定有义务实施,但行为人拒不实施的,同样构成犯罪,并在具体的条款中,对于不作为犯的形式及其可罚性,都有较为具体的规定。

不作为犯在中国古代刑法中,是一种较为原始的犯罪形式。早在《尚书·甘誓》中,就已有"用命,赏于祖,弗用命,戮于社,予则孥戮汝"的记载,把拒不执行努力作战命令的行为视为犯罪。《尚书·汤誓》中也有类似的记载:"尔不从誓言,予则孥戮汝,罔有攸赦。"不执行王命,成为早期刑法中最为主要的以不作为形式表现的犯罪。不过,由于当时实行的是议事以制、不预设法的制度,对于各种犯罪未作具体规定,只是根据其情节轻重和危害性的大小临时决定相应的刑罚,并未在刑法中对作为与不作为的犯罪作明确的区分。

在秦律中,始对不作为犯有了较为明确的规定。《云梦秦简·法律答问》记载:凡见知"盗"而不告不捕(不作为)的行为,要科以相应的刑罚。不作为在主观上必须有故意,对主观上没有故意的不作为,法律上不予处罚。汉律继承了这一原则,"其见知而故不举劾,各与同罪,失不举劾,各以赎论;其不知不见不坐"①。将不作为分为故意、过失和不知不见三种情况,分别给予不同的处理,并对过失的不作为,也要给予相应的处罚。晋律及南朝的宋律中,也有"子孙违反教令,敬恭有亏,父母欲杀者,皆许之"②的规定,把"敬恭有亏",即子孙不承担尊敬、侍奉尊长视为可罚的犯罪行为。

唐律对不作为犯罪作了较为具体的规定。从《唐律疏议》有关条款的规定看,根据罪犯的身份及应承担的义务的不同,将不作为区分为两种形式。

(1) 纯正的不作为,即律文明确规定的以特定身份人的不作为行为,作为构成犯罪的要件。在这类不作为的犯罪中,行为人因一定的身份关系,有义务履行该项行为而拒不履行。也就是说,犯罪的主体是特定的应承相应义务的人。这种特定的义务关系在《唐律疏议》中大致有三类:一是因亲属关系所形成的特定义务,如果不履行这种义务的,即是不作为。《斗讼律》"子孙违反教令"条规定:凡子孙违反教令及供养有阙者,徒二年。注曰:"谓可从而违、堪供而阙者。"即子孙因伦常关系,应承担听从教令、赡养尊长的义务,而在有条件听从教令、赡养尊长的情况下又拒不履行此义务的行为。二是因特定职务而形成的义务。《职制律》"事应奏不奏"条规定:诸事应奏而不奏的杖八十。《疏议》解释说:"应奏而不奏,谓依律、令及式,事应合奏而不奏"。即主管官吏依律令规定,当履行其职责范围内的义务而不履行的,亦为不作为犯。三是由一定事实所形成的特定的权利义务关系,负有义务的一方拒不履行其义务时,也可构成不作为犯。《杂律》"负债违契不偿"条规定:凡

---

① 《晋书·刑法志》。
② 同上书。

负债违契不偿的,一匹以上,违二十日笞二十,二十日加一等,罪止杖六十。由于纯正的不作为犯罪,须有特定身份所形成的义务关系方能构成,因而在具体条款中,多以"违""应为而不为"的形式出现。同时,这类犯罪在客观方面,只要有"不作为"即可构成犯罪,并不一定要求危害结果的发生。

(2) 不纯正的不作为,即不实施法律规定的有义务实施的行为。与前一种不作为形式相比,两者的主要区别,就在于犯罪的主体不同。前者是具有特定身份的人,其义务关系是由该种身份所决定的,而后者的身份是不特定的,其义务是由法律所规定的。《贼盗律》"以毒药药人"条规定:"脯肉有毒,曾经病人,有余者速焚之,违者杖九十。……即人自食致死者,从过失杀人法。"即有毒食物的所有人,在法律上有义务将其焚销。若不及时焚销,以及使他人误食致死者,即构成犯罪。对于这类不作为犯,《唐律疏议》中采取的是结果犯加重的原则,只要具备法律所规定的不作为行为,即予处罚;若因不作为而产生危害后果的,则要加重处罚。《杂律》"丁防官奴婢病不救疗"条也规定:诸丁匠在役及防人在防,及官户、奴婢疾病,主司不为请给医药救疗的,笞四十。以故致死的,徒一年。

唐以后的历代刑法,对于不作为犯罪的定罪量刑问题,也都有较具体的规定。不过,从总体上看,基本上都是沿袭《唐律疏议》中的原则和方式。

第三章
刑　罚

"以刑止刑,以杀止杀",为了实现这一目的,中国古代法律对刑罚的适用作出了明确、具体的规定,以"惩其未犯而防其未然",充分发挥刑罚对教化的辅助作用。

一

制敕断罪

秦始皇像

"制敕断罪"是中国古代刑法适用的一项基本原则。"敕"作为法律形式,渊源于皇帝的诏命。在古代社会,历朝历代的刑法都明文规定了犯罪与刑罚的条款,以及在法无明文规定的情况下,可运用"比附"的原则。然而,由于古代刑法的基本原则是皇权至上,刑法的适用要受到皇权的制约,皇帝的诏令具有最高的法律效力,它可以取代甚至变更律文的规定。早在秦王朝时,就在法律上将这一原则肯定下来。秦始皇时,"天下事无大小皆决于上",以"命为制,令为诏"①,明确规定皇帝的诏令具有绝对的法律效力。这一原则,被后世定为恪守不渝的帝王之制,一直继承下来。西晋著名的律学家刘颂就曾说过:"事有时宜,故人

---

① 《史记·秦始皇本纪》。

主权断。"①在集法典之大成的《唐律疏议》中,对这一原则作了明确的表述。《断狱律》"制敕断罪"条的《疏议》说:"事有时宜,故人主权断制敕,量情处分。"纵观中国古代刑法"制敕断罪"的原则,主要通过以下两种形式表现出来:

(一) 经常性地整理、汇集皇帝的敕令,作为断案的依据

由于皇帝的敕令可以补充、变更甚至取代律文的规定,因而成为律以外最主要的和经常适用的法律形式,而整理、汇编皇帝的敕令作为定罪量刑的依据,也就成了历代王朝最主要的立法活动。从两千余年法典编纂的历史看,律在形式上,作为皇帝"钦定"的刑法典,是最主要的法律形式,在体例上和内容上都甚少变化。从战国时的《法经》,到汉《九章律》《唐律疏议》《宋刑统》,以至《大清律例》,一脉相传,沿革因袭的痕迹清晰可见。与之相反,历代皇帝敕令的汇编,却在不断发展变化。以《九章律》为主体的汉律虽然只有60篇,但诏令的汇编却多至300余篇,并且还不断增加,以至于不得不以"令甲""令乙""令丙"加以区分。《唐律》共12篇,500条,但作为敕令汇编的"格",总数达数千条,而且每隔若干年就进行一次整理。宋以后,随着君主专制集权的不断强化,敕的地位也日趋重要。在宋朝,"凡入笞、杖、徒、流、死,自名例以下至断狱,十有二门,丽刑名轻重者,皆为敕"②,即将皇帝发布的有关犯罪与刑罚方面的诏令,统称为敕。这些敕经定期或不定期的系统整理、分类汇编之后,由皇帝批准颁行,就成为"编敕"。两宋把编敕作为最主要的立法活动,现在可知的编敕就有数百种之多,几乎每代皇帝均有编敕之举。仅宋神宗一朝,编敕就达40余种。同时,有的编敕内容

---

① 《晋书·刑法志》。
② 《宋史·刑法志》。

多至数千卷,堪称洋洋大观。明代的"例",亦渊源于皇帝的敕令。自明代中期起,开始律例合编,将皇帝的敕令与律文融为一体,作为定罪量刑的主要依据。清朝继承这一做法,以例附律。乾隆皇帝时开馆修例,五年一小修,十年一大修,由律例馆专司其事,直接在刑法典中贯彻了"制敕断罪"这一原则。

（二）直接运用皇帝的敕令改变律文规定,指导刑法的适用

皇帝的诏敕具有最高的法律权威,不仅在法无明文规定的情况下,要以皇帝的敕令为依据,而且在法律与敕令发生冲突时,也要以敕令为准。西汉时著名的酷吏杜周在回答别人对他"不循三尺法,专以人主意指为狱"的指责时就说过:"三尺（法）安在哉？前主所是著为律,后主所是疏为令,当时为是,何古之法乎？"①一语道出了"制敕断罪"的实质。纵观整个古代社会,以皇帝一纸敕令取代律文规定的事例,比比皆是。以明法和守法著称于世的唐太宗李世民,一方面说"法者,人君所受于天,不可以私而失信"②,另一方面,对制敕断罪奉行不悖。贞观五年(631年),因法官张蕴古私下与囚犯交通,漏泄"圣旨",将其斩于东市。事后,李世民自己也承认张蕴古罪状虽重,"若据常律,罪不至死",但他又以"守文（成文法律）定罪,或恐有冤"为理由,下令凡是据法合死而情可矜的犯罪,一律奏请皇帝裁决,明确了"制敕断罪"的合法化。③

北宋神宗时的"阿云之狱",则是中国法制史上"制敕断罪"的典型事例。宋神宗即位初年,登州有一个叫阿云的女子,被许给一个姓韦的男子为妻。阿云嫌其相貌丑陋,于深夜持刀朝他连砍十余刀,终因力

---

① 《汉书·杜周传》。
② 《资治通鉴·唐纪十二》。
③ 参见《贞观政要·刑法》。

小,仅砍断一指。案发后,在官府审讯阿云时,她招认了犯罪事实。大理寺根据刑律,对她判处绞刑,但许她赎罪。但当时的登州知州、后调任大理寺长官的许遵不同意,认为阿云是在"按问"时承认罪行的,按法属于自首,应当比照谋杀减罪二等。翰林学士、后调任参知政事的王安石支持许遵的意见,而刑部、大理寺的法官则主张维持原判。这样,对此案的判决,在朝廷内形成了意见对立的双方,争执不下。最后,由宋神宗发布敕令,肯定了王安石、许遵的意见,改变了法律的规定。① 此后,御笔断罪盛行,"出令制法,轻重予夺在上",进一步肯定了"制敕断罪"这一原则。南宋抗金名将岳飞,正是这一原则之下的牺牲品。明清时期,随着君主专制集权的不断强化,这一原则在司法实践中普遍适用,成为当时刑法中最主要和最基本的一项原则。

---

① 参见《宋史·刑法志》。

二
刑法的时间效力

刑法的时间效力问题,是指刑法的生效和失效的时间,以及刑法是否适用于生效以前所发生的犯罪行为,即有否溯及既往的效力的问题。

早在秦律中,就有了关于刑法时间效力问题的记载。《云梦秦简·法律答问》:"或以赦前盗千钱,赦后尽用之而得,论何也?毋论。"不得追究赦前的犯罪行为,表明刑法无溯及既往的效力。

汉代法律对刑法的时间效力,采取的是从旧原则,即按犯罪时法处理的原则。"令:犯法者,各以法时律令论之"①。据《汉书·孔光传》记载,汉成帝时,定陵侯淳于长囚犯大逆罪,被处死刑,淳于长的小妻(妾)乃始等六人均已在其案发之前被休弃,有的已经改嫁了。但丞相翟方进、大司空何武认为,根据汉令的规定,犯法者各按犯法时的法律论处,淳于长犯罪时,乃始等人还是其妾,即使后来离弃了,但按照法令仍然应当连坐受罚。而廷尉孔光则不同意,认为法律有关大逆不道,父母妻子同产无少长皆弃市的规定,主要是惩办参与犯罪者或与罪犯有亲属关系的人。夫妇之道,有义则合,无义则离,淳于长在并不知自己会因"大逆"被处死的时候,就已经休弃了乃始等人,他们之间的夫妻(夫妾)关系已不复存在。如果再以乃始等人作为淳于长的妻妾予以连坐处罚,则是不妥当的。在这一案件的争论中,两种不同意见的主要分

---

① 《汉书·孔光传》。

歧,是对于"法时"这一概念的理解和时间上确认的不同,但对于刑法不得溯及既往这一点上,两种意见的看法都是一致的。此外,对于大赦以前的犯罪行为,按法也不得予以追究。汉哀帝时,曾下诏规定:司法机关不得举告及处罚赦前往事。① 汉平帝时也颁布了同样的诏令:自今以后,有司不得陈赦前事置奏上。违者以不道罪论处。② 严禁追究大赦以前的犯罪行为。

唐律对于刑法的时间效力问题,采取犯罪时法与审判时法相结合的做法。《唐律疏议·断狱律》"赦前断罪不当"条规定:"凡赦前断罪不当者,若处轻为重,宜改从轻;处重为轻,即依轻法。"《疏议》解释说:根据唐令的规定,犯罪未决断,逢格改动的,格重,听依犯时;格轻,听从轻法。所谓"处重为轻,即依轻法",就是说,如果犯十恶,非常赦所不免者,当时断为轻罪及全放,并依赦前断定。从这一规定看,主要有两方面的问题:(1)对赦前判决不当的案件如何加以追溯的问题,凡赦前已经判决的案件,如果定罪量刑偏重,则予改判从轻;如果定罪量刑偏轻,则维持原判。(2)犯罪已发未判决而遇法令修改的,若新法重于旧法,则按犯罪时法判决;新法轻于旧法,按审判时法判决。因此,唐律对刑法的时间效力问题,采取了从旧兼从轻的原则。但是,对于"常赦所不免"的犯罪,则不适用这一原则。如果赦前断罪处重为轻的,一律按法律规定改判从重。因此,对于情节严重的犯罪,刑法仍有追溯既往的效力。

两宋法律对刑法的时间效力问题,基本上继承了《唐律疏议》中的原则和规定。南宋庆元年间颁布的《断狱令》中,对刑法溯及力的问题

---

① 参见《汉书·哀帝纪》。
② 参见《汉书·平帝纪》。

作了补充规定:凡犯罪未发及已发未论决而法律改动的,若新法重,听依犯时法;新法轻,则从轻法。若已经用旧法理断者,不得用新法追改。

明清两代在法律上对这一问题的规定,与唐宋法律有所不同。对于赦前断罪不当的问题,原则上与唐宋法相似,采取从轻主义,即凡赦前处断刑名,罪有不当,若处轻为重者,当改正从轻;处重为轻,除常赦所不免者依旧处罚外,其余改从轻法,但同时又明确规定新法具有溯及既往的效力。《大明律·名例律》"断罪依新颁律"条规定:"凡律自颁降日为始,若犯在已前者,并依新律拟断。"即对过去尚未判决的犯罪,不论新旧法量刑的轻重如何,一律按新颁法处理。这一规定,固然是为了树立新法的权威,但以新法追溯以前犯罪的做法,并不符合统治阶级矜罪恤刑的指导思想。因此,清代虽然在《大清律例》中沿袭了《大明律》的这一规定,但在实际适用上,又作了变通的处理。《大清律集解附例笺释》对此条的规定解释说:"此言律已颁定,或因一人一事忽又更易,轻重不同,则须依新律拟断。盖新定之例,即律也。大约新例之严者,犯在新例之前,自不得引新例从严;新例之宽者,虽事犯在新例未颁之先,自合引新例从宽。"实际上采取了从新兼从轻的原则。至乾隆时,对刑法溯及力的问题重新作了规定:"如事犯在未经定例之先,仍依律及已行之例定拟。其定例内,有限以年月者,俱以限定年月为断。若例应轻者,照新例遵行。"因此,《大清律例》原则上虽然继承了《大明律》的规定,但在后来的实际适用上,对刑法的时间效力,仍以从旧兼从轻的原则为主,与《唐律疏议》所适用的原则基本上是一致的。

三
中国古代实行过"罪刑法定"吗

中国古代刑法是否实行过"罪刑法定主义",这是人们长期争论的一个问题。所谓"罪刑法定主义",是现代西方资产阶级国家刑法典普遍采用的一项基本原则,即"法无明文规定者不为罪,不处罚"。在这一原则之下,有四项具体规定:(1)定罪科刑只能根据成文法的规定,不得援用习惯法;(2)刑期只能依据法律上的规定,不得适用不定期刑;(3)不能用事后法追溯先前的行为,并给予处罚;(4)不得适用类推的原则和对法进行扩张的解释。"罪刑法定主义"原则,是西方资产阶级革命和人权运动的产物,是针对西欧刑法"罪刑擅断主义"而提出的。

中国古代社会长期处于奴隶制和封建君主专制制度统治之下。奴隶制时代的刑法多是不成文的,藏之于官府,不向社会公开。在定罪量刑上采取"以刑统罪"的原则,笼统地规定各刑种及其体系(五刑),"夏刑则大辟二百,膑辟三百,宫辟五百,劓、墨各千"①,周刑"墨罚之属千,劓罚之属千,剕罚之属五百,宫罚之属三百,大辟之罚,其属二百,五刑之属三千"②,很少规定具体的罪行与罪名。在遇到具体犯罪,需要确认罪名及适用刑罚时,则采取"临时而议罪"的办法,"法举其大纲,但共犯一法,情有浅深,或轻而难原,或重而可恕,临其时事,议其重轻,虽依准

---

① 《周礼注疏》卷36。
② 《尚书·吕刑》。

旧条,而断有出入,不豫设定法,告示下民"①。这种"议事以制"的制度,是奴隶制刑法罪刑擅断的具体体现。

春秋战国时期,以法家为代表的新兴地主阶级为了反对奴隶主贵族的罪刑擅断,提倡"宣明法制",主张把什么是犯罪、应该受到什么样的刑罚等问题,都准确无误地写进成文法律中,并加以公布,做到有法可依、赏罚公正,逐步废除"议事以制"的制度。在第一部成文法典《法经》中,首次确立了"以罪统刑"的原则,将罪名与刑罚统一起来,置于不可分割的联系上,"杀人者诛","窥宫者膑",以做到罪刑相当,无罪不罚。后来的商鞅、韩非等法家继承了这一传统,他们在理论上提出"循名责实""名刑相当,循绳墨",主张刑罚必须与罪名相一致,轻重必须有法律的明文规定。这一主张,在以法家思想为指导的秦汉法律中得到了实际的贯彻。在秦汉法律中,对于各种犯罪及应处的刑罚,都有较为具体的规定。汉令还规定:"犯法者,各以法时律令论之",明确了刑法没有溯及既往的效力。同时,一批较有见识的法学家和司法官,在司法实践中对这一原则予以切实的贯彻执行。

汉文帝时的廷尉张释之,便是颇为后世称道的有法必依、执法严明的典范。他按照汉律的规定,对"犯跸"惊舆车者处以罚金。汉文帝认为太轻,强令他改判死刑。张释之回答说,"法者,天子所与天下公共也,今法如此,而更重之,是法不信于民也"②,坚决维持原判。东汉桓帝延熹五年(162 年),车骑将军冯绲讨伐武陵蛮夷,宦官向桓帝诬告他将傅婢二人戎服自随,又辄于江陵刻石纪功,应下狱治罪。但尚书令黄儁则提出"罪无正法,不合致纠"③,反对追究法律没有规定处罚的行为。

---

① 《左传·昭公六年》孔颖达疏。
② 《汉书·张释之传》。
③ 《后汉书·冯绲列传》。

张释之断"犯跸"案

西晋时,著名律学家刘颂首次在理论上提出了法无明文规定不为罪的主张:"律法断罪,皆当以法律令正文。若无正文,依附名例断之,其正文名例所不及,皆勿论。"①按照他的观点,所有罪行,都要依照律令的有关规定来定罪量刑。律令没有规定的,比照名例律(刑名律、法例律,相当于后世刑法总则)的规定;律令及名例均无规定的,即使是犯罪行为,也不应处罚。这一规定,在理论上总结和发展了秦汉以来主张依照法律,正确适用刑罚定罪量刑的思想,与"罪刑法定主义"的理论极为

---

① 《晋书·刑法志》。

相似。尽管刘颂同时也提出了"事有时宜,故人主权断",主张制敕断罪,但是他的罪刑法定观点的提出,不能不说是中国古代刑法理论上的一个创举,并对后世的刑法产生了一定的影响。

唐代在刑法中继承了汉晋以来罪刑法定的主张。《唐律疏议·断狱律》"断罪不具引律令格式"条规定:诸断罪皆须具引律、令、格、式正文,违者笞三十。同时,在刑法溯及力问题上,也采取了与许多现代国家刑法类似的办法。《唐六典》规定:"凡有罪未发,及已发未断而逢格改者,若格重则依旧案,轻从轻法。"这一规定,基本上被唐以后的历代刑法所沿袭,成为刑法的一项基本原则。

不过,应当指出的是,在君主专制制度之下,罪刑法定的主张是不可能真正实现的。因为,根据制敕断罪的原则,君主可以敕令补充、变更法律的规定,在法无明文规定的情况下,可以依照君主发布的敕令定罪量刑。同时,刑法中广泛适用比附的原则,在律无正条的情况下,可以比照最相类似的律文及先前判决的案例来定罪量刑。这就与罪刑法定的主张格格不入了。因此,中国古代刑法在专制制度之下,没有也不可能实行所谓"罪刑法定主义",而仅有类似于罪刑法定的思想理论和某些规定。

四
比 附 为 罪

中国古代刑法中的"比附",是指在法律没有明文规定或是法律规定不明确的情况下,可以比照最相类似的条款或是先前判决的案例来定罪量刑的制度,类似于现代刑法中的类推。

比附作为一项刑法的适用原则,在中国很早就出现了。《尚书·吕刑》中,就有"上下比罪"的记载。在社会关系简单、立法经验不足的情况下,大多是就一事一罪制定一条法律规定,比如《法经》中的"杀人者诛""拾遗者刖"等规定,就是如此。随着社会的发展和犯罪行为的复杂化,以一事一罪为特征的法律条文已不能适应制裁犯罪的需要。于是,比照同类犯罪中最相类似的规定来定罪量刑,在刑法中的适用就逐渐多了起来。战国末年荀子所说的"有法者以法行,无法者以类举"①,就是对这种制度在理论上的表述。

秦王朝早期的刑事立法中,就已采用了比附的制度。从《云梦秦简·法律答问》的有关记载看,秦代刑法中的比附分为以律文相比附及以成例相比附两种方式。以律文相比附的方法,称之为"比",即在法无明文规定的情况下,可以比照最相类似的条款定罪量刑。例如,对于殴打曾祖父母的行为应予以何种处罚,法律无明文规定;但殴打祖父母的,法律规定要处以"黥为城旦舂"的刑罚。因此,对殴打曾祖父母的行

---

① 《荀子·王制》。

为,可以比照殴打祖父母的规定处罚。以成例相比附的方法,称之为"廷行事"。据王念孙《读书杂志》的解释,"行事者,言已行之事,旧例成法也"。即在法律没有明文规定或法律规定不明确的情况下,可以比照先前最相类似的成例(判例)来定罪量刑。

汉承秦制,在刑法中广泛适用比附的原则。在汉代,"已行故事曰比",将比附上升为一种固定的法律形式。在比附的适用上,仍分为律文相比附与成例(判例)相比附两种形式。以律文相比附的方法是:在遇到疑难案件、律文没有规定的时候,司法官吏应上报廷尉,廷尉也不能决断的,将犯罪情节连同应当比附的律文,一同奏明皇帝,由皇帝裁决。也就是说,以律文相比附的,必须报请皇帝最后裁定,一般司法官吏不得擅自援用。而以成例相比附,则需将一些典型案例连同判决汇编成一种固定的法律形式——"比"以后,才具有法律效力。汉武帝时,廷尉张汤与大农令颜异有隙。颜异的门客与颜异闲谈时,说到法令有不便处,颜异嘴唇微动,但没有回答。张汤得知此事后,便上奏武帝,说颜异身为九卿,见令不便,不入言而腹诽(在肚子里诋毁诽谤)之,当处以死罪。此后便有腹诽之法比,凡遇类似情形的,均比照腹诽论死。[①]东汉时,著名法官陈宠根据司徒鲍昱断狱的事例,编成《辞讼比》七卷,经皇帝批准后颁行,成为当时一部著名的专供比附之用的判例汇编。

汉代比附原则的适用,虽然便于司法官吏随意援引,但同时也造成了法律适用上的混乱,"奸吏因缘为市,所欲活则付生议,所欲陷则予死比"[②]。因此,在当时,比附的适用就遭到了批评,被认为是法制中的一大弊端。西晋时的刘颂在上疏中,就提出了"律法断罪,皆当以法律令

---

① 参见《史记·平准书》。
② 《汉书·刑法志》。

正文。若无正文,依附名例断之。其正文名例所不及,皆勿论"的主张,反对适用比附。

《唐律疏议》在总结前代适用比附经验的基础上,对比附的原则和方法作了明确规定:"诸断罪而无正条,其应出罪者,则举重以明轻,其应入罪者,则举轻以明重。"首先,根据这一规定,适用比附的前提条件,必须是"断罪而无正条",即某种行为已明显构成了犯罪,但律文中没有规定相应的罪名与刑罚,或者某种行为看似犯罪,但可以减轻或免除刑罚,而律文中又无相应规定。其次,在适用比附时,必须依照以下两项原则:(1)"其应出罪者,举重以明轻",即某种行为可以减轻或免除刑罚,而律文又没有规定的,就应当在类似的条文中,举出重罪,以证明该行为罪轻或无罪。例如,对主人杀伤夜间无故入室者的行为,应如何处理,法律无明文规定,但《贼盗律》中规定:"诸夜无故入人家者,笞四十。主人登时杀死者,勿论。"比照这一规定,主人杀伤夜间无故入室者的行为,显然较杀死为轻,杀死尚且不论,杀伤当然无罪。这就是"举重以明轻"的应用。(2)"其应入罪者,举轻以明重",即某种行为确已构成犯罪,而律文又没有规定的,则在相应的条文中举出轻罪,以证明该行为罪重。例如,杀死或杀伤父母的行为该得何罪,法律无明文规定,但《贼盗律》中规定:"谋杀期亲尊长者,皆斩。"比照这一规定,谋杀尚得死罪,则已伤、已杀就不言而喻了。这就是"举轻以明重"。《唐律疏议》中的这一规定,使比附的适用进一步规范化、法律化。同时,除以律文相比附外,唐代还以君主发布的敕令为依据进行比附。虽然在《唐律疏议》中明文规定"制敕断罪,临时处分,不为永格者,不得引为后比",但敕令既然可以编为"格",作为比附的依据,实际上肯定了比附敕令定罪量刑的合法性。这一做法,开明清两代依"例"断狱的先河。

自唐代中期以后,出现了以成例比附断案的方式,它将可以用作比附的案例汇编起来,称之为"例",相当于汉代的"比"。到了北宋后期,以例断案盛行,并经常编例,以供比附之用,著名的有《熙宁法寺断例》《元符刑名断例》《绍兴刑名断例》等。以例比附,原用以补法之不足,所谓"法所不载,然后用例"[①],但在司法实践中对例的大量援引,又造成了"引例破法"的情况。比附的适用,反过来影响了法律的正常适用,破坏了法制的严肃性。

---

① 《宋史·刑法志》。

五
保　辜

　　保辜是中国古代刑法中对伤害案件刑事责任的认定所专门规定的一项制度。所谓保辜，据《大清律例·刑律·斗殴》"保辜期限"条注，"保，养也，辜，罪也，保辜者，谓殴伤人未致死，当官立限以保之。保人之伤，正所以保己之罪也"。也就是说，在伤害案件发生以后，要根据凶器及被害人的伤势，对被告规定一定的保辜期限，然后根据被害人伤势变化的结果予以定罪量刑。

　　中国古代刑法中明文规定保辜制度的，首推汉律。《急就篇》注："保辜者，各随其状轻重，令殴者以日数保之，限内至死，则坐重辜也。"即根据伤害情节之轻重，由官府立下期限，限满之日，根据被害者的伤情，决定应科的刑罚。汉律将伤害的保辜期限规定为二旬，若二旬内被害人因伤死亡的，即以伤害致死抵罪。据《汉书·功臣表》记载，嗣昌武侯单德，就是因为杀伤他人，而被害人在二旬内死亡，被处以弃市。

　　在《唐律疏议》中，对保辜制度也作了较为具体的规定。《唐律疏议》将保辜的适用分为三种情况：

　　(1) 结果犯加重的保辜。《唐律疏议》对殴伤、故杀、谋杀及强盗杀人等犯罪，视犯罪所用的方法、凶器危险性的大小，以及伤势程度，规定一定的保辜期限(辜限)。在辜限内发生死亡后果的，加重处罚。《斗讼律》"保辜"条规定：凡手足殴伤人的，限十日；以其他器物殴伤人的，限二十日；以刀刃及汤火之类伤人的，限三十日；折跌肢体及破骨的，限五十日。如果被害人在辜限内因伤死亡的,依杀人论罪;如果被害人在辜限之外死亡,或虽在辜限内但因其他缘故致死的,则根据被害人在辜限内的实际伤势,以伤害罪量刑。这样,明确了伤害行为与死亡结果之间的因果关系,并对于产生死亡结果的相应加重处罚。

(2)减刑条件的保辜。《唐律疏议》对于斗殴伤人的行为,还规定在辜限内伤愈的,可以减轻处罚。《斗讼律》"殴人折跌肢体瞎目"条规定:凡斗殴折跌人肢体及瞎其一目的,徒三年。如果辜内平复的,各减二等。折跌肢体的辜限为五十日,若在五十日之内伤愈的,可以减轻处罚。这样,将辜限内平复作为减轻处罚的条件,含有迫使凶犯对被害人积极采取救治措施的意义。

(3)处罚条件的保辜。即仅在辜限内发生危害结果的,才构成此罪,科以相应的刑罚,否则不构成此罪。《斗讼律》"兵刃斫射人"条规定:堕人胎,徒二年。注:"堕胎者,谓辜内子死乃坐,若辜外死者,从本殴伤论。"《疏议》曰:"谓在母辜限之内而子死者。子虽伤而在母辜限外死者,或虽在辜限内落胎而子未成形者,各从本殴伤法,无堕胎之罪。"也就是说,必须在母辜限内发生胎儿死亡后果的,才构成堕胎罪,否则仅为伤害罪。

宋代刑法基本上继承了《唐律疏议》中的保辜制度。虽然后来的编敕中,保辜制度的内容有所变化,但大多为临时性的措施,根据辜限内伤势的发展变化定罪量刑的制度,则相沿未改。据《棠阴比事》记载,南宋著名画家马麟曾因殴伤他人,被官府羁押,勒限保辜。不料伤者不久就死了,按法马麟将以斗殴杀人抵罪论死。其子马宗元却推算出被害人死亡时,已经超出辜限四刻(约合今 50 多分钟),便向州法司上诉,认为伤者是在辜限以外死的。马麟竟因此得以免死。

明清的刑法中对保辜制度也作了明确规定。《大明律·刑律·斗殴》"保辜期限"条规定：凡保辜者，责令犯人医治，在辜限内因伤而死的，才以斗殴杀人论。若在辜限外，以及虽在辜限内，伤已平复，官司文案明白，别因他故而死的，各按殴伤法论处。若折伤以上，辜内医治平复的，各减二等。但堕胎子死者不减。辜内虽平复，而造成残废笃疾，及辜限满日不平复者，各依律全科。手足及他物殴伤人的，限二十日；以刃及汤火伤人的，限三十日；折跌肢体及破骨堕胎的，无问手足他物，皆限五十日。《大清律例》规定也与此相同。从明清刑法对保辜的规定看，内容较《唐律疏议》更为具体。首先，对于手足殴伤案件的辜限，由《唐律疏议》中的十日延长为二十日，这对被害人来说是有利的；其次，明确规定凶犯在辜限内必须对被害人采取积极的救治措施，延医调治，从积极方面防止危害结果的发生。

  中国古代刑法中的保辜制度，对于认定伤害致死案件中行为与结果之间的因果关系，正确区分罪轻与罪重、此罪与彼罪，有一定的作用。同时，规定辜限内死亡加重处罚、辜限内平复减轻处罚的做法，有利于促使被告在伤害案件发生以后，对被害人采取救治措施，防止危害后果的发生。

六
矜老恤幼的法律体现

刑事责任年龄,是刑法规定行为人对自己的犯罪行为承担刑事责任所必须达到的年龄。中国古代刑法对刑事责任年龄的问题都很重视,特别是在汉代以后,历朝刑典在儒家"矜老恤幼""爱幼养老"思想影响下,对刑事责任年龄大都有较为具体的规定。

早在《礼记·曲礼》中,就已有关于刑事责任年龄的记载:"七十曰老,八十、九十曰耄,七年曰悼。悼与耄,虽有罪,不加刑。"即以7岁以下、80岁以上为完全不负刑事责任年龄。另外,《周礼·秋官·司刺》中,也有"三赦"之制的记载:"一赦曰幼弱,再赦曰老旄,三赦曰蠢愚。"以上三种情况为限制刑事责任年龄或完全不负刑事责任年龄。据已知的史料,中国古代最早在法律上明文规定刑事责任年龄的,当推战国时李悝所作的《法经》。其《具法》中规定:"罪人年十五以下,罪高三减,罪卑一减;年六十以上,小罪情减,大罪理减",即以16岁以上、59岁以下为完全负刑事责任年龄。以《法经》为基础制定的秦律中,也继承了这一原则。《云梦秦简》中是以身高6尺为承担刑事责任的界限。据《周礼·地官·乡大夫》贾公彦疏:"七尺谓年二十,六尺谓年十五",大体上也是以16岁以上为完全刑事责任年龄。

汉代刑法关于刑事责任年龄的规定,较秦律更为明确。汉惠帝即位时就曾下令:"民年七十以上,若不满七岁,有罪当刑者,皆完之。"①汉宣帝时进一步规定:"诸年八十以上,非诬告杀伤人,它皆不坐。"汉成帝时,令"年未满七岁,贼斗杀人及犯殊死者,上请廷尉以闻,得减死"。此外,在汉律中还有"年未满八岁、八十以上,非手杀人,他皆不坐"②的规定。可见,汉代刑事责任年龄大致以 8 岁与 80 岁为界限,即 8 岁以下、80 岁以上为相对负刑事责任年龄,仅对杀人、诬告等严重犯罪承担刑事责任;至于 7 岁以下,即使犯死罪,也得上请减死。魏晋南北朝时期的刑法大体上也沿用这一制度。《晋律》:"其年老小笃疾病及女徒,皆收赎。"③《北魏律》也规定:"八十以上、八岁以下杀伤论坐者,上请。"④

在秦汉以来法律发展的基础上,《唐律疏议》对刑事责任年龄进一步作了具体规定。《名例律》"老小及疾有犯"条:"诸年七十以上、十五以下及废疾(一肢残废等),犯流罪以下,收赎;八十以上、十岁以下及笃疾(二肢残废,双目失明等),犯反、逆、杀人应死者,上请;盗及伤人者,亦收赎,余皆勿论;九十以上、七岁以下,虽有死罪,不加刑。"从这一规定可见,《唐律疏议》将刑事责任年龄划分为四个阶段:(1) 16 岁以上、69 岁以下,为完全负刑事责任年龄,必须对一切犯罪承担相应的刑事责任;(2) 70 岁以上、79 岁以下及 15 岁以下、11 岁以上,仅对死罪及加役流、反逆缘坐流及会赦减死流等几类重要犯罪承担相应刑事责任,对其余犯罪可以收赎;(3) 80 岁以上、89 岁以下及 10 岁以下、8 岁以上,犯谋反、谋大逆及杀人等死罪,得上请皇帝减轻其处罚,犯盗及伤人等犯

---

① 《汉书·惠帝纪》。
② 《汉书·刑法志》《周礼·秋官·司刺》郑玄注引郑司农曰。
③ 《太平御览》卷 651《收赎》引晋律。
④ 《魏书·刑法志》。

罪得收赎,对其他犯罪一概不承担刑事责任;(4) 90岁以上、7岁以下,为完全不负刑事责任年龄,不论犯有何罪,一律不承担刑事责任。

除上述规定外,《唐律疏议》对刑事责任年龄问题,还有几项重要的补充规定:(1) 对于教唆不负刑事责任年龄的人犯罪的问题,《唐律疏议》规定:"即有人教令,坐其教令者,若有赃应备,受赃者备之。"《疏议》曰:"悼耄之人,皆少智力,若有教令之者,唯坐教令之人。或所盗财物,旁人受而将用,既合备偿,受用者备之,若老小自用,还征者小。"即对于教唆90岁以上、7岁以下的人犯罪的,采取仅罚教唆者、不罚被教唆者的原则,被教唆者对所犯之罪不承担刑事责任。但对犯罪所得的赃物,如果是被教唆者受用的,那么,被教唆者仍有负责偿还的义务。(2) 对于刑事责任追溯时效的问题,《唐律疏议》规定:"诸犯罪时虽未老、疾,而事发时老、疾者,依老、疾论,犯罪时幼小,事发时长大,依幼小论。"即如果是在69岁以下犯罪,至70岁事发,或是15岁以下犯罪,16岁事发的,流罪以下,一律听赎;89岁犯死罪,90岁事发,或7岁犯死罪,8岁事发的,一律不得追究刑事责任。(3) 礼教规范与刑法规定冲突的问题。对于某些触犯礼教的犯罪,即使行为人依法属于不负刑事责任的,也不能免其罪责。如《唐律疏议》中规定:"其殴父母,虽小及疾可矜,敢殴者乃为'恶逆',于律虽得勿论,准礼仍为不孝,老小重疾,上请听裁。"将礼教规范凌驾于法律规定之上,充分体现了《唐律疏议》"一准于礼"的特点。

由于《唐律疏议》对于刑事责任年龄问题的规定较为具体,因而被以后的刑法所继承。北宋庆历年间,宁州有九岁童子殴杀人,宋仁宗以童孺争斗,无杀心,止命罚金入死者家。明清刑法也沿袭《唐律疏议》的原则。此外,《唐律疏议》中关于刑事责任年龄的规定,与其同时代的《罗马法》相比,也有类似之处。《罗马法》中,对7岁以前的行为,法律假定其为无意识的活动,所以不认为是犯罪;7岁以后至14岁,则视其辨别能力如何而定其责任能力有无;14岁以上,则为完全刑事责任年龄。不过,两者也有质的区别,即《罗马法》是以人的主观认识和辨别、控制自己行为的能力,作为区分刑事责任年龄的标准,而《唐律疏议》则是根据儒家"爱幼养老"的教条作为确认刑事责任年龄的标准。因此,以《唐律疏议》为代表的中国刑法对刑事责任年龄一般都作双向的划分,即在同一年龄阶段中,同时规定老年犯及幼年犯,将老幼一体对待。这一制度贯穿了儒家礼教中"悼与耄,虽有罪,不加刑"的主张,体现了中国古代伦理法的特点。

七
杀人而义与正当防卫

正当防卫是对正在进行不法侵害的人采用造成一定损害的方法，以防卫公共利益、本人或他人权益免遭不法侵害的行为。中国古代刑法中虽然没有正当防卫这一概念，但是，当遭受不法侵害时以暴力进行自身防卫的观念，在先秦时期就已出现了。《周礼·地官·调人》中就说："凡杀人而义者，不同国，令勿仇，仇之则死。"所谓"杀人而义"，据刑法学家的解释，即包括正当防卫的行为。《周礼·秋官·朝士》中说："盗贼军乡邑及家人杀之，无罪。"同时，在法律上，对于防卫超过必要限度造成不应有的危害的，也规定了相应的处罚。《云梦秦简·法律答问》："捕赀罪，即端以剑及兵刃刺杀之，何论？杀之，完为城旦；伤之，耐为隶臣。"即在捉拿应判处赀罪（罚金）的罪犯时，故意用剑及兵刃将其杀死的，要处以完为城旦，刺伤的，处以耐为隶臣的刑罚。

汉代在刑法上，对于正当防卫的行为亦作了明确的规定："无故入人室宅庐舍，上人车船，牵引人欲犯法者，其时格杀之，无罪。"[1]这一规定，道明了适用防卫的条件，即无正当理由，侵入他人住宅车船，及牵引人欲犯法，侵犯他人的人身自由；实施防卫的时间——"其时"，即犯罪正在进行时；实施防卫的手段——"格杀之"，即当场将罪犯杀死；以及对防卫的处理——"无罪"，即因正当防卫而杀死他人的，作无罪处理。

---

[1] 《周礼·秋官·朝士》郑司农注。

这一规定,较先秦时更为具体。北周刑法规定:"盗贼群攻乡邑及入人家者,杀之无罪。"①这实际上是全盘承袭了《周礼》的遗规。

《唐律疏议》中虽然也没有正当防卫的专章规定,但律文中关于正当防卫的内容,则较前代更为具体。《贼盗律》"夜无故入人家"条:"诸夜无故入人家者,笞四十。主人登时杀者,勿论;若知非侵犯而杀伤者,减斗杀伤二等。其已就拘执而杀伤者,各以斗杀伤论,至死者加役流。"《疏议》:"登于入时,被主人格杀之者,勿论。'若知非侵犯',谓知其迷误,或因醉乱,及老、小、疾患,并及妇人,不能侵犯,而杀伤者,减斗杀伤二等。'已就拘执',谓夜入人家,已被擒获,拘留执缚,无能相拒,本罪虽重,不合杀伤。"《捕亡律》"罪人持杖拒捕"条也规定:"诸捕罪人而罪人持杖拒捍,其捕者格杀之及走逐而杀,若(及)迫窘而自杀者,皆勿论;即空手拒捍而杀者,徒二年,已就拘执及不拒捍而杀,或折伤之,各以斗杀伤论。"根据上述规定,进行正当防卫必须具备以下条件:

(1)只能对不法侵害行为实行正当防卫,对于不可能造成不法侵害的人,不能以防卫为由进行打击,否则便是违法行为。例如,在夜入人室的情况下,老、小、残疾人、病人及妇女等,一般是不可能对主人造成不法侵害的,故不能随意对其进行打击。

(2)只能对实际存在的不法侵害实行正当防卫,若明知这种实际侵害不存在,便不能以防卫为由,对其进行打击。例如,明知是因迷途、酒后神志不清等原因而夜入人室的,则不能对其用武力进行防卫,否则要依律治罪。

(3)防卫不能超过必要的限度,即不能防卫过当,否则亦属违法行为。例如,罪犯空手拒捕的,因其"虽相拒捍,不能为害",所以若是捕者

---

① 《隋书·刑法志》。

将其当场杀死,即为防卫过当的行为,依律要处以徒二年。

(4) 只能对正在进行的犯罪行为实行正当防卫。夜无故入人室而登时杀死、罪犯因拒捕而当场格杀,都属这类情况。如果罪犯已被拘捕,不可能再造成任何实际的不法侵害,再对罪犯实行打击,便不能认为是正当防卫,而以斗殴杀伤论罪。对于常人相互斗殴的行为,则不适用防卫的规定,相殴伤的两论如律,但后下手理直的可减罪二等。这些规定,与近代刑法正当防卫的理论相比较,已相去无几。

宋以后的历代刑法,基本上继承了《唐律疏议》中有关防卫问题的原则规定。《大元通制》中就规定:夫获妻奸,妻拒捕的,杀之无罪;妻妾与人奸,夫于奸所杀其奸夫及其妻妾,及为人妻杀其强奸之夫,并不坐。《大明律·刑律·贼盗》规定:凡夜无故入人家内者,杖八十,主家登时杀死者,勿论。其已就拘执而擅杀伤者,减斗杀伤罪二等;至死者,杖一百徒三年。对于防卫不适时的处罚,较《唐律疏议》为轻。《大明律·刑律·人命》"杀死奸夫"条规定:凡妻妾与人奸通,而于奸所亲获奸夫、奸妇,登时杀死者,勿论;如果已经拘执奸夫、奸妇,而擅殴杀者,比照夜无故入人家,已就拘执而擅杀至死律条科断。对于祖父母、父母为人杀,子孙即时杀死杀人者的行为,亦作无罪处理。清代刑法亦有类似规定。

中国古代虽然在先秦时就产生了正当防卫的观念,并在后代的刑法中得到一定的发展,但始终未能形成专门的刑法原则。直至清末《大清新刑律》的制定,才把正当防卫作为一项专门的刑法原则,在刑法总则中规定下来。

八
官员的司法特权

等级特权是中国古代刑法的基本特征。在奴隶制时代,以"刑不上大夫"为刑法适用的基本原则:"制五刑三千之科条,不设大夫犯罪之目。"①儒家经典《周礼》中明文规定:"凡命夫命妇,不躬坐狱讼。"对卿大夫的犯罪行为,大都采用罚(赎金)、流(放逐)等方法来代替刑罚制裁,规定了种种法律上的特权和优待。为此,新兴地主阶级在登上历史舞台,取代奴隶主贵族统治之时,就在法律上提出了"刑无等级""法不阿贵"的主张,反对"刑不上大夫"的等级特权,规定"自卿相将军以至大夫庶人,有不从王令、犯国禁、乱上制者,罪死不赦"②。但是,封建法本身也是特权法。地主阶级在废除旧的等级特权的同时,又确立了新的等级特权。以法家思想为指导的《法经》及秦律中,就有关于官、民用刑不平等的记载。随着制度的完全确立,地主阶级迫切需要一套具体的制度,从法律上保障他们的等级特权。

汉高祖七年(公元前200年),诏"令郎中有罪耐以上,请之"③,在法律上明文规定了反映官吏特权的"上请"制度。吕后死后,太尉周勃与丞相陈平一起,定计诛灭诸吕,迎立汉文帝,周勃也因功被任命为丞相。两年后,因有人告周勃谋反,汉文帝即下令将其逮捕入狱。在狱

---

① 《礼记・曲礼上》孔颖达疏。
② 《商君书・赏刑》。
③ 《汉书・高帝纪》。

周勃像

中,周勃受到了狱卒的凌辱。不得已,用重金向狱卒行贿,在狱卒的指点下,方才得以赦免。出狱后,他感慨道:我曾统帅过百万大军,却哪里知道一个小小的狱卒竟如此尊贵!当时著名的儒生贾谊就此事上书汉文帝,主张恢复"刑不上大夫"的制度,维护官僚在法律上的特权。这一主张,反映了当时士大夫的普遍愿望。汉武帝以后,"上请"制度的适用范围和内容不断扩大。汉宣帝时,诏"吏六百石位大夫,有罪先请"①。至东汉光武帝时扩大为"吏不满六百石,下至墨绶长、相,有罪先请之"②,成为一项具体的法律制度。

---

① 《汉书·宣帝纪》。
② 《后汉书·光武帝纪》。

魏晋南北朝时,随着儒家思想法律化的发展,有关官吏特权的法律规定也不断增加。曹魏时,正式将由《周礼》中的"八辟之法"演化而来的"八议"制度写进了法律。南陈与北魏的法律中,还出现了"官当"的制度。据南陈法律规定,官吏犯罪,须判处五年及四年徒刑的,一官可以折抵徒刑二年;须判三年徒刑的,一官折抵二年,余下一年以钱赎;二年徒刑的,以赎论。同时,这一时期还继承了汉代以来的"上请"制度,使官吏特权进一步扩大。

唐律在"一准于礼"的原则下,对官吏的特权在法律上作了具体规定。在《唐律疏议·名例律》中,对官吏犯罪,视其爵位的高低、官职的大小,分别采取不同的优待办法:

(1)"议",即八议中的"议贵"。凡是职事官三品以上、散官二品以上、爵一品以上者犯死罪的,除"十恶"以外,由司法官吏将他们的罪状及应议的理由一起上奏皇帝,由皇帝指派的公卿大臣讨论之后,将议定的罪与刑上奏皇帝,最后由皇帝来裁决,一般均可以减刑或赦免;犯流罪以下的,减罪一等。

(2)"请",即以"上请"的办法减轻刑罚。凡职事官四品以下、散官三品以下、勋官及爵二品以下五品以上者犯死罪,由司法官吏将其罪状连同应上请的理由,以及应处以何种刑罚(绞或斩)一同上奏皇帝,由皇帝裁决,一般也可以减轻刑罚;犯流罪以下的,减一等。

(3)"减",即六品、七品文武职事官、散官、勋官、卫官等,犯有流以下罪,可以享受减罪一等的优待。

(4)"赎",即凡是议、请、减的对象及九品以上官,犯流以下罪的,可以铜钱赎罪。

(5)"官当",即以官品抵罪,减免刑罚。凡官员犯流以下私罪(即非因公犯罪)的,五品以上官,一官可以折抵徒刑二年,九品以上官,一官可以折抵徒刑一年；若是犯公罪的，各增加一年。如果身兼数职的，可以按照职事官、散官、勋官的顺序，先后折抵。另外，如果罪轻官品高，官品所抵罪多于实际所犯罪的，可以留官收赎，即保留官品，用铜钱赎罪；罪重官品低，用官抵罪后尚有余罪，则用钱赎余罪。因官当而失官的，一年以后仍可降原官品一等叙用。因此，所有官员，不论其品位高卑，只要不犯死罪，都可以逃避实际的刑罚制裁。

宋以后，对官吏犯罪的优待办法有所变化。宋朝在法律上明令，对官吏优待办法的适用加以严格控制。宋太宗时定制："应断狱失入死刑者，不得以官减赎"①。自元代起，在法律上取消了请、减、官当等规定。但是，对官吏犯罪予以从轻宽免这一基本原则依然未改。《大明律》中，虽然没有"官当"之目，但在"文武官犯公罪"及"文武官犯私罪"等条的有关规定中，对官吏犯罪仍许以赎、罢职免官等方法，代替应承担的刑罚。规定虽比唐律为严，但基本精神仍是一致的。

中国古代刑法中关于官吏犯罪的特权优待，不仅适用于各级官员，而且他们的家人也可以享受相应的优待。如应议者的直系亲属犯罪，可以享受"请"的优待；应请者的直系亲属犯罪，可以享受"减"的优待。同时，对于七品以上官员的直系亲属犯流以下罪的，可以采取赎铜的办法，逃避实际的刑罚制裁。此外，在对官吏犯罪设置各种优待的同时，还有一项特殊的规定：凡犯有严重危害统治秩序和皇权的罪行的，一概不得适用任何优待。这一规定，反映了当官吏特权与统治阶级根本利益发生冲突时，法律对官吏特权是不予保护的。

---

① 《宋史·刑法志》。

九
妇女犯罪的特殊规定

由于妇女的生理特征及所处社会地位的特殊性,中国古代传统观念认为妇女无法律上的独立人格,终生处于男子的监护之下。儒家经典《仪礼·丧服》中,就系统提出了这一观点:"妇人有三从之义,无专用之道,故未嫁从父,既嫁从夫,夫死从子。"在这种观念影响下,中国历代刑法对于妇女犯罪及其处罚作了特殊的规定。

(一) 刑罚上对妇女的特殊规定

早在先秦时期,就在刑罚上对男女犯作了区分。据《汉书·刑法志》记载,西周时期的劳役刑,是"男子入于罪隶,女子入于舂槁"。秦汉法律继承了这一做法,在刑罚上,对男犯与女犯的适用作了明确的区分。按秦汉法律规定,徒刑(自由刑)分为五等:(1) 城旦舂,即男犯承担筑城的劳役,女犯则在官府中承担舂米的劳役,分五岁刑与四岁刑;(2) 鬼薪白粲,即男犯入山伐薪,以供宗庙祭祀之用,女犯择米供祭祀用,为三岁刑;(3) 隶臣妾,即男犯罚为隶臣,女犯为隶妾,秦时为无期刑,汉时分二岁刑与一岁刑;(4) 司寇,即男犯在边境地区承担军役,女犯在官府中承担相应的劳役,为二岁刑;(5) 罚作(复作),男犯守边境,女犯在官府中服劳役,为三个月到一岁的刑罚。从上述五等徒刑所服劳役的内容看,女犯明显较男犯为轻,而且考虑到男女生理上的差异,男犯所承担的大多是野外的较为繁重的劳役,而女犯多在官府内服役。另外,汉代对于妇女犯徒罪的,还专门规定了一种名为"顾山"的赎罪方法,即允许女犯出钱雇人代服劳役。① 晋代则规定,凡妇女犯徒罪的,听赎当罚金的,皆令半之。②

城旦舂

唐律对妇女犯罪适用刑罚的问题也作了专门规定。《唐律疏议·名例律》"工乐杂户及妇人犯流决杖"条规定,凡妇女犯流罪的,采取"留住法",即留在原地执行。具体办法是:流二千里决杖六十,流二千五百里决杖八十,流三千里决杖一百,然后在原地服役三年,其理由是"妇人之法,例不独流"。明清刑法则规定,妇女犯徒流罪的,决杖一百,余罪收赎,在处罚上较唐律为轻。

---

① 参见《汉书·平帝纪》。
② 参见《通典》卷163《刑法典》。

(二) 关于妇女犯罪的特殊规定

由于妇女不具备法律上的独立人格,而处于男子的监护之下,因此,在古代刑法中,明确规定某些犯罪不能以妇女作为犯罪主体和适用刑罚的对象。如家人共犯的情况,据《唐律疏议·名例律》"共犯罪造意为首"条,"若家人共犯,止坐尊长"。注:"尊长,谓男夫。"另据《疏议》的解释,如果妇人尊长与男子卑幼共同犯罪,即使是妇人尊长"造意"的,仍以男子独坐。明清刑法还规定,对于妇女犯有"私盐"罪的,如果丈夫在家,或是儿子知情的,"罪坐男夫"。但是,对于夫妻相犯的,从伦常关系出发,对妇女采取的则是从重和加重处罚的原则。

(1) 夫妻相杀:《唐律疏议》规定,妻子因过失杀伤丈夫的,比照故意杀伤减罪二等;而丈夫过失杀伤妻子的,准法可以勿论。

(2) 夫妻相殴:《唐律疏议》规定,妻殴夫的徒一年,伤重者加凡人斗殴伤害三等;而夫殴妻的,殴伤者减凡人斗殴二等。明清刑法则规定:只要妻有殴打丈夫的行为,即杖一百,不论有伤无伤,折伤以上的,加凡人斗殴三等;而夫殴妻的,折伤以下勿论,折伤以上减凡人二等。

(3) 夫妻相告:《唐律疏议》规定,妻告夫,即使所告属实的,也要处以徒二年,如果诬告重者,加所诬罪三等;反之,夫告妻,即使诬告的,减所诬之罪二等,得实的勿论。明清刑法则以妻告夫的行为为"干名犯义",处以杖一百,徒三年,诬告者绞,而夫诬告妻的,减所诬罪三等,明显反映了不平等的处罚原则。

(三) 对妇女监禁的特殊规定

鉴于男女性别和生理上的差异,对于女犯的监禁,历代刑法亦有专门规定。汉代法律规定:妇女非身犯法,而因连坐等原因当判刑的,一律不得拘捕监禁,须要拘讯的,在其住所讯问。① 唐代的《狱官令》中,对女犯的监禁也作了规定:妇人虽犯死罪,不得戴手杻。后代法律均继承了这一规定。明人吕坤在《实政录》中,对这一规定的适用解释说:妇人虽死罪不得戴手杻,这是因为饮食便溺,不可托之他人,重男女之别也。《大明律·刑律·断狱》"妇人犯罪"条中还规定:凡妇人犯罪,除犯奸及死罪收禁外,其余杂犯,责付本夫收管。如无夫的,责付有服亲属邻里保管,随衙听候,不许一概监禁。《大清律例》中对此补充规定:妇女除实犯死罪,例应收禁的另设女监羁禁外,其非实犯死罪的,承审官拘提录供后,即交亲属保领,听候发落,不得一概羁禁。

中国古代刑法对妇女犯罪的特殊规定,基本上是以儒家的"三从"之义为原则的,不承认妇女具备独立人格与法律地位。不过,其中有些规定,考虑到妇女的实际情况,加以优待,还是比较合理的。

---

① 参见《汉书·平帝纪》。

十
故意与过失

故意和过失是行为人的两种不同的主观心理态度,是犯罪构成的主观要件。任何犯罪,不仅在客观上实施了具有社会危害性的行为,而且这种行为必须是受行为人的主观心理活动所支配,表现为犯罪主体对其所实施的危害行为和危害结果所抱的心理态度——故意和过失。

中国古代早在《尚书》中,就已对犯罪故意和过失问题作了原始的划分。《尧典》中有"眚灾肆赦,怙终贼刑"的记载,眚,即过失之意。《尚书正义》:"过而有害,虽据状合罪,而原心非故,如此者当缓赦之。"《大禹谟》中也记载了对故意与过失犯罪处罚的原则:"宥过无大,刑故无小"。《尚书孔氏传》解释说:过误所犯,虽大必宥;不忌故犯,虽小必刑。采取过失从轻,故意从重的处罚原则。至《康诰》中,这种区分更加明确:"人有小罪,非眚,乃惟终,自作不典,式尔,有厥罪小,乃不可不杀;乃有大罪,非终,乃惟眚灾,适尔,既道极厥辜,时乃不可杀。"非眚,即非过失,也就是故意犯罪,式尔,亦为故意如此,即故意犯罪的,即使罪过很小,也不能宽恕;反之,过失犯罪的,即使犯了大罪,也应减轻其处罚。以故意与过失的犯罪心态,作为定罪量刑的依据。

春秋战国时期,随着法学的发展,在刑法理论和实践中对故意犯罪和过失犯罪作了明确划分。《周礼·秋官·司刺》中规定了"三宥"之法:"一宥曰不识,再宥曰过失,三宥曰遗忘",将过失犯罪作为减轻处罚的条件。在法律上,把故意犯罪称为"端"或"端为"。《墨子·号令》:

"其端失火以为乱事者,车裂。"毕沅注:"言因事端以害人,若今律故犯。"即故意纵火为乱的,处以车裂的酷刑。而对于过失犯罪,称为"不端"或"失"。《云梦秦简·法律答问》:"论狱何谓'不直',何谓'纵囚'？罪当重而端轻之,当轻而端重之,是谓'不直';当论而端弗论,及伤其狱,端令不致,论出之,是谓'纵囚'。"即故意轻罪重判、重罪轻判,出入人罪的,称为"不直",故意减轻罪情、放纵罪犯的,为"纵囚"。如果是因过失错判或放纵罪犯的,则为"失刑"。在处罚上,也采取故意从重,过失从轻的做法。汉代法律继承了这一原则,将犯罪分为"故""误"两种不同的主观心态,采取不同的处罚原则。《后汉书·郭躬传》记载:汉明帝永平年间,有兄弟二人共同杀人,汉明帝认为兄长本应有教诲兄弟的义务,却反而与弟一同犯罪,故以兄为首犯论死,弟以随从论,减死。但中常侍孙章在宣读诏书时,误说成兄弟两人都判处死刑。尚书便认为孙章犯有"矫制"罪,当处以腰斩。汉明帝征询郭躬的意见。郭躬回答说,在法律上,矫制罪有故意和过失的区分,孙章是过失传错诏书,因而只能从轻处以罚金。由此可见,在汉律中,故意犯罪与过失犯罪在量刑上有很大差异。

魏晋南北朝时期,在律学发达的基础上,对于犯罪主观心态法理上的划分也逐渐明确。著名律学家张斐在《律注》中指出:"其知而犯之,谓之故;意以为然,谓之失,……不意误犯,谓之过失。"[①]对故意犯罪与过失犯罪的概念作了概括。《唐律疏议》继承了魏晋以来的律学成果和立法经验,在法律上,以行为人对自己行为的后果"知与不知"的心态,作为区分故意与过失的基本标准。从《唐律疏议》中的有关规定看,过失犯罪大致分为"过失""失"与"误"三类。

[①] 《晋书·刑法志》。

（1）过失：《唐律疏议》中的过失，一般仅指过失杀伤人的行为。《斗讼律》"过失杀伤人"条："诸过失杀伤人者，各依其状，以赎论"。注："谓耳目所不及，思虑所不到"，即在行为人缺乏高度注意或异常谨慎的情况下发生的杀伤行为。

（2）失：《唐律疏议》中的"失"，一般是指国家官吏因公务的过失犯罪，亦即"公罪"的过失。《职制律》"贡举非其人"条："失者，各减三等"。注："余条失者准此"。《疏议》曰："'余条失者准此'，谓一部律内，公事错失，本条无失减之文者，并准此减三等"。

（3）误：《唐律疏议》中的"误"，一般是指过失杀伤人、公事错失以外的过失犯罪，即因知而误犯的行为。如《职制律》中"诸合和御药，误不如本方"，《杂律》中"诸医为人合药，及题疏、针刺，误不如本方"等犯罪，均属此类。《唐律疏议》对过失犯罪的处罚，采取的是比照故意犯罪从轻或减轻处罚的原则。公事错失的，比照故意犯罪减三等；不意"误"犯的，一般也是比照故意减二等。同样，因过失杀伤他人的，也许赎铜抵罪。宋以后的历代刑法，在故意犯罪与过失犯罪的划分及处理上，基本上继承了《唐律疏议》的制度。

在中国古代刑法中，还有两类特殊的过失犯罪。一是对皇帝直接构成威胁的过失犯罪，如"合和御药，误不如本方及封题误"，"造御膳误犯食禁"，"御幸舟船误不牢固"等等。由于这类过失行为直接威胁了皇帝的人身安全，构成了"十恶"中的"大不敬"，对主管者要处以死刑。二是与家庭关系有关的过失犯罪，如卑幼过失杀伤尊长或尊长过失杀伤卑幼等行为。对这类过失行为，因其尊卑关系的不同，量刑上有着很大的差异。如《唐律疏议》中规定，子孙过失杀死祖父母、父母的，流三千里，伤者徒三年；而子孙违反教令，祖父母、父母因过失将其杀死的，各勿论。这一特殊规定，充分体现了刑法"一准于礼"的实质。

十一
共犯区分首从

中国古代刑法中的共同犯罪,是指两人以上联合起来,共同故意实施犯罪的行为,概称为"共犯"。它既包括一般的共同犯罪,也包括"群盗"之类的犯罪团伙。

共同犯罪的观念在中国古代很早就出现了。《尚书·尧典》中有"寇、贼、奸、宄"四种罪名。所谓"寇",据注文的解释,是指"群行攻劫",即聚众抢劫的行为。由此可知,至迟在氏族社会末期,就已有了共同犯罪的观念。古代统治者从维护和巩固统治的目的出发,在法律上把共同犯罪视为严重危害统治秩序的犯罪,给予严厉的制裁。《法经》中就有"越城,一人则诛,自十人以上夷其乡及族"的规定,对共同犯罪采取加重处罚的原则。秦律在对共同犯罪的处理上,也沿用这一原则。例如,在对"盗"罪的处罚上,常人犯盗的,视赃物数额的多寡,科以不同的刑罚;而共同犯盗的,"赃一钱以上,斩左趾,又黥以为城旦"。至汉代,则从刑法上对共同犯罪者的地位和责任进行划分,把共同犯罪者分为"首恶""造意""非本造意"及随从犯等几类,并分为一般共犯及特殊共犯等不同的形态。在一般共犯中,采取区分首从的处罚原则,对"首恶"及"造意"者,不仅要从重处罚,而且不得适用自首减免刑罚的原则;对于那些随从犯,在处罚上比照"首恶"从减或减轻处罚,自首的也可减免其刑事责任。而对于一些特殊的共同犯罪,由于其危害性较大,因而在处罚上采取的是不分首从的原则。

自晋代开始,随着律学的发达,从法理上对于共同犯罪的形式、责任作了区分。《晋书·刑法志》引张斐《律注》:"唱首先言,谓之'造意',二人对议,谓之'谋',制众建计,谓之'率',三人谓之'群'。"这指出了共同犯罪的特点——二人以上的通谋(对议),以及主犯的形式——唱首先言,制众建计。这种法理上的划分,有助于认识共同犯罪的特点,正确区分共同犯罪者所应承担的刑事责任。北魏律中规定:"诸共犯罪,皆以发意为首","知人掠盗之物,而故买者,以随从论"①。对共同犯罪采取随从比照主犯减罪的处罚原则,从法律上明确划分了主、从犯的地位及其所应承担的刑事责任。

唐律在对于共同犯罪的划分和责任的认定等问题上,继承了前代的传统和经验,进一步作了具体规定。原则上,《唐律疏议》规定共同犯罪为"二人以上之共犯,以先造意为首,余并为从"。在此基础上,《唐律疏议》对各种不同形式的共同犯罪作了更为具体的划分,并根据其社会危害性的大小科以不同的刑罚。

(1)一般共犯,即"二人以上共犯"的行为,其特点在于二人以上的行为合为一体,互相协助,实施本可只需一人便可实施的犯罪。对于这类共犯的处罚,《唐律疏议》中采取的是区别首从、分别量刑的原则。《名例律》"共犯罪造意为首"条:"诸共犯罪者,以造意为首,随从者减一等"。

(2)家人共犯,即一定血亲范围内的亲属共同实施犯罪的行为。《名例律》"共犯罪造意为首"条《疏议》:"家人共犯者,谓祖、父、伯、叔、子、孙、弟、侄共犯。"这类共犯,必须以家人的共同行为为必要条件。对于家人共犯的行为,因其所侵犯的客体的不同,而采取不同的处罚原

---

① 《魏书·刑法志》。

则。对于侵犯国家及社会利益的家人共犯,《唐律疏议》采取的是"家人共犯,止坐尊长"的原则,即独坐同居尊长,卑幼无罪;而对于侵犯他人权益的家人共犯,如盗窃他人财物或斗殴杀伤他人的行为,则采取区分首从的原则,"假令父子合家同犯,并依凡人首从之法,为其侵损于人,是以不独坐尊长"。

(3) 危险共犯,即直接危害统治秩序和专制皇权的共同犯罪。由于这类共同犯罪具有很大的危害性,因而在处罚上,采取的是不分首从的原则。《贼盗律》"谋反大逆"条:"诸谋反……者,皆斩;父、子年十六以上者皆绞"。

(4) 一般主体与特殊主体的共犯,即普通人与具有特殊身份的人共同犯罪的行为。这类犯罪,在原则上,虽然采取一般共犯区分首从的方法,但是,由于罪犯身份的不同,因而在首从的认定与量刑上,与一般共犯有着很大的差异。如凡人与监临主守共犯的,即使是出于凡人的造意,仍以监临主守为主犯,凡人为从。

明清刑法基本上继承了唐律对共同犯罪处罚的原则和规定。《大明律·名例律》"共犯罪分首从"条规定:凡共犯罪的,以造意者为首,随从者减一等。如果家人共犯,止坐尊长,若尊长年八十以上及笃疾,归罪于共犯罪以次尊长,但侵损于人的,以凡人首从论。《大清律例》的规定也与此相同。

中国古代刑法对共同犯罪的规定,根据不同的情况采取不同的处罚原则,并对直接危害皇权的共同犯罪采取了特殊的处罚方法,体现了古代刑法关于共同犯罪理论和实践的发展和完善。

十二

再犯与累犯

中国古代刑法中的再犯与累犯,是指犯罪已被发觉及已经判刑,或是刑满释放及大赦后又重新犯罪的行为。

中国古代对于累犯与偶犯的问题,早在《尚书·尧典》中就有"怙终贼刑"的记载,对犯人有所恃(怙)而累犯罪(终)的,要处以重刑。《尚书·康诰》中也说:"人有小罪,非眚,乃惟终,自作不典,式尔,有厥罪小,乃不可不杀;乃有大罪,非终,乃惟眚灾,适尔,既道极厥辜,时乃不可杀。"把犯罪分为"惟终"与"非终"两种,惟终即屡教不改、继续犯罪的行为,非终则是偶然犯罪的行为。对于故意犯罪及累犯的,即使所犯罪轻,也要给予严厉的惩罚;反之,因过失犯罪或是偶犯的,即使所犯罪重,也要予以宽宥。即以累犯及偶犯作为量刑轻重的重要依据。秦朝法律在对累犯的处理上,采取的是并罚加重的原则,对于犯罪判刑及服刑以后不久又重新犯罪的,加重处罚。《云梦秦简·法律答问》:"当耐为隶臣,以司寇诬人,何论? 当耐为隶臣,又系城旦六岁。"即本应判处"隶臣"刑罚的罪犯,又以司寇(二岁刑)的罪名诬告他人的,除原判的耐为隶臣的刑罚外,再加处"城旦"六年的刑罚。汉承秦制,对再犯与累犯也采取加重处罚的原则。汉律:"杀人先自告,及吏坐受赇枉法,守县官财物而自盗之,已论命,复有笞罪,皆弃市。"[1]即对于杀人自首、受财

---

[1] 《汉书·刑法志》。

枉法、监守自盗等严重犯罪,在判刑之后,如果又再犯笞刑以上罪的,则要加重并罚,处以弃市。

至晋代,随着律学发达,在法律上对再犯与累犯的加重并罚作了限制:"徒加不过六,囚加不过五,累作不过十一岁,累笞不过千二百,刑等不过一岁。"即对再犯和累犯的量刑上,徒刑以一年为一等。对数罪并罚的,最多只能加至六等,晋代徒刑最重者为髡钳五岁刑,加上六等,共十一年,这就是"累作不过十一岁"①。例如,一人先犯徒五年的罪,后又犯徒三年的罪,再犯徒四年的罪,按并罚加重的原则,至少应并处徒刑十二年,但根据"累作不过十一岁"的限制,最高刑只能处以徒刑十一年。同样,对处以笞刑的,最高刑累计不得超过一千二百。北魏时在法律上出现"再犯"的概念,对于"曾经再犯"的行为加重处罚。② 北周法律的规定更为具体:"其为贼盗,事发逃亡者,悬名注配;若再犯徒、三犯鞭者,一身永配下役。"③即对再犯徒罪、三犯鞭罪的行为,加重判为终身徒刑。

唐律继承了魏晋以来的制度,区分为再犯(《唐律疏议》称为"更犯"或"重犯")与累犯(《唐律疏议》称为"三犯")两种,并采取不同的处罚原则。

(1)再犯:犯罪已经被发觉或判决后,又重新犯罪的行为。《唐律疏议·名例律》"犯罪已发已配更为罪"条:"诸犯罪已发及已配而更为罪者,各重其事。"即犯罪行为已被告发或已经判决但未执行完毕时,又重新犯罪的,予以并科刑罚。具体做法是:重犯流罪的,依留住法决杖,于配所役三年。也就是说,如果前犯流罪已发或是已配而又重犯流罪

---

① 《晋书·刑法志》。
② 参见《魏书·世宗纪》。
③ 《隋书·刑法志》。

的,前犯流罪依法流配外,更犯流二千里改为杖一百,流二千五百里改杖一百三十,流三千里改杖一百六十,各于配所服役三年,加上原应服一年役,共计服役四年;累犯徒流刑的最高服役期限,不得超过四年,若更犯徒流罪的,以杖刑代替执行,但累决笞杖数不得超过二百;累犯笞杖罪的,依所犯罪累计决罚,如先犯杖七十,更犯杖六十,累计应执行杖一百三十,但笞杖决罚总数亦不能超过二百。

(2)累犯:《唐律疏议》中的累犯,一般仅适用于"盗"罪。《贼盗律》"盗经断后三犯"条:"诸盗经断后,仍更行盗,前后三犯徒者,流二千里;三犯流者,绞。"所谓三犯,必须是经官府判决之后,又重新犯罪的。对于累犯,《唐律疏议》采取的是加重处罚的原则,而且没有最高刑的限制,三犯徒刑的,可以加重处以流刑;三犯流刑的,可以加重处以绞刑。

明清刑法对再犯与累犯的处罚,大体上沿袭唐律,但与唐律规定也有不同之处,即必须是罪犯已经判决之后又犯罪的,才可算作更犯,按并罚加重的原则处理。若犯罪已发而未决的时候犯罪,则只能按并合从重的原则处罚。《大明律·名例律》"徒流人又犯罪"条规定:凡犯罪已发而又犯罪的,从重科断。徒刑或流刑已经判决执行而又重新犯罪的,依法对后罪再量刑。如先犯徒三年,已经执行了一年,又重犯徒三年罪的,就要处以徒一年,加杖一百,因为累计不得超过徒四年;重犯流罪的,也按唐律中留住法的办法处理。三流并加杖一百,于配所拘役四年;累犯笞杖罪的依数决罚。对于三犯盗罪的,明清刑法采取的也是加重处罚的原则。《大明律·刑律·贼盗》"窃盗"条规定:凡初犯窃盗的,除依法决罚外,并于右小臂膊上刺"窃盗"二字,再犯刺左小臂膊,三犯者处以绞刑。除窃盗外,对三犯其他特别犯罪的,也采取加重的原则。

因此,中国历代刑法对再犯与累犯处罚的具体方法虽有所不同,但在并罚加重这一点上,基本是一致的。

十三
二罪俱发与并合论罪

中国古代刑法中的并合论罪,是指对先后犯有两个或两个以上罪行的罪犯定罪量刑的问题,也就是古代刑法中所说的"二罪俱发"的量刑问题。

中国古代刑法关于并合论罪的规定,至迟在西周时期就已出现了。《尚书·吕刑》中有"上刑适轻,下服;下刑适重,上服。轻重诸罚有权,刑罚世轻世重"的记载。据《尚书孔氏传》对"下刑适重,上服"的解释,是指一个人先后犯有二罪的,以重罪处断,轻罪包括其中,也就是现在所说的重罪吸收轻罪。秦代刑法对一人犯有二罪的,也采取这一原则。《云梦秦简·法律答问》:"上造甲盗一羊,狱未断,诬人曰盗一猪,论何也?当完城旦。"即上造甲先后犯了盗羊及诬人盗猪二罪,由于诬人盗猪罪较盗羊为重,且按照诬告反坐的原则,以重者(诬人盗猪)论,判处上造甲完城旦的刑罚。汉律对于并合论罪的问题作了明确规定。《春秋公羊传·庄公十年》何休注引汉律:"一人数罪,以重者论之。"由此可知,至迟在东汉时的刑律中,就已明确规定了重罪吸收轻罪的并合论罪的量刑原则。晋代律学家张斐在《律注》中指出:"不可累者,故有并数,不可并数,乃累其加,以加论者,但得其加。"这指明了并合论罪与累犯加重两者之间的区别,对不能按累犯加重原则处理的(并合论罪),只能按数罪俱发,以重者论的原则处罚。

《唐律疏议》对并合论罪的处理问题,基本上仍采取重罪吸收轻罪的原则。《名例律》"二罪从重"条规定:"诸二罪以上俱发,以重者论。等者,从一。若一罪先发,已经论决,余罪后发,其轻若等,勿论;重者,更论之,通计前罪,以充后数。即以赃致罪,频犯者并累科。"根据这一规定及律注、《疏议》的有关解释,《唐律疏议》对并合论罪主要有以下几方面的具体规定:

(1)"二罪以上俱发,以重者论",即一人先后犯有数罪,同时被发觉或告发的,则以刑罚最重的那个罪名论处。例如,一人先盗绢五匹(合徒一年),后私藏兵器稍一张(合徒一年半),又过失折人二肢(合赎流三千里,即赎铜一百斤)。若同时发觉一人犯有此三种罪行,则以重者——私藏兵器稍一张论罪,处以徒一年半。

(2)"等者,从一",即所犯二罪刑罚相等的,则按其中一罪量刑。例如,一人先犯盗五匹(合徒一年),后又斗殴折伤他人(亦合徒一年)。两种罪刑罚相等,在处罚时,可根据其中任何一个罪名,科以徒一年的刑罚。

(3)"若一罪先发,已经论决,余罪后发,其轻若等,勿论;重者,更论之,通计前罪,以充后数",即一罪判决之后,又发现罪犯以前还犯有其他罪行,如果这些罪行与已判之罪相等或轻于已判之罪的,则维持原判,不再加刑;如果这些罪行重于已判之罪的,则要再加上超出原判刑的刑罚。例如,某人因斗殴折人一齿,被处徒一年,后又发现其曾折人一指,亦合徒一年,因已经判了徒一年,所以不再加重刑罚;但如果后发现其曾斗殴折人二指,合徒一年半,这就须在原判之上再加徒半年,共徒一年半。

(4)"以赃致罪,频犯者并累科",即对于赃罪数罪并发的,采取的是"累科倍论"的原则。《疏议》解释:"倍,谓二尺为一尺。"也就是说,对于频犯赃罪的,在量刑时,以所得赃物数之总和之半论罪。例如,某官于一日之中三处受绢十八匹,按"累科倍论"的原则,以受赃九匹量刑。如果先后触犯轻重不等的不同罪名的赃罪,则按"重赃并满轻赃,各倍论"的原则处理,即将所有赃物"累科倍论"之后,按其中最轻的罪量刑。例如,一个县令受财枉法赃六匹(合徒三年),不枉法赃十四匹(亦合徒三年),又受所监临四十九匹(亦徒三年)、窃盗二十九匹(亦徒三年)、强盗赃二匹(亦合徒三年),以上五处赃罪,总计赃一百匹,倍为五十匹,按"受所监临"论罪,合处流二千里。

《唐律疏议》对并合论罪的规定虽然非常具体,但是在实际适用上却有很大的出入。《旧唐书·殷侑传》中记载了这样一个案件:濮州录事参军崔元武三犯赃罪,计赃一百二十匹,大理寺审判时,断三罪俱发,以重者论,但只处以削三任官的处罚。刑部复核时,改判决杖流配。但殷侑认为,根据频犯赃罪累科倍论的原则,崔元武所犯之罪当处绞刑。但最后仍按刑部的判决,决杖六十,流放贺州,并未按照法律规定的原则处理。

明清刑法对"二罪以上俱发"并合论罪的问题,也基本沿用了唐律的规定,但与唐律有不同之处。《大明律·名例律》"徒流人又犯罪"条:"凡犯罪已发又犯罪者,从重科断。"即对于犯罪已发,尚未判决时又犯罪的(此在《唐律疏议》中属于"更犯"),同样按并合论罪的从一重科断的原则处理。这样,并合论罪的适用范围较唐律为宽,对犯罪已发而更为罪的行为,量刑上也比唐律要宽大得多。

十四
先自告除其罪

自告,即自首之意。中国古代刑法中的"先自告除其罪",就是指在犯罪以后向官府自首的,可以减轻或免除其刑罚的原则。

早在《尚书》中,就已有类似犯罪自首减刑的记载。《康诰》:"既道极厥辜,时乃不可杀。"据南宋学者蔡沈《书集传》的解释,犯罪以后,"既自称道,不敢隐匿,罪虽大,时乃不可杀",即对犯罪以后自首的,其罪过虽大,也应减轻其刑罚。对自首采取的是减刑的原则。秦代刑法也采用这一原则,对于犯罪以后"自出"的,予以减轻处罚。《云梦秦简·法律答问》:"把其假以亡,得及自出,当为盗不当? 自出,以亡论,其得,坐赃为盗。"即携带借用的官物逃亡,如果是自首的,以逃亡论罪;被捕的,则计赃按盗窃论罚。自首者可以减轻处罚。

汉代在法律上首次规定了"先自告除其罪"的原则,对于犯罪未发而自首的行为,可免除其罪刑。汉武帝元狩元年(前122年),衡山王太子刘孝因参与谋反活动,恐事败被诛,便向官府自首,供出其父刘赐及枚赫、陈喜等人的谋反行为。衡山王刘赐畏罪自杀,刘孝因先自告,因而免除其参与谋反的罪责。① 不过,从汉代刑法有关规定看,自首免罪原则的适用也是有条件的。首先,对于共同犯罪中的"首恶"及"造意"者,不适用自告免罪原则。所谓"本非造意,皆得悔过自出",造意首恶

---

① 参见《汉书·衡山王传》。

淮南王刘安像

者即使自告自出,仍然要依律处罚。汉武帝时,淮南中郎伍被参与淮南王刘安的谋反活动,后来事发,伍被向官府自首,但仍因其"首为(淮南)王画反计"而被处死。① 其次,对犯罪自首不实不尽的,如一人犯数罪,只自首其中一项罪,对未自首的罪行,仍然要依律处罚。衡山王太子刘孝自告谋反,得免其罪,但后来又发现他还犯有与父王御婢通奸的罪行,因而被下狱处以弃市之刑。自汉以后,自首免罪作为一项刑法适用的基本原则,在法律上被肯定下来。

《唐律疏议》继承了自首减免刑罚的原则,并将自首分为"自首"与"自觉举"两种形式。

1. 自首

《名例律》"犯罪未发自首"条:"诸犯罪未发而自首者,原其罪。"即犯罪以后能自首的,原则上可以免除其所应承担的罪刑。根据这一原

---

① 参见《汉书·伍被传》。

则，《唐律疏议》对自首作了如下具体规定：

其一，在原则上，一般犯罪自首的，均可以免罪，或是轻罪虽被发觉，但能够自首重罪的，则可以免除其重罪的刑事责任，但对轻罪仍然要依法处罚。

其二，自首的方法，除了本人投案自首以外，遣人代首同样具有法律效力（但本人若是拒不到官府投案的，则不能算是自首），而且属于法律所允许的亲属相容隐范围的人互相告发的，被告者亦按自首处理。例如，卑幼控告直系尊长、奴婢控告主人犯罪的，被告者一律按自首处理，即使知道别人要去官府告发而自首的，同样也可以减罪二等。

其三，自首必须彻底，如果自首不实不尽，如因强盗所得之赃，自首时说成因窃盗所得，这就是"不实"；受财枉法十五匹，自首时说成十四匹，这就是"不尽"，在处理时，就要按照不实不尽的罪情处罚。如受财枉法赃十五匹，自首十四匹，在量刑时，就按受财枉法赃一匹，处以徒一年。

其四，并不是所有犯罪均能适用自首免罪的原则。《唐律疏议》中规定，有些犯罪即使自首，仍然要依律科以相应的刑罚：一是"常赦所不原"的重大犯罪，如犯谋反、谋大逆、恶逆等罪，虽自首仍不能减免；二是对一些已经造成实际危害后果的犯罪，如斗殴伤人、强奸等犯罪，也不得适用自首减刑，但对一些牵连犯，如因盗而杀伤他人自首的，盗罪可免，仅以殴伤罪量刑。

2. 自觉举

自觉举，即有关"公罪"的自首，是官吏因职务关系犯罪的一种特殊的自首方式。《名例律》"公事失错自觉举"条："诸公事失错，自觉举者，原其罪；应连坐者，一人自觉举，余人亦原之。"即因公事失错而自首

（自觉举）的,可以免除其罪责;属于职务连坐的,一人自觉举,其他连坐者一同赦免。但是,如果这类错失行为已经执行并完成的,如误判死罪及笞、杖罪已经执行的,错判徒、流罪已经执行完毕的,就不能适用免罪的原则,即使自觉举,仍要依律科断。

明清刑法对于自首问题,基本上仍是继承了《唐律疏议》的原则与规定,没有很大的变动。

十五
大 赦 天 下

中国古代的大赦,是君主在特定情况下敕令减免罪犯刑罚的制度。自秦汉以来,历朝历代均有大赦之事,成为古代法律制度中一项特殊的和经常适用的制度。

中国古代的大赦制度,是从先秦时期的"赦"发展而来的。在《尚书·尧典》中,有"眚灾肆赦"的记载,据孔安国的解释,是"过而有害者缓赦之"。明人丘濬认为这是后世赦罪制度的最早的记载。《尚书·吕刑》中也有"五刑之疑有赦,五罚之疑有赦"的规定,对于疑罪可以减轻或是赦免其罪刑。《周礼·秋官·司刺》中也记载了"三赦"之法:"一赦曰幼弱,再赦曰老耄,三赦曰蠢愚。"先秦时期的赦,一般仅限于疑罪等特定的情况,适用范围并不是很广泛。

中国古代的大赦,正式开始于秦王朝。秦二世二年(前208年)冬天,陈胜部将周章率数十万大军进逼咸阳。为了抵抗农民军的进攻,少府章邯建议赦免郦山刑徒,并把他们武装起来,抵挡周章军。秦二世接受了这一建议,大赦天下,遂开中国古代大赦的先例。

汉王朝建立后,以大赦为经常性的制度。汉高祖在位12年,共大赦9次;汉文帝在位23年,大赦4次;汉景帝在位16年,大赦5次;汉武帝在位55年,大赦18次;汉昭帝在位13年,大赦7次;汉宣帝在位25年,大赦10次;汉元帝在位15年,大赦10次;汉成帝在位26年,大赦9次;汉哀帝在位仅6年,大赦就达4次。东汉时自光武帝以后,大赦也屡见不鲜。汉献帝初平三年(192年),一年之中大赦3次。魏晋南北朝时期,历代王朝均盛行大赦,晋惠帝在位17年,大赦达23次,曲赦5次,并在永兴元年(304年)一年中就大赦了7次。

在唐代,大赦之制也盛行不衰。唐太宗虽然是中国历史上自大赦之制盛行后第一个在理论上提出"慎赦"、反对经常性施用大赦的皇帝,但事实上,唐太宗在位23年,大赦6次,曲赦14次,也是几乎每年一赦。宋朝承五代极乱之后,赦罪之制盛行,除大赦以外,每隔三年的冬至,皇帝至郊外祭天地,祭后必大赦,三年一度的郊赦成为定制。因此,宋代恩赦之多,在中国历史上首屈一指。宋仁宗在位42年,大赦23次,德音12次,不言德音而是德音者12次,曲赦25次;宋徽宗在位25年,大赦26次,曲赦14次,德音27(一作37)次,平均一年三赦。明清虽然沿用大赦之制,但在适用上较前代为严,不再轻易大赦。

中国古代实行大赦主要有以下原因:(1) 践阼,即新皇帝登基;(2) 改元,即改变年号;(3) 立后,即册立皇后;(4) 建储,即册立皇太子;(5) 大丧,即皇帝死后;(6) 郊,即皇帝郊祭天地;(7) 封禅,即皇帝登泰山祭天、地;(8) 克捷,即战争胜利;(9) 祥瑞;(10) 灾异。

在大赦之制的实行过程中,种类名称也不断增多,主要有以下几种:(1) 大赦,即在全国范围内赦免所有的罪犯。(2) 恩赦,即遇到非常庆典,如践阼、改元、立后、建储、封禅等情况进行的赦免,一般除十恶及杀人等严重犯罪以外,其余罪犯均可得到赦免。(3) 常赦,即大赦以外的一般的赦免,限制较严,一般仅限于罪情较轻的罪犯。(4) 郊赦,即皇帝至郊外祭天地后实行的大赦,郊赦之制始于汉文帝十五年(前165年),至宋朝,三年一郊赦成为定制。(5) 曲赦,即皇帝因巡幸或某地发生灾害而颁布的赦免特定地区罪犯的赦令。曲赦之名,始于晋泰始五年(269年),宋朝"凡曲赦,惟一路或一州,或别京,或畿内"①。
(6)德音,即对死刑或流刑减等、其余罪犯释放的赦宥命令。德音在唐代作为一种恩诏,并不仅限于赦免罪犯,至宋朝始成为一种专门的赦罪方式。(7)别赦,即针对特定的人或事发布的赦令,类似于后世的特赦。

中国古代法律对大赦的内容,一般都有明确规定。赦令颁布之后,罪犯应减刑或免刑的,均按赦令执行,司法官吏不得违背;已经被赦免的,不得再追究大赦以前的犯罪行为;赦前断罪不当,应轻而重的,则改判轻刑,应重而轻的,维持原判。但是,如果得知将要实行大赦而故意犯罪的,则不得援用大赦减免刑罚之例,一律依法判刑。同时,对于那些"常赦所不原"的恶性犯罪,除赦书中专门说明的以外,一律不得赦免。

由于古代的大赦体现了"皇恩浩荡",因此历代统治者均视大赦为大典。每度大赦,均举行隆重的仪式。《西湖老人繁胜录》一书中记录了南宋实行大赦时的情形:

> 清晨,皇帝亲自登门放赦,由大理寺、临安府的狱卒押戴花枷罪人直至内门下。宣读赦书完毕,狱卒山呼谢恩之后,开枷放罪人。罪人释放后,齐声大叫"快活"。在举行大赦典礼的同时,还要进行"抢金鸡"的游戏,当中立一根金鸡竿,长五丈五尺,四面以绳索拉住。比赛者攀绳而上,先到者,可得到缬罗袄子一领、绢十匹、三两重的银碗一只等奖品,使大赦的典礼带有了喜庆色彩。

---

① 《宋史·刑法志》。

十六　五　刑

五刑是中国古代五种主要刑罚的总称,也是古代刑法中主要的刑罚体系。

古代宫刑(幽闭)

中国古代的五刑,起源于氏族社会末期。据《尚书·吕刑》记载,古时候的人本来有着良好的道德风尚,后来苗民的首领蚩尤开始率众作乱,苗民也开始胡作非为,强取豪夺。蚩尤又制定了劓(割鼻之刑)、刵

（割耳之刑）、椓（即宫刑，破坏生殖机能的刑罚）、黥（即墨刑，脸上刻字的刑罚）和大辟（杀头）五种刑罚，残酷地对待民众。大家便集合在一起，向上帝控告无辜被罚的情形。上帝看到这种情况，也用严酷的手段来对付蚩尤的残暴行为，把那些为非作歹的苗民斩尽杀绝。这个传说，虽然明显带有神话色彩，反映了氏族社会末期华夏部族和苗民部族斗争的情况，但从中可知中国古代的五刑，最早产生于南方的苗民部族。至唐尧虞舜时期，随着中原地区与苗民之间的交往与融合，华夏部族也开始适用五刑。《尚书·舜典》："象以典刑，流宥五刑，鞭作官刑，扑作教刑，金作赎刑"，"汝作士，五刑有服"。据《尚书孔氏传》的解释，五刑就是指墨、劓、刵、宫、大辟这五种刑罚。夏王朝建立后，五刑制度正式在法律上规定下来，并在商朝法律中得到进一步发展。《荀子·正名篇》中说："刑名从商。"从现存甲骨文的字形中，也可以看到适用五刑的痕迹。因此，五刑在商朝已成为系统的刑罚制度。

西周继承了夏商以来的五刑体系，墨罚之属千，劓罚之属千，剕罚之属五百，宫罚之属三百，大辟之罚，其属二百，五刑之属三千。墨，即黥刑；劓，即割鼻之刑；剕，也称刖、趴，或称膑，为断足之刑；宫，即椓刑；大辟，即死刑。从五刑的内容可以看出，它是以肉刑为中心的刑罚体系。

秦王朝时，随着法制的初步确立，在沿用西周五刑的基础上，对刑罚制度作了一定的改革。增加了一些身体刑，大量使用流刑，并在采取肉刑与徒刑并施做法的同时，逐步以髡（剃去犯人头发的刑罚）、耐（仅剃去鬓须而保留头发）代替肉刑，建立了生命刑、肉刑、自由刑、身体刑和财产刑相结合的庞杂的刑罚体系。汉初全盘继承了秦王朝的刑罚制度。至汉文帝、汉景帝时，两度进行改革，以徒刑、笞刑和死刑取代肉刑，在刑罚体系中废除了肉刑。

魏晋以来，随着法律制度的发展，刑罚体系也相应发生了变化。曹魏在汉代刑罚改革的基础上，"更依古义，制为五刑"，将主刑规定为死刑、髡刑、完刑、作刑、赎刑五种，髡刑与完刑除剃去头发与鬓须外，还要服一定时间的苦役，作刑则不剃须发，服役时间也较短，由此确立了生命刑、自由刑、财产刑的刑罚体系。至南北朝时，逐步以徒刑取代了髡、完、作刑，并以笞、杖等身体刑为主要刑种。在《北齐律》中，将主刑规定为死、流、耐、鞭、杖五等，体系已很明晰。至《北周律》进一步规范化，发展成为杖、鞭、徒、流、死的五刑体系。

隋王朝建立后，在废除前期法外酷刑的基础上，正式确立了笞、杖、徒、流、死的五刑制度。至唐律中，从内容上进一步完善了五刑体系：

1. 笞刑

这是五刑中最轻的刑罚，《唐律疏议·名例律》"笞刑"条《疏议》："言人有小愆，法须惩戒，故加捶挞以耻之"。通过笞责，使犯人改过自新，以合古人"扑作教刑"之义。笞刑分为五等，由笞十至笞五十，每等加笞十。

2. 杖刑

杖刑是从鞭刑发展而来，分为五等，由杖六十至杖一百，每等加杖十。

3. 徒刑

《唐律疏议·名例律》"徒刑"条《疏议》："徒者，奴也，盖奴辱之"，即在一定时期内剥夺罪犯的人身自由，并强迫其服劳役的刑罚。徒刑分为五等，徒一年至徒三年，每等递增徒半年。唐律以三年为徒刑的上限，从理论上看，显然是受到了《周礼》中"上罪三年而舍"的说法的影响；但实际上，自汉代以来形成的大赦制度，无疑是影响徒刑年限的一个重要原因。

4. 流刑

《唐律疏议·名例律》"流刑"条《疏议》:"谓不忍刑杀,宥之于远也",即将犯人遣送到一定距离以外的地方,并强迫其服一定期限的劳役。流刑分为三等,流二千里至流三千里,每等递加流五百里,统称为"三流"。按唐朝时的说法,二千里为近流,二千五百里为中流,三千里为长流,均服一年劳役。此外,还有所谓的"五流",即(1)加役流(服役期为三年,属减死之刑),(2)反逆缘坐流(因家人犯谋反、谋大逆而连坐处以流刑),(3)子孙犯过失杀流(子孙因过失杀伤祖父母、父母而被处以流刑),(4)不孝流(子孙因犯不孝而处以流刑),(5)会赦减死流(本应判处死刑,因遇大赦,减死处以流刑)。五流在性质与情节上要较三流为重。

5. 死刑

《唐律疏议·名例律》"死刑"条《疏议》:"绞、斩之坐,刑之极也",所以又称为极刑。死刑分为绞、斩两等,统称为"二死"。

绞刑

五刑体系的确立,从理论上说,显然深受阴阳五行学说的影响。《白虎通·五刑》中说:"五刑者,五常之鞭策也。刑所以五何?法五行也。"认为古代五刑就是仿效五行而设的,"大辟,法水之灭火;宫者,法土之壅水;膑者,法金之刻木;劓者,法木之穿土;墨者,法火之胜金"。《唐律疏议》也援引《孝经·援神契》中"圣人制五刑,以法五行"的说法,作为五刑的理论依据。唐律中,不仅"五刑"与"五行"相符,笞刑、杖刑、徒刑各分为五等,三流二死加起来也是五等。同时,五为天地之中数,五刑体系也体现了传统法律思想中刑罚适中的观念。此外,笞、杖、徒、流的等级均为奇数,奇数为阳,阳为生,以表示生刑之义;死刑(二死)则为偶数,偶数为阴,阴为死。《唐律疏议·名例律》"死刑"条《疏议》:"二者,法阴数也,阴主杀罚,因而则之,即古大辟之刑也。"因此,阴阳五行学说对五刑体系的影响,是显而易见的。

五刑除"十恶"罪外,均允许以铜赎罪,赎金的数额根据刑罚的轻重依次递增。笞刑五等,赎铜一至五斤;杖刑五等,赎铜六至十斤;徒刑五等,赎铜二十至六十斤;流刑三等,赎铜八十至一百斤;死刑(绞、斩)赎铜一百二十斤。死刑一般只有在过失的情况下才允许赎铜,一些情节较恶劣的流刑与徒刑犯罪也不许赎铜。

唐律确立的五刑制度,成为以后刑罚体系的定制。其间宋朝曾实行"折杖法",以杖刑代替死刑以外的刑罚,并广泛适用"刺配"之刑。南宋、辽、金、元、明、清各朝刑法又以凌迟作为绞、斩之上的法定死刑执行方法。但从刑罚体系而言,直至清末变法,始终没有脱离"五刑"的范畴。

十七
族刑与连坐

"族刑"与"连坐"是中国古代刑法中的一项特殊制度。族刑,是指一人有罪,灭绝其三族、五族、七族、九族甚至十族的刑罚;连坐,则是指一人有罪,全家、邻里及其他有关的人牵连受处罚的制度。

"族刑"是中国古代最早的刑罚之一。在夏朝与商朝建立的过程中,就曾广泛适用"孥戮"的刑罚,即一人有罪,将其父母、妻子、儿女一并杀死或沦为奴隶。这是古代族刑的最初的表述。至西周及春秋时期,族刑正式在法律上确定下来,特别是春秋以后,族刑在各诸侯国中被广泛适用。《史记·秦本纪》记载:"(秦)文公十二年,法初有三族之罪。"连当时文化较落后的秦国也开始适用族刑了。

战国时期,以法家为代表的新兴地主阶级在主持各国变法过程中,也以族刑连坐为主要的刑罚手段,作为其"重刑"政策的一个主要方面。在《法经》中,就有"盗符者诛,籍其家;……议国法令者诛,籍其家及其妻氏;越城,一人则诛,自十人以上夷其乡及族;……丞相受金,左右伏诛"的规定。商鞅变法时,从法律上进一步完善了族刑连坐的制度。《汉书·刑法志》中说:"秦用商鞅连相坐之法,造三夷之诛。"三族,即父母、兄弟、妻子。一人有罪,并杀其父母、兄弟、妻子。连坐的种类很多,有全家连坐、什伍连坐、职务连坐、同伍连坐等。全家连坐,指一人有罪,其家人要牵连受罚,或罚作官奴,或处以其他刑罚。"秦法,一人有罪,并坐其家室。"①商鞅还曾下令规定:凡不努力耕作或弃农从商的人,全家罚为官奴。什伍连坐,是指一家有罪,邻里牵连受罚。据《史记·商君列传》记载,商鞅变法时曾"令民为什伍,而相牧司连坐,不告奸者腰斩"。即按照什伍组织,五家为伍,十家为什,一家有罪,什伍都有告发的义务,否则要连坐受罚。职务连坐,即对同职官吏犯罪的,知情者必须告发,否则予以连坐。另外,"秦之法,任人而所任不善者,各以其罪罪之"②。即被保举的官吏犯法时,保举者也要连坐受罚。同伍连坐,是军队中实行的连坐之法。军队中以五人为一组,"一人逃则刭其四人","大将战及死事,而刭其短兵"③。即战斗中一人逃亡的,同伍的其余四人连坐处死,主帅被敌人杀死的,卫兵也要连坐处死。

秦王朝建立后,族刑连坐之法在全国范围内广泛适用,"以古非今者,族","妄言者,族"④。秦始皇三十六年(前211年),天上落下一块陨石,有人在石上刻了"始皇死而地分"的字样。秦始皇下令大肆搜捕,结果还是没有抓住作案者,遂按连坐之法,"尽取石旁居人诛之"⑤。汉王朝建立后,虽然打着"除秦苛法"的旗号,但仍然继承了夷三族之法。汉高后及文帝曾两度下令废除三族之刑,但不久便又恢复了,东汉及魏晋南北朝各代也都沿用下来。

唐朝对族刑连坐进行了改革,分为"缘坐"与"连坐"两种。"缘坐"是因亲属血缘关系而牵连处罚。《唐律疏议·贼盗律》"谋反大逆"条:"诸谋反及谋大逆者,皆斩;父子年十六以上皆绞,十五以下及母女、妻妾、祖孙、兄弟、姊妹若部曲、资财、田宅并没官,……伯叔父、兄弟之子

---

① 《史记·孝文本纪》集解。
② 《史记·范雎蔡泽列传》。
③ 《商君书·境内》。
④ 《史记·秦始皇本纪》。
⑤ 同上。

皆流三千里。"即对于谋反及谋大逆等严重犯罪,除罪犯本人处斩以外,其家人也要缘坐受罚。缘坐的范围,上至祖父母,下至孙,旁及伯叔父、侄子,上下共五代(五族),较秦汉时的"三族"已扩大。在量刑上,则根据血缘关系的亲疏,把族刑与连坐两种方法结合起来,对罪犯本人及父、子(十六岁以上)三族均处以死刑,其余的则视其与罪犯关系科以不同的刑罚。"连坐"则仅指与官职和公务方面有关的连带责任。《唐律疏议·名例律》"同职犯公坐"条:"诸同职犯公坐者,长官为一等,通判官为一等,判官为一等,主典为一等,各以所由为首。……若同职有私,连坐之官不知情者,以失论。"即凡因公(职务关系)犯罪的,分为主典、判官、通判官、长官四等连坐,科以不同的处罚,如果其中一人系利用职权犯有私罪,而其余同职官吏不知情的,也要按过失犯罪处罚。宋代刑法对族刑连坐基本上仍是沿用唐制。

方孝孺像

明清时期,在继承《唐律疏议》关于缘坐与连坐规定的同时,对于族刑连坐制度又有较大的发展。首先,对缘坐的范围扩大,量刑加重。《大明律·刑律·贼盗》"谋反大逆"条:"凡谋反及大逆,但共谋者,不分首从,皆凌迟处死,祖父、父、子、孙、兄弟及同居之人,不分异姓及伯叔父兄弟之子,不限籍之同异,年十六以上,……皆斩。"把缘坐处死的范围,扩大到所有同居的十六岁以上的男性,量刑也由原来的斩、绞加重为凌迟处死及处斩。其次,在实际适用上,族刑的范围又较法律规定更为扩大。明太祖朱元璋以"谋反"的罪名杀死大将蓝玉后,"族诛者万五千人"。明成祖朱棣以"靖难"为名,起兵与侄建文帝争夺皇位。他攻占南京,逼走建文帝后,欲使名儒方孝孺起草诏书,以收揽人心。方孝孺不从,朱棣威胁他说:"独不畏(诛)九族乎?"方孝孺回答说:"便十族,奈我何?"朱棣大怒,下令将他磔杀,并诛尽九族。为了凑足十族之数,又将他的朋友、门生并为一族,皆磔于市。仅此一狱,被杀者八百七十三人,被谪戍荒郊而死者更不可胜计。

清朝不仅在法律上全盘沿袭了《大明律》的规定,而且在司法实践中,对谋反及"文字狱"等犯罪广泛适用族刑连坐,一案被诛者动辄达数十甚至数百人。

族刑连坐是中国古代家族主义在法律中的重要表现,在古代沿用了数千年,直至清末变法时,才正式在刑法中废除了这一制度。

十八
缇萦救父与肉刑改革

中国古代奴隶制的五刑,是以肉刑为中心的。秦王朝建立后,在加强法制的同时,对刑罚制度也进行了一些改革,建立了生命刑、肉刑、自由刑、身体刑和财产刑相结合的刑罚体系。肉刑在其中仍占有重要地位,特别是秦始皇后期,专任刑罚。汉王朝建立之初,一度"除秦苛法",但不久又全盘继承了秦代的刑罚制度,作为巩固新王朝的统治,维护统一的重要手段。但是,随着统治政权的巩固、社会秩序的稳定和社会生产的恢复,严刑峻法的做法,遭到了越来越多人的反对。特别是肉刑本身,不仅是对社会生产力的一种破坏,而且阻塞了犯人悔过自新的道路,并由此而产生诸多的社会问题。因此,改革肉刑,成了当时法律改革的一个主要问题。

汉文帝十三年(前167年),山东太仓令淳于公犯了罪,当处肉刑,被押送长安。临行前,他责骂五个女儿没有用,遇到急事不能替他排忧解难。小女儿缇萦见状,"自伤悲泣",决定陪父亲一同进京。到了长安以后,她上书给汉文帝,说她父亲平日为官清廉,这次偶然犯法,如果处以肉刑,那么以后想改过自新,也办不到了,所以自己愿以身入官为奴婢,替父亲赎罪。这封上书,间接批评了严酷的肉刑对下层吏民造成的危害,反映了当时社会人们的普遍愿望。汉文帝看了这封上书后,也感到肉刑"何其刑之痛而不德也",决定废除肉刑。丞相张苍、御史大夫冯敬等官员根据汉文帝的诏令,进行讨论之后,对刑罚作了以下修改:当

缇萦上书救父

处剃头发之髡刑的,改为剃鬓须之完刑,并加服城旦苦役(四岁刑);当处黥刑的,改为髡钳城旦舂(五岁刑);当处劓刑的,改为笞三百;当斩左趾的,改为笞五百;当斩右趾的,改为弃市。以徒刑、笞刑和死刑来代替黥、劓、斩左右趾等肉刑,并且改变了肉刑与徒刑并施的做法,取消了终身徒刑,改为髡、耐与徒刑并施,并规定了一定的刑期。①

经过这一改革,虽然明确宣布废除了肉刑,但在实际执行中,又出现了一些问题:首先,斩右趾本来是肉刑,但改革之后,变成了死刑,反而比以前加重了;其次,当劓及斩左趾者,改笞三百及笞五百,往往没有打满规定的数目,犯人就已被打死了。因此,这种改革被人称为"外有轻刑之名,内实杀人"。汉景帝时,针对这种情况,又进行了两次改革。景帝前元元年(前156年)下诏,将笞五百减为三百,笞三百减为二百。

---

① 参见《汉书·刑法志》。

至中元六年(前144年),又下诏,减笞三百为二百,笞二百为一百,并制定了《箠令》:凡当笞者,箠长五尺,其本大一寸,其竹也,末薄半寸,皆平其节。当笞者笞臀,毋得更人,毕一罪乃更人。基本上改变了受笞者率多死的情况,"自是笞者得全"①。

自汉文帝与汉景帝刑罚改革之后,从刑罚体系中废除了肉刑。但是,肉刑在汉代并没有被彻底取消。西汉以宫刑作为减死之刑而广泛适用。东汉时,又恢复了斩右趾,以代替死刑。同时,刑罚改革以后出现的"死刑既重,而生刑又轻"的问题,一直未能得以解决。因此,从东汉起,就不断有人对汉文、景帝的刑罚改革提出批评,主张恢复肉刑。

仲长统在《昌言·损益篇》中就说:肉刑废除以后,刑罚的轻重过于悬殊,死刑减一等则为髡钳,髡钳以下则为鞭笞,这样,死刑太重,死者不可复生,而髡刑对人又无所损伤,犯罪者益多,只得大量适用死刑,反而使刑罚加重了。因此,他认为,为了解决死刑太重、生刑又太轻的问题,应当恢复肉刑作为"中刑",以填补两者之间的空缺。

东汉末年的名儒如崔寔、郑玄、陈纪等人,也都竭力主张恢复肉刑。虽然后来统治者考虑到实际情况,没有采纳他们的主张,但他们的观点却对后世产生了较深的影响。至曹魏时,先后四次就恢复肉刑的问题进行了讨论,但终因群臣意见不一而没有结果。

西晋王朝建立后,又就是否恢复肉刑的问题进行了三次讨论,其中以廷尉刘颂的观点最具有代表性。他说:古时候的圣明君主制定肉刑,并不是使罪犯害怕剥割之痛而不敢犯罪,而是要根除他们为非作恶的工具,杜绝他们作恶的根本。对逃亡者砍去他们的腿,使他们无法再逃亡;对偷盗者砍去他们的手,使他们无法再盗,就是这个道理。因此,恢

---

① 《汉书·刑法志》。

复肉刑是除恶塞源的最好办法。[①] 这一观点,实际上就是先秦法家"以刑去刑"主张的翻版。由于社会的进化,这种观点与社会发展已不相适应,因此并未被统治者接受。至隋唐以后,随着五刑制的完全确立,肉刑基本上被废除了。尽管后来宋朝及明清曾广泛运用"刺字"之刑,变相恢复了肉刑,但作为一种独立的刑罚手段,肉刑始终未能恢复。

汉代刑罚改革废除肉刑,是中国法制史上的一项重要改革,也是刑罚由残酷向文明转化的里程碑。虽然由于历史条件的限制,未能彻底解决肉刑存废的问题,但是从刑罚体系中废除了肉刑,为刑罚制度的发展和五刑制的确立奠定了基础,在中国法制史上具有重要影响。

---

① 参见《晋书·刑法志》。

十九
曹操割发代首与古代髡刑

曹操像

"割发代首"是中国法制史上的著名事例。据《三国志·魏志·武帝纪》注引《阿瞒传》记载,曹操某次出兵,行军途经一片麦田,便下令不准践踏麦子,违者处死。于是骑兵都下马扶麦,缓缓而行。偏巧此时曹操自己的坐骑突然受惊,驮着他跃入麦田,踏坏了一大片麦子。曹操便叫军中主簿给自己议罪。主簿认为,春秋之义,罚不加于尊,曹操乃全军主帅,可以免受处罚。但曹操认为,自己制定了法令,自己又触犯,以后怎么能叫别人遵守?由于自己身为主帅,不可自杀,但可自刑,于是拔剑割下了自己的头发。对于曹操割发代首之举,后人褒贬不一。有的认为这是曹操的"权术",是他奸诈的罪状之一;也有的认为这是曹操执法不阿的表现,等等。然而,要真正了解割发代首这一举动,还应从"割发"这一行为本身在当时的法律意义说起。

割发,在古代刑法中被称为"髡"。《说文解字》:"髡,剃发也。"古时候的人认为,身体、皮肤和头发都受之于父母,不能有丝毫的损伤,否则便是不孝。因此,强行剃去须发,也与肉刑一样,被认为是对人的身体的损伤。《周礼·秋官·掌戮》中记载:"墨者使守门,劓者使守关,宫者使守内,刖者使守囿,髡者使守积。"把髡刑与墨、劓、刖、宫等刑罚等而视之,均属于损伤身体的肉刑。据郑玄的解释,髡刑原是对不能适用宫刑的国王的同宗之人所用的代用刑。因为男子受了宫刑以后,引起生理上的变化,不再生胡须,对国王的同族又不能适用宫刑,而是用剃去头发和鬓须的髡刑来代替宫刑。因此,髡刑逐步被用来代替肉刑。从《云梦秦简·法律答问》中援引的法律条文看,把杀(死刑)、刑(肉刑)、髡(髡刑)三者并列,作为国家刑罚的法定体系,同样也体现了髡刑的性质。秦汉刑法以"髡钳城旦舂",即剃去须发、带刑具服役,作为徒刑的最高刑。汉文帝废除肉刑之后,以髡钳城旦舂代替黥刑,正式以髡刑取代了肉刑。至东汉时,又以髡钳(徒刑)作为次于死刑的刑罚:"下死则得髡钳,下髡钳则得鞭笞。"髡刑在这一时期已成为死刑以外最主要的刑罚而广泛适用。曹操发布的《魏武军令》中,就有"违令者髡翦以徇"的规定。至魏明帝制定《新律》时,"更依古义,制为五刑。其死刑有三,髡刑有四,完刑作刑各三"[①],以髡刑为仅次于死刑的刑罚。

因此,从髡刑(割发)的发展沿革,我们便可以理解曹操所说的"不

---

① 《晋书·刑法志》。

可自杀,请自刑"的真正含义了,死刑减死一等为髡刑,"自刑"也就是"自髡"。因此,不论曹操割发代首在主观上的真实用意何在,仅仅从"割发"这一行为看,与当时的刑罚制度是相符合的。

曹魏以后,两晋及南朝的刑罚相继沿用髡刑,作为减死之刑。北齐时,以髡刑作为流刑的附加刑,改变了髡刑原来的意义。至隋《开皇律》,髡刑作为一个独立刑种,在法律上被完全废除了。

二十
《唐律》为什么规定计绢平赃

《唐律疏议》对强盗、窃盗、受财枉法、受财不枉法、受所监临财物和坐赃等"赃罪"的处罚，基本上都是根据所得赃物多少来决定的。而赃物又统一以绢帛作为衡量标准，这就是"计绢平赃"。《名例律》"平赃及计功庸"条明确规定："诸平赃者，皆据犯处当时物价及上绢估。"即将赃物统一按犯法地当时的物价折换成上等绢帛，然后根据绢帛作为衡量赃物多少的标准定罪量刑。这一制度，是当时社会经济的发展特别是货币制度的发展在法律上的反映。

中国古代平赃标准的变化，大致经历了四个阶段。先秦与秦汉时期，一般都是以黄金与铜钱作为平赃的标准。因为在这一时期，尽管货币的种类繁多，但仍以黄金与铜作为货币的基本形态。秦始皇统一中国后，规定了统一的币制，以黄金为上币，一般限于大数目的支付，以铜钱为下币，作为日常交易所用的一般等价物。同时，禁止其他财物当作货币流通，以保证币制的统一。西汉时期基本上继承了秦朝的币制，并使黄金仅被用作价值尺度、支付工具及收藏手段，并不作为流通手段。流通一般是专用铜钱，因此，铜钱成了最主要的一般等价物。反映在法律上，秦及西汉的法律都明确规定以钱平赃。

东汉法律虽然仍沿袭旧制，但由于西汉末年王莽改制，造成了币制上的混乱，铜钱作为一般等价物的地位大大下降了，出现了以谷、帛等实物为流通手段和支付工具。自魏晋时起，由于社会动荡、通货膨胀等

汉五铢钱

方面的原因,谷、帛逐步取代了铜钱,成了主要的一般等价物,不仅在广大下层市民交易中使用,而且皇帝对臣下的赏赐也多用绢帛。特别是南北朝时,钱币不统一,绢帛反而成了主要的流通手段,不论租赋、借贷,还是薪俸、抚恤,都以绢帛为准。同样,在法律上,自西晋起,绢帛便成了平赃的唯一标准。

唐王朝再度建立统一的大帝国以后,在政治、经济等方面采取了各项巩固统一的措施,并铸造了统一的货币流通全国,以图改变南北朝以来币制混乱的状况。然而,在实际流通领域中,铜钱的地位却并未提高,特别是市民在日常的经济生活中,仍以绢帛作为一般等价物。之所以如此,除了铜钱币值不稳等客观原因以外,还与当时实行的租、庸、调的赋税制度有着很大关系。租庸调制度的一个重要特点,就是所谓"租出谷,庸出绢,调出缯布,未尝用钱"[1],即以谷、帛等实物作为征收的内容。不仅征收租赋用绢帛等,连劳役也改用绢帛来折算。绢帛成了实

---

[1] 《日知录》卷11《以钱为赋》。

际上的一般等价物,日常交易往往用帛而不用钱。当时法律对此就有规定:"绫罗绢布杂货等,交易皆合通用,……违者准法罪之。"①甚至还规定:"所有庄宅、牛马交易,并先用绢布绫罗丝绵等,其余市价至一千以上,亦令钱物兼用,违者科罚"②。因此,在《唐律疏议》中,对赃物折算都以尺、匹等布帛单位为标准,也就是说,必须把所有赃物都折算成绢帛,然后再根据绢帛数额多少来量刑。比如,某人在蒲州盗盐,在嵩州事发被捕,在量刑时,就必须按照蒲州的盐价,折算为当地上等绢帛价,再根据绢帛数额,科以相应的刑罚。不仅对"六赃"罪的量刑如此,就是赌博戏财及一般的民事规范,如聘礼、负债违契等,也都要折算成绢帛,从而形成了"计绢平赃"制度。

自唐代中期以后,实行了两税法,开始以货币计税代替绢、谷等实物计税,对赃物的衡量也就不再完全以绢帛为标准。特别是在宋朝,法律上全盘继承了《唐律疏议》中的计绢平赃制度,但在实际上又以铜钱作为平赃标准,所谓"以敕计钱定罪,以律计绢"③。到了元朝,随着纸币逐步成为主要流通手段,平赃也以宝钞(纸币)为则。明初承元制,钱钞并用,《大明律》中,对赃物的计算仍以纸币为准。但是,由于统治者大量铸钞,引起通货膨胀,造成了"物重钞轻"的局面。因此,自明英宗以后,江南等地税收开始普遍折银,白银逐步成为主要的流通手段。万历九年,张居正创"一条鞭法",把各项赋役统一折成银两征收,正式肯定了白银作为一般等价物和主要流通手段的地位。法律上的平赃标准也相应发生了变化,改宝钞为白银。至清初的《大清律集解附例》,尽管法律条文基本上全抄《大明律》,但对于平赃,则明确规定专用白银。

---

① 《册府元龟》卷501。
② 《唐会要》卷89《泉货》。
③ 《宋史·刑法志》。

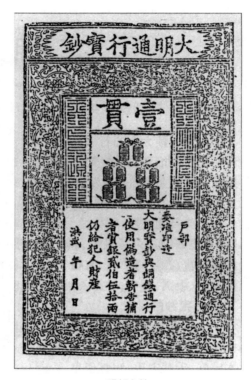

明朝宝钞

从中国古代刑法平赃标准的发展历史沿革看,是与货币的发展历史沿革相适应的。《唐律疏议》中的计绢平赃,也正是当时货币制度与赋税制度的特点在法律上的反映。

二十一
刺　　配

"刺配"是中国唐末五代以来出现的一种特殊的刑罚方法。其法可溯源至北朝的《北魏律》和《北齐律》，凡"论犯可死，原情可降"的，鞭、笞各一百，并处以髡发之刑，发配边境，以为兵卒。隋唐法律确立了五刑制度，废除了鞭、流并用的刑罚，改为流、役相结合，凡处以流刑的，均于流放地服役一年。至唐末五代时，由于社会动乱，军阀割据混战，在法律上，量刑较以前加重，并先后出现了一些法外酷刑。后唐时，对处以流刑的罪犯实行"决杖流配"，即凡是处以流刑的，一律附加杖刑（决杖）。至后晋天福年间，又创"刺面"之法，将刺面与流配结合起来，合称"刺配"，但那时的刺配仅为刺面（即古时所谓黥、墨之刑）与流刑两者的合用，并不附加杖刑。

北宋王朝建立后，为革五代重刑滥刑的积弊，实行所谓"折杖法"，以杖刑代替原来的笞、杖、徒、流四种刑罚的执行。同时，又沿用和发展了后晋以来的"刺配"之刑，作为对死刑的宽宥。宋朝的刺配按罪情轻重的不同，分为刺配本州、邻州、五百里、一千里、二千里、三千里及沙门岛等不同等级。刺面也有"大刺"与"小刺"之别，凡是情节严重、犯人"性情凶恶"的，就要把字刺得特别大。根据罪行的不同，所刺的形状也不一样，有环形、方形、圆形等。据元丰八年（1085年）所降敕令，凡犯盗罪的，刺环形于耳后；犯徒、流罪的，刺方形；犯杖罪的，刺圆形；三犯杖罪的，移刺于面。所刺字直径都不得超过五分。淳熙八年（1181年）时又规定:凡强盗抵死特贷命之人,并于额上刺"强盗"二字,余字分刺两颊。① 所刺文字的内容,除"迭配某州(府)牢城"以外,也有把所犯事由、所配服役种类都刺在脸上的。例如,刺"某州某县钱监",就是发配到该处铸钱厂当苦工;刺"配某州(府)屯驻军重役",就是发配到该处屯驻部队里去服劳役。到了配所后,所服劳役的种类很多,而大量的是充当军役。配役也没有一定的期限,因为在宋朝盛行"大赦",几乎每隔两三年甚至每年都要大赦一次。每次大赦时,由主管刺配犯人的官吏将配役者的情况上报。对其中犯罪情节较轻,或是服役期间表现较好,没有什么过错的,可以释放回家;而罪情严重的,则要终身服役。

林冲刺配沧州道

---

① 参见《宋史·刑法志》。

刺配在制定之初,原为对死刑的宽宥,但是在实际适用中,范围日益扩大。宋真宗时的《大中祥符编敕》中,刺配之罪共46条,仁宗《天圣编敕》中增加到54条,《庆历编敕》中已增加到99条,神宗《熙宁编敕》为200条,至孝宗《淳熙编敕》,增加到570余条。实际上,对许多死刑以外的犯罪也大量适用刺配,以至于出现了州郡牢城营中刺配犯人额满甚至超额的现象,地方司法长官也滥施刺配之刑。北宋末年,金兵南下,草莽群雄奋起抗金,他们之中大多数都是"亡命山泽"的罪犯。南宋朝廷建立后,他们接受朝廷的封号,先后入朝,但在朝觐皇帝时遇到了困难,因为他们脸上都刺有金印,按法罪犯是不得入朝的。为此,宋高宗于绍兴十四年(1144年)专门发布了一道诏令:"今后臣僚有面刺大字或炙烧之人,许入见。"由此也可见刺配刑适用之滥。

　　由于刺配之刑集刺面、决杖、流配三种刑罚于一身,虽然最初作为对死罪的宽宥,但后来实际适用中愈用愈滥,对一般的徒流罪也加以刺配,事实上加重了刑罚,因而在当时就遭到不少大臣的反对。宋仁宗时,翰林学士张方平在《请减刺配刑名札子》中指出:刺配之刑先具徒、流、杖之刑,而更黥刺,且又服役终身,比起前代的"加役流"来,处罚大大加重了,因此主张减少刺配刑的适用。而苏颂、洪迈等人则主张完全废除刺配之刑。但是,这些主张并未被当时的统治者所接受。终宋之世,刺配之刑也未能废除。与宋朝同时的辽、金等少数民族政权,也都适用刺配这一刑罚。元朝建立后,不仅全面继承了刺配之刑,而且将原来的刺面发展成刺面、刺左右臂、刺项及刺手背等多种方式,并将刺配广泛适用于盗贼等犯罪。明清时废除刺面之法,改为刺左右臂了。

二十二
凌　　迟

凌迟,又称"陵迟",也称"剐"刑,是用刀将犯人身上的肉慢慢割尽,所以俗称"千刀万剐";又因其与古代的"磔"刑相似,所以也有将凌迟称为磔刑的。

凌迟刑出现于唐朝末年北方的辽国(契丹),《辽史·刑法志》:"死刑有绞、斩、凌迟之属。"从执行的方式上看,也体现了游牧民族的特点。五代时凌迟刑传入中原地区,南宋陆游在《渭南文集·条对状》中说:"五季(五代)多故,以常法为不足,于是始于法外特置陵迟一条。肌肉已尽,而气息未绝;肝心联络,而视听犹存。"后晋时左拾遗窦俨在上疏中也说:"案《名例律》,死刑二:绞、斩之谓也。绞者,筋骨相连;斩者,头颈异处。大辟之目,不出两端。淫刑之兴,近出数等,……或长钉贯人手足,或短刀脔人肌肤,迁延信宿,不令就死。"①可见凌迟在五代时已经常适用了。后周许迁为隰州刺史时,"切于除盗,疾恶过当,或钉磔贼人,令部下脔割"②。

宋朝在司法实践中,也以凌迟作为制裁盗贼的法外之刑。《宋史·刑法志》记载:"凌迟者,先断其肢体,乃抉其吭,当时之极法也。"宋朝的凌迟何时载入法典作为法定刑,目前尚不清楚,不过在南宋嘉泰二年

---

①　《宋史·窦俨传》。《旧五代史·刑法志》引窦俨语为"或以短刀脔割人肌肤,乃至累朝,半生半死"。

②　《旧五代史·许迁传》。

凌迟

(1202年)编撰的《庆元条法事类》中,就已经将凌迟作为法定的死刑执行方法了。

宋以后的元、明、清各朝都以凌迟作为绞、斩之上的法定死刑执行方法,"凌迟用之于十恶不道以上诸重罪,号为极刑,……皆承用明律,略有变通,行之二百余年"①。在执行方法上,也更加细密。明朝大太监刘瑾被凌迟处死,当时的监斩官之一张文麟在《端岩公年谱》中详细记载了凌迟时的情形:

> 数日后,早朝毕,奉旨:刘瑾凌迟三日,剉尸枭首,仍画影

---

① 《清史稿·刑法志》。

图形,榜示天下。……凌迟刀数例该三千三百五十七刀,每十刀一歇一吆喝。头一日例该三百五十七刀,如大指甲片,在胸膛左右起,初动刀则有血流寸许,再动刀则无血矣。人言犯人受惊,血俱入小腹、小腿肚,剐毕开膛,则血皆从此出。至晚押瑾至顺天府宛平县寄监,释缚数刻,瑾尚能食粥两碗,反贼乃如此。次日押至东角头,先日瑾就刑,颇言内事,以麻核桃塞口,数十刀气绝。时方日升在彼,与同监斩御史具本奏。奉圣旨:刘瑾凌迟数足,剉尸免枭首。受害之家,争取其肉,以祭死者。剉尸,当胸一大斧,胸去数丈。

由于凌迟增加了受刑者的痛苦,受刑者及其家属往往会收买行刑的刽子手,使其先毕犯人之命,然后再行刑。清代的方苞在《狱中杂记》一文中,记载了刽子手们索贿的情形:"凡死刑狱上,行刑者先俟于门外,使其党入索财物,名曰'斯罗'。富者就其戚属,贫者则面语之。其极刑(凌迟),曰:顺我,即先刺心,否则四肢解尽,心犹不死。……用此,富者赂十百金,贫亦罄衣装。绝无有者,则治之如所言。"

清末法律修订时,正式从法律上废除了凌迟。

二十三

折 杖 法

折杖法是将五刑中的笞、杖、徒、流四种刑罚,统一折算成杖刑来执行的制度。它渊源于唐律中的加杖法。《唐律疏议·名例律》"犯徒已应役家无兼丁"条规定:凡是犯徒罪应服劳役,但家中没有兼丁(即罪犯身为单丁)的,可以杖刑来折抵所应服的劳役。具体折抵方法是:徒一年,改为杖一百二十,每等加二十,决杖后当场释放,不用再服劳役。"工乐杂户及妇人犯流决杖"条也规定:凡工、乐、杂户等人犯流罪的,流二千里决杖一百,每等加三十,于原地服役三年。因此,《唐律疏议》中的加杖法,是对特定身份的人所适用的以杖刑折抵徒流刑的制度。

据史料记载,唐朝后期的敕令中,就已有适用折杖法的规定了。唐大中七年(853年)四月敕:"自今法司处罪,用常行杖。杖脊一,折法杖十(注:法杖,谓常行杖臀也);杖臀一,折笞杖五,使吏用法有常准。"① 五代时期对某些犯罪的处罚也采取了这一做法。《册府元龟》卷613记载:后唐清泰元年(934年),大理寺议窃盗赃,"议云:赃一匹杖脊十八,不满一匹杖十五,不得财,杖臀十五"。可见,五代时期已经开始适用折杖法了。其原因,一方面是五代时期由王朝直接管辖的版图狭小,事实上限制了流刑的执行;另一方面,五代时期大赦频繁,徒刑在实际上是很难执行完毕的,而适用了折杖法之后,从某种程度上解决了这一问

---

① 《资治通鉴》卷249。

题。这也是宋朝将折杖法作为一项制度确立下来的主要原因。

北宋建隆四年(963年),以《唐律疏议》为基础,制定了《宋刑统》。在《名例律》"五刑"门中,正式规定了折杖之制:

流刑:加役流决脊杖二十,配役三年;流三千里决脊杖二十,配役一年;流二千五百里决脊杖十八,配役一年;流二千里决脊杖十七,配役一年。

徒刑:徒三年决脊杖二十;徒二年半决脊杖十八放;徒二年决脊杖十七放;徒一年半决脊杖十五放;徒一年决脊杖十三放。

杖刑:杖一百决臀杖二十放;杖九十决臀杖十八放;杖八十决臀杖十七放;杖七十决臀杖十五放;杖六十决臀杖十三放。

笞刑:笞五十决臀杖十下放;笞四十、三十决臀杖八下放;笞二十、一十决臀杖七下放。

实行折杖法之后,除死刑以外均以杖刑折抵。流、徒刑较重,折以脊杖(责打犯人背部),犯流者杖后还须在原地配役一年;杖、笞刑较轻,折以臀杖(责打犯人臀部),但数目大为减少。这样,流刑折杖后可在原地服役,得免远徙;徒刑折杖后可当场释放,得免役年;笞杖也可以减少被打的数目,比起原来的处罚减轻了。这是宋代在承五代大乱之后,所采取的一项省刑轻刑的措施。史称宋太祖始定折杖之制,一洗五代之苛,正是反映了适用折杖法的目的。

不过,宋代在实行折杖法的同时,又盛行"刺配"之刑,即以杖刑、刺面作为流配的附加刑。随着刺配适用的日益广泛,加上法律规定多变,出现了以杖刑作为流徒刑的附加刑的情况。后人因此也将折杖法视为附加刑的制度。在《大元通制》中,明确规定了徒流刑附加杖刑的做法。明清刑法继承了这一制度,在《大明律·名例律》"五刑"条中,对加杖法作了明确规定:

> 徒刑五:一年,杖六十;一年半,杖七十;二年,杖八十;二年半,杖九十;三年,杖一百。

> 流刑三:二千里,杖一百;二千五百里,杖一百;三千里,杖一百。

这里的加杖,不同于《唐律疏议》中的加杖法,更不同于《宋刑统》中的折杖法,而是纯粹的附加刑了。

二十四
廷　　杖

廷杖是帝王在朝堂上对臣下进行杖责的刑罚,它是中国古代,特别是明朝在君主专制之下的一种特殊的刑罚制度。

廷杖之名,始于明朝,但早在汉代,就已有在朝廷上责打大臣的事例。东汉时,"尚书近臣,至乃捶扑牵曳於前"①,此后累朝均有杖责臣下之事。到了明朝,随着君主专制极端化的发展,廷杖也被作为皇帝的"常刑",广泛在朝廷上使用。

明朝的廷杖开始于明太祖朱元璋。他平定天下,建立大明王朝以后,唯恐廷臣对他不忠实,便实行"以重刑威慑臣下"的政策,使用廷杖对群臣威吓镇压,折辱士气,剥丧廉耻,使士大夫畏法惧祸,俯首帖耳。朱元璋施行廷杖开始于洪武八年(1375年),据《明史·茹太素传》记载,刑部主事茹太素上书陈时务,说朱元璋杀人太多,言语之间多有忤触。朱元璋大怒,把茹太素召来责问,当廷予以杖责。自此以后,便经常适用廷杖。仅朱元璋一朝,大臣被杖的就不下数十百人,有的甚至被当场打死。洪武十三年(1380年),鞭死永嘉侯朱亮祖及其子府军卫指挥朱遥。洪武十四年(1381年),工部尚书薛祥因罪被杖死。廷杖的滥施,使得当时的士人以做官为畏途。据《稗史汇编》记载,当时京官每天上朝,都要与妻子诀别,晚上平安退朝回家,便庆幸又多活了一天。

---

① 《后汉书·申屠刚传》。

廷杖

廷杖制度在明朝成为一项定制,被朱元璋以后的历代帝王所继承。仁宗朱高炽在位仅一年,就以"忤旨"为由,对翰林侍读学士李时勉施以廷杖,打得他肋骨折断。明宣宗朱瞻基初即位,即杖死兵部侍郎戴纶。明英宗时,宦官王振擅权,殿陛行杖,习为故事。明宪宗以后,廷杖适用愈来愈滥。明武宗时,南京给事中戴铣、御史蒋钦等二十一人上疏弹劾宦官刘瑾,结果全部杖于阙下,人各三十,戴铣、蒋钦死于杖下。兵部主事王守仁上疏营救戴铣,结果也被廷杖五十,"毙而复苏"。明神宗朱翊钧初年,张居正擅权,也屡次施行廷杖。万历五年(1577年),张居正父死,他不回籍居丧,编修吴中行等五人相继上章弹劾,结果五人均被廷杖。明熹宗朱由校时,宦官魏忠贤专权,多次对大臣施行廷杖,屯田郎中万燝、吴裕中等均死于杖下。至明毅宗朱由检,更是当廷对大臣施用酷刑。

有明一代近三百年,施行廷杖的事例,仅史有明文记载的,就成百上千,其中规模较大的有两次。第一次是明武宗正德十四年(1519年)

下诏南巡,兵部郎中黄巩、修撰舒芬等人上疏谏阻,第二天吏部员外郎夏良胜等又连疏奏谏,于是群臣相继上疏。明武宗大怒,逮夏良胜、黄巩等人下狱,罚舒芬等一百零七人跪午门外,五日后,又下令杖于午门。群臣呼号之声,彻于禁掖。黄巩等人下狱后,再加廷杖。总计被廷杖者共一百六十八人,被打死的十五人。另一次发生在明世宗嘉靖三年(1524年)。明世宗朱厚熜是明孝宗朱祐樘的弟弟朱祐杬的儿子。明武宗朱厚照死后无子,便由朱厚熜嗣位,算是继承明孝宗朱祐樘,而称自己的父母为"本生父母"。至嘉靖三年七月,朱厚熜忽然下旨除去"本生"之称,意思便是不愿做孝宗的嗣子。廷臣大哗,尚书金献民、侍郎何孟春以下共二百二十几人跪伏左顺门力争。朱厚熜不听,传谕群臣退下,但众大臣一定要朱厚熜收回成命方才肯退,朱厚熜大怒,命将马理等四品以下大臣共一百三十四人逮捕,五天以后,又将马理等人当庭予以杖责。这一次共一百三十四人被廷杖,其中十六人死于杖下。这两次廷杖,是明代最有名的廷杖,而且在中国历史上也是空前绝后的。

  明朝的廷杖由锦衣卫执行,司礼太监坐在上面监刑。执行廷杖的地点在午门外。据艾穆《熙亭先生文集》记载,执行廷杖的经过是:由司礼监太监数十人捧圣旨至午门外,其为首的太监喝令将犯人带上,每喝一声,两边的锦衣卫士也大喊响应。喝令犯人跪下之后,开始行杖,五棍换一人,杖八十共换十六人。最初的时候,廷杖时不脱衣服,并且垫上厚棉衣,即使如此,被杖者也要卧床休息数月才能痊愈。至明武宗时,刘瑾专权,令脱衣受刑,以后便成为惯例。被廷杖的大臣,大半事前是知道的,因此都先吃了药准备挨打,如果突然被杖,则很少能活的。被廷杖后,人如果昏迷,据说喝了人尿就可以醒过来,但伤重的往往成为残废。另外,被廷杖人的轻重死活,与行刑的锦衣卫和监刑的太监有很大关系。据说锦衣校尉行刑时,只看监刑的司礼太监的两只靴尖,如果两只靴尖向外成"八"字形,那么被杖者还可得活;如果两只靴尖向内敛,那么只需一二十杖,便可将被杖者打死。被杖大臣的生死,完全取决于太监,皇帝是不予过问的。因此,廷杖成了君主专制和宦官专权、滥施淫威的法外之刑。

二十五
例分八字之义

"例分八字之义",又称"八例",是指中国古代刑法中严格规定的,在定罪量刑时适用的以、准、皆、各、其、及、即、若八字。清人梁章钜在《浪迹丛谈·案牍文字》一文中说"服官不能不读律,读律不能不读例,例分八字,则以、准、皆、各、其、及、即、若之义,不可不先讲求也",明确指出了掌握刑法中八字之义的重要作用。中国古代刑法对"八例"明确加以适用并略加释义的,当首推《唐律疏议》,但其中尚未归类为一。至元代徐元瑞编纂的《吏学指南》中,开始在法理上将"八例"组合有序并作释义,其中专门列有"八例"一目。明代的一些解释法律的著作,如郑汝璧撰注的《大明律解附例》、王明德的《读律佩觿》,以及王樵和王肯堂合撰的《大明律附例笺释》等书中,都有对"八例"的解释。在刑法中首列"例分八字之义"的,是清朝顺治三年(1646年)的《大清律集解附例》,其篇首在"大清律总目"之后,即列"例分八字之义",并对"八例"的适用作了具体的解释。

(一)以

王明德在《读律佩觿》中解释:"以者,非真犯也。非真犯而情与真同,如真犯之罪罪之,故曰以。"刑法中对犯罪有"真犯"与"杂犯"之分。"真犯"是指行为人所犯之罪,其罪名与量刑在律文中有明确规定;"杂犯"则是指行为人所犯之罪,其罪名或量刑在律文中无明确规定,而比照他罪科刑。《唐律疏议·名例律》"称反坐罪之等"条:"称'以枉法论'及'以盗论'之类,皆与真犯同。"《大清律集解附例》中也说:"以者,与真犯同,谓如监守贸易官物,无异真盗,以枉法论,以盗论,除名,刺字,罪至斩绞,并全科。"因此,"以"就是"以……论处"的意思,指行为人所犯的罪行,虽然不是真犯,但因其罪状与真犯相似,所以在量刑时应按照真犯所应科的刑罚论处,而且没有最高刑的限制。

(二) 准

"准",据《吏学指南》的解释,是"止准其罪"之意。《唐律疏议·名例律》"称反坐罪之等"条规定:"准枉法论,准盗之类,……但准其罪。"《疏议》:"但准其罪,皆止准其罪,亦不同真犯。"《大清律集解附例》中说:"准者,与真犯有间,谓如准枉法、准盗论,但准其罪,不在除名、刺字例,罪止杖一百、流三千里。"因此,"准"就是"比照……罪论处"的意思,指行为人所犯之罪,与真犯虽有区别,但这一行为所造成的社会危害是同样严重的,须比照真犯定罪,但量刑时对最高刑有所限制。"准"与"以"的主要区别,就在于"以"是完全比照真犯定罪量刑,而"准"则仅仅比照真犯定罪,在量刑上有所限制。此外,在适用"准"的时候,还有全部"准某罪"与部分"准某罪"的区别,也有"准罪名"(比照具体的罪名)与"准例"(比照《名例律》的规定)的区别。

(三) 皆

"皆",据《吏学指南》的解释,是"罪无首从"之意,"凡称皆者,不以造意随从,人数多寡,皆一等科断也"。《唐律疏议·名例律》"共犯罪本罪别"条规定:"若本条言'皆'者,罪无首从;不言'皆'者,依首从法。"因此,"皆"就是对于共同犯罪者不分首从,一体同罪量刑。

(四) 各

"各",据《吏学指南》的解释,是"各主其事"之意。从刑法对"各"

的适用上看,主要有两个方面:一是横向的、对犯罪者"彼此同科"的意思。《唐律疏议·户婚律》"同姓为婚"条规定:"诸同姓为婚者,各徒二年。"即对双方当事人分别科以相同的刑罚。二是纵向的、依行为人的身份、服制的不同而分别量刑,有"各从……本法"的意思。《唐律疏议·名例律》"称期亲祖父母等"条注:"缘坐者,各从祖孙本法。"因此,"各"是指行为人所犯之罪,虽有牵连,但因身份、服制及其他原因,分别承担其应负的法律责任。

(五) 其

"其",据《吏学指南》的解释,是"反于先义"之意,"夫犯罪之人或先有事而后无事,或先是而后非,文意相违而不相通,曲直相背而不相入,若此之类,故称其以别之"。《大清律集解附例》中说:"其者,变于先义,谓如论八议罪犯,先奏请议;其犯十恶,不用此律之类。"因此,"其",就是指法律适用中的例外情况,相当于现今的"但书"。

(六) 及

"及",据《吏学指南》的解释,是"事情连后"之意。《大清律集解附例》中说:"及者,事情连后,谓如彼此俱罪之赃及应禁之物则没官之类。"因此,"及",是前后两罪的情节与内容虽不一致,但在处理上是相同的,故以"及"字联属之,有"以及"的意思。

(七) 即

"即",据《吏学指南》的解释,是"条虽同而首别陈"之意。《大清律集解附例》中说:"即者,意尽而复明,谓如犯罪事发在逃者,众证明白,即同狱成之类。"因此,"即",是指行为人犯罪事实确凿,罪状显明易见,不需罪犯供词便可以定罪量刑的意思。

(八) 若

"若",据《吏学指南》的解释,是"文虽殊而会上意"之意。从中国古代刑法看,"若"字主要有两方面的含义。一是"列举""假设"之意。《大清律集解附例》中说:"若者,文虽殊而会上意,谓如犯罪时未老疾,事发时老疾,以老疾论,若在徒年限内老疾者,亦如之之类"。二是"以及""或者"之意。《唐律疏议·名例律》"十恶"条"七曰不孝"注:"谓告言、诅詈祖父母、父母,及祖父母、父母在,别籍、异财,若供养有阙,居父母丧,身自嫁娶,若作乐,释服从吉。"因此,"若",是指同条律文内规定的要件虽有不同,但以"若"字会通上下文,作为更端之词。

二十六
律眼十三字

中国古代刑法中的"律眼十三字",是律文中经常使用的作为定罪高低和量刑轻重的十三个专门词语。早在《唐律疏议》中,就已对这些字类的使用作了解释,但未系统归类。至元朝徐元瑞的《吏学指南》,始从法理上对一些常用的专门字类加以解释。其后,王明德的《读律佩觿》将魏晋以来刑法,特别是《唐律疏议》以降经常使用的专门词语归纳为但、同、俱、并、依、从、从重论、累减、递减、听减、得减、罪同、同罪十三字。

(一) 但

据《读律佩觿》的解释,"律义于重大处,每用但字以别之",即作为限定假设条件的关联词语。如《大明律·刑律·贼盗》"谋反大逆"条:"凡谋反及大逆,但共谋者,不分首从,皆凌迟处死。"因此,古代刑法中的"但",有"只要"的意思。

(二) 同

据《吏学指南》的解释,"同",是"比类真犯"的意思,即该行为虽非真犯,但情节与真犯相同,可以比照真犯的罪名定罪。如《唐律疏议·职制律》"奉使部送雇寄人"条《疏议》:"若监临官司将所部典行放取物者,并同监临受财之法。"

(三) 俱

据《读律佩觿》的解释,"取乎概括,因其事理散殊,故特概言而统之以俱",即从总体上加以概括,有"全部""都"的意思。如《唐律疏议·户婚律》"和娶人妻"条:"诸和娶人妻及嫁之者,各徒二年;妾,减二等,各离之。"《疏议》:"各离之,谓妻妾俱离。"

（四）并

据《吏学指南》的解释,"情无轻重谓之并",即不论首从轻重,只要罪情相同,则科以相应的刑罚。"并"与"俱"的主要区别,就在于"俱"一般是尊卑上下等纵向的关系,而"并"则是轻重首从等平行的关系。如《唐律疏议·户婚律》"监临娶所监临女"条《疏议》:"仍各离之者,谓夫自嫁妻妾及女,与枉法官人,两俱离之。妻妾及女理不自由,故并不坐。"

（五）依

据《吏学指南》的解释,"照其正犯谓之依",即律文有明文规定的,须按照律文定罪量刑。如《唐律疏议·名例律》"犯时未老疾"条:"诸犯罪时虽未老、疾,而事发时老、疾者,依老、疾论。"

（六）从

据《吏学指南》的解释,"酌情就罪谓之从",即犯罪情节复杂,需根据实际情况,酌情处理。如《唐律疏议·诈伪律》"诈为官私文书及增减"条:"诸诈为官私文书及增减,欺妄以求财赏及避没入、备偿者,准盗论;赃轻者,从诈为官文书法。"

（七）从重论

据《读律佩觿》的解释,"较量轻重,从其重者以论罪也",即对一些性质和情节较为严重的犯罪,在量刑上须从重处罚。如《唐律疏议·名例律》"本条别有制条":"即当条虽有罪名,所为重者,自从重。"

(八) 累减

"累减",据《读律佩觽》的解释,是"层累而减之",即所犯之罪,律文中规定有多种减罪条件的,可按照这些条件逐一减罪。《唐律疏议·名例律》"人兼有议请减"条:"若从坐减、自首减、故失减、公坐相承减,又以议、请、减之类,得累减。"

(九) 递减

"递减",据《读律佩觽》的解释,是"分等而减之",即数人犯有同一罪,可因其职位、贵贱、亲疏等不同,分别轻重予以减罪。如《大明律·名例律》"同僚犯公罪"条:"若申上司不觉失错准行者,各递减下司官吏罪二等。"

(十) 听减

"听减",据《读律佩觽》的解释,是在"罪人虽无应减之法,实有可减之时"的情况下所采取的特别的减罪措施。如《唐律疏议·名例律》"无官犯罪"条《疏议》:"父祖无官时子孙犯罪,父祖得七品官事发,听赎;若得五品官,子孙听减。"即子孙原无可减之条,但因犯罪事发时父祖已得五品官,因而从宽予以减罪。

(十一) 得减

"得减",据《读律佩觽》的解释,是"法无可减,为之推情度理,因其不得减而又减之",即法律无减罪之条,但考虑到具体情况而特予减罪。如《唐律疏议·户婚律》"尝为袒免妻而嫁娶"条《疏议》:"元是袒免以上亲之妾而娶者,得减二等。"

(十二) 罪同

"罪同",据《读律佩觽》的解释,是"人虽不同,犯虽各别,而罪无轻重"的意思,即犯罪主体与行为虽不相同,但其情节轻重却是一致的,故而科以相同的刑罚。如《唐律疏议·厩库律》"犬伤杀畜产"条《疏议》:"故放令杀伤他人畜产者,……各与故杀伤罪同。"

(十三) 同罪

"同罪",据《读律佩觿》的解释,是"同有罪也"的意思,即该行为的情节、量刑与正犯都是一样的,但最高刑有所限制,死罪减一等。如《唐律疏议·户婚律》"娶逃亡妇女"条:"诸娶逃亡妇女为妻妾,知情者与同罪,至死者减一等。"

二十七
律注二十字

中国古代刑法中的"律注二十字",又称"较名",是指律文中明确规定的、阐明犯罪构成与特征的专门名词。最早在法理上对这些名词加以系统归纳和解释的,是西晋著名的律学家张斐。晋武帝泰始四年(268年)颁布了《泰始律》,为了使朝廷百官和百姓理解律文的精神实质,知所避就,又令明法掾张斐对律文加以注释。张斐在《律注》中,对与犯罪构成和特征有关的二十个专门名词作了简明的解释和概括,用以指导司法实践。至《唐律疏议》,则从理论上和实践中对这些专门名词进一步作了阐述和适用,并被后世的刑法所援引。

(一) 故

"故",据张斐《律注》,是"知而犯之"的意思,即明知实施该行为可能构成犯罪而故意实施的行为。《尚书》中称为"非眚";战国及秦的法律中称为"端"或"端为"。至汉律中,明确出现了"故"的概念,此后历代法律对故意犯罪均有明确规定,并且大多数犯罪均属于故犯。

(二) 失

"失",据张斐《律注》,是"意以为然"的意思,即由于主观上缺乏高度注意或是没有意识到可能发生的后果而实施了犯罪行为。在中国古代,"失"作为广义的过失犯罪的一种,一般仅指与国家公务有关的过失犯罪。《唐律疏议》中,就明确"失"为"公事错失"的行为。

(三) 谩

"谩",据张斐《律注》,是"违忠欺上"的意思,即各种欺君行为。如《唐律疏议·职制律》中的"被制书施行有违""事应奏不奏"等行为,都属于"谩"。

(四) 诈

"诈",据张斐《律注》,是"背信藏巧"的意思,即各种欺诈人的行为。如汉律中就有"诈取""诈官""诈玺书"等犯罪。自曹魏律起,在《诈伪律》一篇中,对各种欺诈行为作了专章规定,并为《唐律疏议》及以后各代法所沿袭。

(五) 不敬

"不敬",据张斐《律注》,是"亏礼废节"的意思,即各种对君主不尊不敬的行为。在汉律中,就以"大不敬""不敬"作为侵犯皇权的严重犯罪。自隋《开皇律》置"十恶"之条,"六曰大不敬",并为《唐律疏议》及以后历代法典所沿袭。

(六) 斗

"斗",据张斐《律注》,是"两讼相趣"的意思,即双方互相斗殴的行为。晋律中,专门有《斗讼律》,并为《唐律疏议》及以后历代法典所沿袭。

(七) 戏

"戏",据张斐《律注》,是"两和相害"的意思,即双方在游嬉时不意误伤或误杀对方的行为。汉律中有"戏杀"的规定。《唐律疏议》及以后各朝法律均以戏杀伤人为"以力共戏"而杀伤他人的行为。

(八) 贼

"贼",据张斐《律注》,是"无变斩击"的意思,即无故杀伤或杀死他人的行为。据说早在皋陶制定的法律中,就有"昏、墨、贼,杀"的规定,所谓"贼",就是指"杀人不忌"的行为。自《法经》起,就以"贼"(后世称为《贼盗律》)作为刑法的主要内容,一直延续至清末。

(九)过失

"过失",据张斐《律注》,是"不意误犯"的意思,即在缺乏高度注意的情况下误杀伤他人的行为。《尚书》中称之为"眚"。《周礼》中有"三宥"之法,"再宥曰过失"。《唐律疏议》以"耳目所不及,思虑所不到"的情况下发生的杀伤行为为过失。

(十)不道

"不道",据张斐《律注》,是"逆节绝理"的意思,即各种逆绝伦理和不道的行为。汉律中有"不道"的规定。隋《开皇律》置"十恶"之条,"五曰不道"。《唐律疏议》则以杀一家非死罪三人、支解人及造畜蛊毒、厌魅等行为为不道。此后历代刑法均沿用这一规定。

(十一)恶逆

"恶逆",据张斐《律注》,是"陵上僭贵"的意思,即各种危害尊长的行为。隋《开皇律》置"十恶"之条,"四曰恶逆"。《唐律疏议》以谋殴及谋杀直系尊亲属的行为为恶逆。此后历代刑法规定与此相同。

(十二)戕

"戕",据张斐《律注》,是"将害未发"的意思,即图谋杀害他人的行为,也就是刑法中的"谋杀"。

(十三)造意

"造意",据张斐《律注》,是"唱首先言"的意思,即共同犯罪中的首谋。《唐律疏议》规定:"诸共犯罪者,以造意为首。"

(十四) 谋

"谋",据张斐《律注》,是"二人对议"的意思,即二人以上经过事先谋划的共同犯罪。如果是一人,只要经过事先的周密计划,也可称之为谋。汉律中有"谋杀"的规定。至《唐律疏议》,对因"谋"而犯罪的规定更为具体。

(十五) 率

"率",据张斐《律注》,是"制众建计"的意思,即制订计划并带领他人实施犯罪的行为。《唐律疏议·贼盗律》"谋叛"条规定:"若率部众百人以上,父母、妻、子流三千里。"

(十六) 强

"强",据张斐《律注》,是"不和"的意思,即以暴力或暴力威胁的手段实施犯罪的行为。《唐律疏议·贼盗律》"强盗"条注:"谓以威若力而取其财。""以威若力"就是以暴力威胁他人,或是直接对被害者施加暴力,均属于"强"的范畴。

(十七) 略

"略",据张斐《律注》,是"攻恶"的意思,即以暴力行凶强取强夺的行为。在中国古代刑法中,"略"多用于掠夺、买卖人口的犯罪。如《唐律疏议·贼盗律》"略人略卖人"条注:"不和为略。"

(十八) 群

据张斐《律注》,"三人谓之群",即三人以上的共同犯罪。秦汉法律中有"群盗"的规定。《唐律疏议》中三人以上称为"众",明清刑法也称"众"。

(十九) 盗

"盗",据张斐《律注》,是"取非其物"的意思,即以非法手段取得官私财物的行为。《唐律疏议·贼盗律》规定:"诸盗,公取、窃取皆为盗。"同时将盗罪区分为"强盗"与"窃盗"两种,此后历代刑法均作了类似的区分。

(二十) 赃

"赃",据张斐《律注》,是指"货财之利",即犯罪所得的金钱与财物均称为赃。《唐律疏议·名例律》"以赃入罪"条中,将赃罪分为六种,称为"六赃"。明清刑法也作了类似的划分,但具体内容略有不同。

中国古代刑法中的"律注二十字",揭示了刑法中此罪与彼罪的区别,对于推进刑法的规范化,正确适用法律,都有重要意义。

第四章
诉讼与审判

《隋书·刑法志》说:"夫刑者,制死生之命,详善恶之源,翦乱除暴,禁人为非者也。"刑罚为不得已而用之,稍有不慎,事关重大。正是基于这一点,中国古代在长期的诉讼审判活动中,形成了一套较为严密的诉讼审判制度,而且各个朝代又有各自不同的特点。

一

审判衙门与案件管辖

古代的审判衙门分为中央与地方两级。一般来说,中央的审判衙门分工比较明确,并有专门的职责;而地方衙门的司法职能与行政职能是合一的,审判案件是地方各级衙门的主要职能。

(一) 地方衙门的司法职能

诉讼活动一般都是从地方衙门开始的,案件审理是各级地方衙门长官的职责之一。在地方衙门里,司法与行政的职能是合一的,民事案件与刑事案件的审理也是合一的,并没有严格的分工和专门的审判机关。

秦汉时期,地方衙门分为郡、县两级,郡有郡守,县有县令,分别负责一郡一县的行政与司法事务。在他们下面,还设有一些帮助长官审理案件的佐官。地方衙门掌握着很大的审判权,汉代的县令甚至可以直接对死刑案件作出判决。这种状况一直延续到南北朝时期。

隋唐时期确立了州、县两级的地方诉讼审判体系,并规定了两级诉讼审判体系的组织与权限。州有司法参军负责刑事案件的审理,司户参军负责民事案件的审理;县也有司法、司户等佐吏。但案件的最后判决必须由州县长官作出。从案件的管辖看,对民事案件,一般是先向县衙提出,对县衙的判决不服的,可以向州上诉。州衙对民事案件一般可作出终审判决,当然这不排除当事人继续申诉的权利;刑事案件的初审州、县衙门都有权进行,杖罪以下的案件县衙可以直接判决,徒罪以下的案件州衙有权直接判决,流罪以上的案件州、县衙门只能在初审后提出判决意见,由中央司法机关进行审理判决。

宋朝的地方衙门也分州、县两级,而且州衙的审判权很大,对笞刑至死刑的案件都有权直接作出判决,但死刑案件须经过中央司法机关的核准之后才能执行。对疑难案件也须报请中央司法机关审理。宋朝在州之上设"路",作为中央在地方的派出机构,对州、县的司法审判活动进行监督。后又设"提点刑狱司"和"提点刑狱使"(简称提刑使或提刑),作为一路专门负责司法审判监督的机构和官员。

-县衙

明朝在宋、元两朝制度的基础上,将地方衙门分为省、府、州县三级。省以提刑按察司为专门负责审判的衙门,设提刑按察使主管一省的司法审判;府、县(州)则由知府、知县(知州)负责府、县(州)衙门案件的审判。刑事案件的预审由州县衙门负责,然后层层上报;死刑案件则须中央核准之后才能执行。清朝虽然沿袭了明朝的制度,但在具体操作上更复杂,并确立了"转审"制度,凡刑事案件都由州县衙门初审,然后由府审转解送提刑按察司,提刑按察司审理后再报送省的最高衙门——(总)督(巡)抚衙门。此外,明清在地方上还设"道"作为省在各地的派出机构,有权受理各府上诉案件和转审案件。

(二) 京畿衙门的司法职能

除了一般的地方衙门,中国古代还有一种特殊的地方衙门,那就是京畿衙门。京畿衙门是负责京城及其附近地区行政与司法事务的衙门。秦及汉初以内史负责京城的司法审判。至汉武帝时,改内史为京兆尹,并设左冯翊、右扶风,号称"三辅",京城及附近地区的司法审判事务,分别由"三辅"负责。"三辅"之中又以京兆尹权力最大,可以受命审理百官犯罪的案件。东汉改都洛阳,又以河南尹为京畿衙门的长官。

唐朝定都长安,以京兆尹为京畿衙门的长官,凡是刑法、财赋之事都"兼而统之"。北宋定都开封,以开封府为京畿衙门,凡是京城开封及附近属县的刑、民事案件,轻者由开封府直接判决,重者由开封府审理后,奏请皇帝裁决。官员犯罪情节较轻的,也可由开封府审理。

明清时期,京畿地区的案件都由刑部审理,京畿衙门一般不再具有司法审判职能。

(三) 中央司法机关

中国古代据说在夏朝就建立了专门的中央司法机关,称为"大理",后世的"大理寺"就是由此而来的。大理的法官称为"士"。商朝和西周的中央司法机关及其长官都称为"司寇"。秦汉时期的中央司法机关及其长官都称为"廷尉",属"九卿"之一。廷尉在性质上仍是皇家的办事机构,主要审理皇帝交办的案件,对地方衙门的案件一般没有管辖权。

中国古代中央司法机关在魏晋南北朝时期得到了较大的发展,至隋唐时正式形成了大理寺、刑部和御史台三个专门的司法机关。大理寺是专门的审判机关,负责审理京城百官犯罪及京畿地区徒刑以上的案件,对刑部移送的地方重大案件和疑难案件也有复审的权力。大理寺判决的流刑以下的案件须交刑部复核,死刑案件则由中书、门下复核。刑部是负责司法行政及案件复核的机关,对大理寺判决的流刑以下的案件和地方衙门判决的徒刑以上的案件进行复核,若发现有疑问的,流刑以下案件发回地方衙门重审或直接改判,死刑案件移送大理寺复审。御史台是监察机关,负责监督大理寺和刑部的司法活动。对于大案、要案,则由大理寺、刑部和御史台的长官会同审理,称为"三司推事"。

宋朝的中央司法机关主要负责对地方死刑案件和疑难案件的复审,以及官员犯罪案件的审理。尤其是御史台,主要负责审理官员犯罪的案件。

明清时期,以刑部、大理寺和都察院(即原来的御史台)为中央司法机关,以刑部主管审判,都察院详议平允,再由大理寺复核。明朝时,刑部按省设十三清吏司(清朝增设为十七清吏司),分管各省的审判。对重大或疑难案件,由刑部、大理寺、都察院会同审理后奏报皇帝裁决,称为"三法司会审"。

需要指出的是,中国古代在中央虽然设有专门的审判机关,但实际上只是行政权控制下的事务性机构,并没有对案件的终审权,尤其是一些重要案件,需要由百官会审后奏请皇帝才能作出裁决。

二
诉讼的提起

在中国古代,不论是刑事诉讼还是民事诉讼,一般总是先向地方衙门提起的。刑事诉讼与民事诉讼在提起的方式等方面,略有差异。

(一) 刑事诉讼的提起

刑事诉讼提起的方式、对控告权的限制、对控告不实的处罚以及控告的程式,古代法律均有较为具体的规定。

1. 诉讼提起的方式

(1) 基层组织举发。这是刑事诉讼提起的主要方式之一。在古代社会,大多数的刑事案件,都是由乡里、保甲等基层组织向上级官府举发的。秦汉时规定,基层组织的游徼、亭长等小吏,负有维持当地治安、追捕盗贼的职责。一旦发现罪犯,必须及时向县衙报告并将罪犯缉拿归案。唐代的乡里等基层组织也负有举发罪犯的责任。

(2) 被害人或家属向衙门控告。在古代的刑事诉讼中,这是最常见的诉讼提起方式。古代法律还规定,亲属被人杀害,家人不告、受财私下和解的,要承担相应的责任。

(3) 邻里进行检举。秦代法律规定,邻里之间发现犯罪行为的,有互相检举控告的义务,否则要连坐受罚。《唐律疏议》也规定:同伍保的邻里对犯罪行为知而不纠举的,死罪案件处徒一年,流罪案件处杖一百,徒罪案件杖七十。宋朝王安石变法时制定的《保甲法》也专门规定:同保中有犯强盗、杀人、放火、强奸等犯罪,知而不向官府举告的,要视情节给予处罚。

（4）主管衙门及官员的纠问。有管辖权的衙门及官员（法律上称"监临主司"）对所管辖范围内发生的刑事案件,负有进行追查、将罪犯逮捕法办的责任,这也是地方衙门的主要职责之一。反之,如果发现犯罪行为而不主动纠举并将其逮捕法办的,就是失职行为,依法要受到处罚。汉代有"监临部主见知故纵"之法,凡地方衙门及主管官司发现罪犯而不纠问的,与犯人同罪。《唐律疏议》也规定:监临主司知所部有犯法而不举劾的,减罪犯所犯之罪三等论处。

2. 控告权的限制

古代法律虽然对举告罪犯的责任作了明确规定,但根据礼教"亲亲""尊尊"的要求,对某些特殊的身份关系,其控告权在法律上是受到某些限制的。这些限制主要有:

（1）血亲关系的限制。根据儒家"亲亲相隐"的要求,亲属之间对犯罪行为可以相互包庇而不构成犯罪;同样也不能相互举告（父母告子女除外）,否则依照法律要受到相应的处罚。《唐律疏议·名例律》规定:"诸同居,若大功以上亲及外祖父母、外孙,若孙之妇、夫之兄弟及兄弟妻,有罪相为隐,……皆勿论,即漏露其事及摘语消息亦不坐。其小功以下相隐,减凡人三等。若犯谋叛以上者,不用此律。"《唐律疏议·斗讼律》规定:"诸告期亲尊长、外祖父母、夫、夫之祖父母,虽得实,徒二年;若告事重者,减所告罪一等;即诬告重者,加所诬罪三等。告大功尊长,各减一等;小功、缌麻,减二等;诬告重者,各加所诬罪一等。""诸告缌麻、小功卑幼,虽得实,杖八十;大功以上,递减一等。"官员在办理案件时,也不能要求同居亲属对相互之间的犯罪行为作证,违者减罪人罪三等论处（《唐律疏议·断狱律》）。

（2）主奴关系的限制。法律上禁止奴婢控告主人。在秦代法律中,就有奴告主不受理而且告者有罪的规定。《唐律疏议·名例律》规定:"部曲、奴婢为主隐,皆勿论。"《唐律疏议·斗讼律》还规定:"诸部曲、奴婢告主,非谋反、逆、叛者,皆绞;被告者同首法。告主之期亲及外祖父母者,流;大功以下亲,徒一年。"后代法律也都对这一问题作了规定。但如果主人犯谋反、大逆等罪的,则不受这一限制。

(3) 生理上的限制。对于一些限制刑事责任能力和无刑事责任能力的人,如老人、小孩、残疾人等,法律明确规定了对他们的控告权的限制,即除某些重大犯罪以及与他们自身利益有直接关系的犯罪外,对其他犯罪没有控告权。《唐律疏议·斗讼律》规定:"年八十以上,十岁以下及笃疾者,听告谋反、逆、叛、子孙不孝及同居之内为人侵犯者,余并不得告。"这主要是因为这些人本身犯了罪也可以减免刑罚,而如果发生诬告的情形,也就无法对他们实行反坐。同样,官员办理案件时,也不能要求这些人作证。《唐律疏议·斗讼律》规定:"年八十以上,十岁以下及笃疾,皆不得令其为证,违者减罪人罪三等。"当然,对重大犯罪同样不受这一限制。

(4) 囚徒的限制。北齐时,曾作出一项规定:罪犯在被囚禁时,不得控告他人。原来在北齐以前,罪犯的控告权是不受限制的。北齐文宣帝高洋时,有一个叫白标的豫州检使,被左丞卢斐弹劾,下了监狱。白标怀恨在心,便在狱中上书诬告卢斐收受贿赂。幸而高洋察觉其中有诈,下令调查,果无其事。于是,高洋便令八座大臣商讨制定了一部《立案劾格》,规定了"负罪不得告人事"①。《唐律疏议·斗讼律》规定,除了三种情形外,"诸被禁囚,不得举告他事"。这三种情形是:遭到狱官的虐待;知别人有谋反、谋大逆、谋叛等罪刑的;以及自首其他罪行牵

---

① 《隋书·刑法志》。

连别人的。《大明律》及《大清律例》也规定:"凡被禁囚,不得举告他事;其为狱官、狱卒非理凌虐者,听告;若应囚禁被问,更首别事有干连之人,亦合准首,依法推问科罪。"

3. 对控告不实的处罚

古代法律对于控告不实的,规定了相应的处罚。秦代法律将其分为"诬人"(诬告)、"告不审"(控告不实)以及"告盗加赃"(所告盗罪属实,但故意增加金钱数额)等几种情形,并区别情节,科以不同的刑罚。曹魏时则明确规定了诬告反坐的原则。在《唐律疏议·斗讼律》中,对诬告行为及其处罚作了具体规定:

(1)诬告他人的,各反坐,即按照所诬告的罪名对诬告者进行处罚。

(2)诬告他人谋反及谋大逆的,处斩。

(3)如果诬告他人两个以上罪名的,其中罪重的一事为真,其余为假的,或所告几个罪名轻重相等,只要其中有一事是真的,就可以免其诬告罪;如果真假不能相抵的,则按其剩余罪名依法治罪。

(4)雇人诬告他人的,与自诬告同样论处。

(5)诬告尊长及长官的,要加重处罚。

(6)诬告卑亲属的,可以减轻处罚;父母诬告子女的不构成犯罪。

《唐律疏议》的这些规定,被后世各朝法律所继承,成为处理诬告行为的基本规则。

4. 控告的程式

为了防止控告不实的情形发生,古代法律还对控告行为规定了一定的手续和程式。如《唐律疏议·斗讼律》规定:凡是控告他人的,必须明注年月,所指控的犯罪事实也必须真实明白,否则要依法处罚,官府受理的,也要予以处罚。后世法律也有类似的规定。

（二）民事诉讼的提起

古代的民事诉讼采取的是不告不理的原则,只有在当事人提出控告的情况下,衙门才予以受理。控告的方式主要有两种,一是"入词",即向衙门提出口头控告;二是"入状",即向衙门递交诉状。一般来说,以"入状"的方式为主。诉状的书写必须按照一定的格式要求。据《作邑自箴》一书记载,呈交县衙的诉状格式是:

  某乡、某村、耆长某人、耆分第几等人户、姓某、见住处至县衙几里

  所论人(被告)系某乡村居住、至县衙几里、右某、年若干、在身有无疾荫

  今为某事、伏乞县司施行　　谨状

       年　月　日姓某押状

不论是刑事诉讼还是民事诉讼,凡是由当事人(或受害人)自行向衙门提出控告的,都要说明控告的理由和事实;而被告人则可以对所指控的事实进行反驳。在这种情况下,一纸诉状及辩驳言词是否得当,成了官司胜败的关键。因此,当事人为了打赢官司不得不向那些有专门知识的人寻求帮助,由此也就出现了私下帮人出主意、写状子的"讼师"。古人将打官司看作一件不好的事,并不赞成人们打官司,因而讼师在法律上是被禁止的,只能在私底下进行,不能公开出面,更不用说出庭了。讼师把替人打官司视为一种牟利行为,只要有利可图,不惜颠倒黑白,诈取当事人的钱财,因而也被人斥为"讼棍"。

三
案件的审理

（一）刑事案件的审理

案件的审理是整个衙门审判活动最为重要的一个环节，尤其是刑事案件，被告人有罪无罪、案件能否得到公正判决，都要看案件审理的结果。为了保证案件审理的公正，古代法律也作了不少专门规定。但事实上，法律的规定与实际的执行有着很大的差异。我们这里所介绍的，只是制度规定的一般情况。

1. 现场勘验与案件调查

现场勘验（《大宋提刑官》剧照）

刑事案件，尤其是涉及人命和人身伤害的案件发生后，首先要进行的是现场勘验和案件调查。在云梦县睡虎地出土的秦简《封诊式》中，就已经对现场勘验及尸体检验、活体检查的方式和程序等作了记载。同时,对违反勘验程序所应承担的法律责任也有规定。如《唐律疏议》中规定,凡是不依法勘验,或是故意检验不实的,都要按"出入人罪"论处。中国古代的勘验和检验制度至宋朝渐趋完备。南宋时颁布的法典《庆元条法事类》中,专设"检验"一章,汇集了相关的法律规定。同时,还出现了著名的法医学专著《洗冤集录》,为后来法医检验制度的发展完善奠定了基础。元朝以后的法律对勘验和检验的程序、内容及责任等都有明确规定。①

2. 罪犯的逮捕

在已查明罪犯或嫌疑人的情况下,就要将他们拘捕候审。早在战国时的《法经》中就有《捕法》一篇,专门规定了拘捕或追捕罪犯的相关问题。秦代法律对此也有规定。汉、魏、晋等朝的法律中都有《捕律》,至隋唐时又改称《捕亡律》,明清律则是在《刑律》中专设"捕亡"一章。从古代法律的有关规定看,主要有以下几方面:

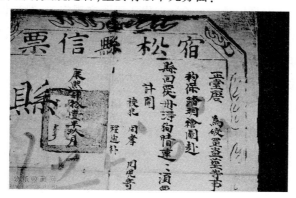

信票

---

① 有关现场勘验,可详见本书第五章之"古代司法鉴定的运用与发展"。

（1）捕权。主要由官府衙门行使,但对某些严重犯罪,基层组织以及百姓等都有义务将罪犯捕送衙门。

（2）捕限。法律对逮捕或追捕罪犯的期限有明确规定。如《唐律疏议·捕亡律》规定,对盗窃和杀人案件必须在30日内捕获罪犯,不能如期捕获的,有关人员要受到责罚。

（3）捕吏的职责。捕吏必须保守秘密,泄密者要追究法律责任;当罪犯无反抗行为时,捕吏不得伤害罪犯,如果罪犯拒捕,则可格杀勿论;如果捕吏遇拒捕不斗而退的,也要受到处罚。

3. 罪犯的羁押与囚禁

罪犯被逮捕后,要将其羁押候审。古代监狱的主要功能就是羁押、囚禁罪犯(主要是嫌疑犯)。夏朝的监狱称为"圜土",即用土筑成圜形的围墙,将犯人集中关押。西周时除"圜土"外,还有"囹圄",这些都成为后世监狱的俗称。秦汉以后,随着监狱制度的日趋完善,对监狱管理的法律规定也逐步具体。

（1）关于羁押囚禁的对象。古代法律明文规定,一般来说,只有罪行较重的才予以囚禁。如明清法律规定,犯徒罪以上才收禁;妇女犯罪的,除死罪即犯奸外,一律交丈夫监管,不予收禁。

（2）关于监狱的安全管理。由于监狱中羁押的是罪情比较严重的罪犯,因而监狱的安全管理就显得非常重要。"圜土"的形式,最初自然也是从安全的角度考虑的。西晋时的《狱官令》里,明确规定了"狱屋皆当完固"的要求。唐宋时的《狱官令》也规定:"金刃、钱物、杵棒之类,并不得入。"

（3）关于狱具的使用。为了防止囚犯反抗、暴动或是逃跑等情形的发生,古代法律还明确规定,被囚禁的罪犯要戴上狱具。根据文献记载及地下实物发掘,可以证实,早在商朝时就已经有比较完备的狱具

商朝戴刑具的俑

了。在甲骨卜辞中,有一种拷住囚犯双手的狱具,称为"桊"。除了桊以外,还有桎、梏。桎是戴在脚上的足械,梏是戴在颈部的狱具,类似于后来的枷。据说商纣王时,为了树立自己的威势,专门打造了几千个桎、梏,用来对付那些不愿顺从的诸侯。周文王就被桎、梏囚于羑里,关了整整七年。由于桊、桎、梏都是木头制作的,后人把它们合称为"三木",成为狱具的代称。

自秦汉以后,法律上对各种狱具的规格与使用都作了明确的规定。其中最常用的狱具主要有以下几种:

枷 枷既是刑具,也是最常用的狱具。它的形状为方形,中有圆孔,两半合拢套在囚犯的头上,限制囚犯的行动自由。唐宋时的《狱官令》根据囚犯罪情的轻重,规定枷的不同重量。死罪枷重 25 斤,流徒罪枷重 20 斤,杖罪以下及刑讯时所用的枷重 15 斤。所有的枷都用干木制作,并将大小尺寸及轻重斤两刻在枷上。除了一般的枷外,还有连枷与盘枷。连枷是将枷的长度延长,前后有两个孔,将两名囚犯一前一后枷在一起。盘枷则主要是押运囚犯时所用。《水浒传》里押解犯人时用的"七斤半团头铁叶护身枷",就是这种盘枷。

杻、镣 这是束缚囚犯手足的狱具。杻又称手杻,俗称手铐、手靠,是一种长方形、中有两个圆孔,用来铐住囚犯双手的狱具。它常常与枷、镣等一起使用,主要用于那些死刑重犯,且仅限于男犯。女犯虽死罪也不用杻,这主要是考虑到女子饮食、便溺不便托付他人的缘故。镣又称脚镣,是两个铁制的环,分别戴在囚犯的双脚上,中间用铁链相连,以限制囚犯的行走自由。

锁 这是套在囚犯颈部,用来限制囚犯行动自由的狱具,又称铁索,也叫银铛。俗话说,"银铛入狱",可见这也是一种常用的狱具。尤其是差役抓人时,常常是"一抖铁索,往脖子上一套,拉了就走",主要作用是防止犯人逃跑。它可以同枷等狱具一同使用,主要用于重罪犯人;单独使用时,则主要用于轻罪犯人。

匣床 这是宋朝以后出现的一种狱具。最初它仅仅是一种与枷一起使用、防止囚犯逃跑的足械,称为"匣"。到了元朝,又将它发展成了床的形状,称为匣床,也叫囚床。囚犯躺在匣床上,头上有揪头环,颈部有夹项锁,胸前有拦胸铁索,腹部有压腹木梁,两手有双环铁杻,两胫有短索铁镣,两脚闸在匣栏上,另用一块号天板,上面钉满三寸长的钉子,密如刺猬,利如狼牙,盖在囚犯身上。匣床的四周是木栏,形状像鸟笼。囚犯全身都被固定在匣床上,四体如僵,手足不得屈伸,肩背不得辗转。囚犯被关在匣床里,不用说蚊叮虫咬,就是毒蝎蜇身、大蛇缠头、饿鼠啮足,也丝毫不能动弹。

当然,对狱具的使用在法律上也有一定的限制。汉代有"颂系"制度,对于一些特殊的囚犯,可以免戴狱具。"颂系"的对象,一是80岁以上的老人,二是8岁以下的幼童,三是盲人、侏儒等残疾人,四是孕妇。

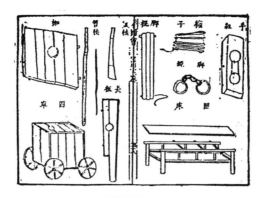

明朝狱具图

唐宋时的《狱官令》规定:妇人犯死罪的只戴枷而不戴杻,80岁以上、10岁以下及残疾人、孕妇等,虽犯死罪也不戴狱具。违者要追究主管人员的责任。

(4)关于囚犯的待遇。西晋的《狱官令》规定:对囚犯除保证食物供应外,还要"寒者与衣,病者给医药"。唐宋《狱官令》规定:"诸狱皆厚铺席荐,夏月置浆水,其囚每月一沐","诸狱囚有疾病,……给医药救疗,病重者,脱去枷、锁、杻,仍听家内一人入禁看待"。

(5)对监狱管理的监督。古代对监狱管理的监督,曾专门规定了"录(读作'虑')囚"制度。录囚也称虑囚,主要是指各级官员(有时皇帝本人也亲自录囚)定期或不定期地巡视监狱,讯察狱囚的制度。在《礼记·月令》中,就有"仲春三月,命有司省囹圄"的记载,但作为一项固定的制度,据现有史料记载,是始于汉朝。最初是每年一度,以后逐步演变为每月一次,由地方长官巡视辖区内的监狱。唐宋时曾改为5日一次,后基本上定为10日一次。

值得指出的是,虽然古代法律关于监狱管理的规定比较明确和具体,但在实际上大多是官样文章,并没有得到认真执行。监狱的黑暗,可以说是古代司法的一个普遍现象。

4. 对罪犯的审讯与刑讯

在古代司法审判中，罪犯的口供是最主要的证据，审讯的目的也是为了取得口供。在这种情况下，刑讯无疑是取得口供的最好的办法了。"重刑之下，何求不得"，古代法律不仅肯定了刑讯的合法性，而且对刑讯的适用也作了具体规定。

（1）适用刑讯的条件。根据历代法律的规定，适用刑讯的条件主要有两个：一是证据明白但犯人拒不招供的。秦代法律规定，凡在审讯时犯人理屈词穷，但仍然拒不招供的，就可以适用刑讯。以后各朝法律都有类似规定，如唐《狱官令》规定："察狱之官，先备五听，又验诸证信，事状疑似，犹不首实者，然后拷掠。"二是对于一些重大犯罪，即使证据不足甚至没有证据，也可以用刑讯逼供。

（2）刑讯的方法。历代法定的刑讯方法，主要是讯囚杖，又称为讯杖，也称"箠""掠""掠笞""捶楚"等，俗称"打板子"。汉朝曾制定《箠令》，至隋唐法律明确规定，刑讯所用的杖称为"讯囚杖"，用竹或荆条制作而成，削去节、疤，长三尺五寸，大头径三分二厘，小头径二分二厘，比执行杖刑时所用的"常行杖"的分量重。清代刑讯改用竹板，长五尺五寸，大头径二寸，小头径一寸半。此外，明清时期还以"夹棍""拶指"作为法定的刑讯方法。《大清律例》中规定：凡强盗及人命案件等，许用夹棍进行刑讯。夹棍由三根棍木组成，中间一根长三尺四寸，两边两根长各三尺，上圆下方，在四面相合处各凿圆窝。用刑时，先将犯人的两脚跟夹进圆窝，然后由两个执行的人从两处用力收紧夹棍。由于脚踝处只有皮骨，受刑者往往疼痛难熬。拶指所用的刑具是"拶子"。它是由五根七寸长的小圆木棍组成，中间用绳子相连。上刑时，将犯人的食指、中指、无名指和小指分别用木棍夹上，然后由施刑者在一边用力收紧绳子。这种方法可以用在一只手上,也可以两只手同时施刑。俗话说,"十指连心",与夹棍相比,拶指受刑者更为痛楚,而且在施刑时,与夹棍一样,用棍在一边敲,使受刑者更加痛苦。

拶指

除此之外,还有许多法外的刑讯方法。如《隋书·刑法志》所记载:"自前代相承,有司拷讯,皆以法外,或有用木棒、束杖、车辐、鞋底、压踝、杖桄之属,楚毒备至,多所诬伏。"历朝历代所用的法外刑讯方法,可谓是名目繁多,不胜枚举。

(3)刑讯的施行。南北朝的南梁有"测囚法",对刑讯的施行作了规定,至南陈时发展为"立测法":对被刑讯者施以鞭20、杖30后,手足戴上戒具,站上一个高1尺、仅容立足的圆形土垛;7刻之后再受刑。如果受杖总数达到150时仍不招供的,就免去死罪。到了《唐律疏议·断狱律》中,对刑讯的施行作了具体规定:其一,刑讯的总数不得超过三次,每次刑讯的间隔为20天,受杖总数不得超过200,而且执行刑讯时不能中途换人;其二,刑讯的部位,分别是背部、腿部和臀部,且不能集中打在某一部位;其三,如果打满法定数目后犯人依然不招供的,就要取保释放;其四,适用刑讯应当有官员共同签署,"立案同判"。对于违法适用刑讯的,也规定了明确的处罚办法。但事实上,不依规定,滥用笞杖刑讯的大有人在。

(4)禁止刑讯的对象。古代法律对禁止刑讯的对象一般也有规定。如《唐律疏议·断狱律》明确规定了三种禁止刑讯的对象:第一,属于享受八议、上请、减等特权优待的官员;第二,老幼废疾,即70岁以上、15岁以下者以及残疾人;第三,孕妇及产后未满百日的。

5. 案件的初步判决

刑事案件审讯结束后,就要对罪犯进行判决。一般来说,明清以前,地方衙门对刑事案件可以直接作出判决;而明清时期的地方州县衙门只能对轻微案件作出判决,其余案件在初审结束后要逐级转审,初审的地方衙门只能提出判决意见。判决书要当堂向罪犯宣布,汉代称之为"读鞫",即宣读判决书。《晋令》规定:"狱结竟,呼囚鞫语罪状。"不服判决的可以向上级衙门提出上诉。《唐律疏议·断狱律》规定:"诸狱结竟,徒以上,各呼囚及其家属,具告罪名,仍取囚服辩。若不服者,听其自理,更为详审。"宋代也规定,由州府长官当堂宣布判决,"将囚人押领面对家属,将所招情罪,从头一一对众读示,再三审复,委无冤抑,取本人伏辩(即服辩),家属准状结案。"

判决是一项慎重的法律行为,所以要有书面判决书,古人称为"判词"。在宋朝人编辑的《名公书判清明集》中,就收录了一些刑事案件的判词;明清时期的判词集里,也保存了大量这方面的判词。

（二）民事案件的审理

古代民事诉讼采取不告不理的原则，只有在当事人提出控告的情况下，衙门才予以受理。控告的方式主要有两种：一是"入词"，即向衙门提出口头控告；二是"入状"，即向衙门递交诉状。一般来说，以"入状"的方式为主。诉状的书写必须按照一定的格式要求。如果诉状被衙门接受，那么案件就进入审理阶段。

1. 诉讼时间的限制

由于民事诉讼的牵涉面较广，为了防止因民事诉讼耽误农时，影响农业生产，一般只有在农闲时衙门才受理民事诉讼。唐朝的《杂令》规定："诉田宅婚姻负债，起十月一日，至三月三十日检校，以外不合。若先有文案交相侵夺者，不在此例。"宋朝的《宋刑统》则明确规定了民事诉讼的"务限"：每年秋收之后的十月一日为"务开"，即衙门开始受理民事诉讼；次年三月三十日为"入务"，衙门停止受理各种民事诉讼。当然，城市中的民事诉讼可以不受"务限"的限制。

明朝法律虽然取消了"务限"，但实际上，民事诉讼只能在"放告日"才予受理。"放告日"又称"词讼日"，一般是三五日放告一次。清朝法律规定："每年自四月初一日至七月三十日，时正农忙，一切民词，除谋反、叛逆、盗贼、人命及贪赃坏法等重情，并奸牙、铺户骗劫客货，查有确据者照常受理外，其一应户婚、田土等细事，一概不准受理。自八月初一日以后，方许听断。若农忙期间受理细事者，该督抚指名题参。"① 允许受理案件的月份，同样也是只有在放告日才能受理。清初一般是每月逢三、六、九日为放告日，可以到衙门告状；清末则一般是逢三、八日才能告状，称为"三六九放告"和"三八放告"。年末至来年年

---

① 《大清律例·刑律·诉讼》"告状不受理"条所附条例。

初的一个月时间（即春节期间）衙门"封印"，停止办公，当然也不能告状。

2．审理与判决

民事诉讼是由当事人自行提起的，所以在审理时，双方当事人或者代理人必须亲自到场。一般是先由原告说明控告事由并出示证据，再由被告提出反驳，或者是由州县官直接询问被告。由于州县官并不直接掌握证据，所以一般是根据双方提供的证据，合情合理地作出判决。对于一些田土纠纷，必要时也要实地考察取证。

衙门审案

民事案件的判决与刑事案件一样，也必须当堂宣布，称为"结绝"。根据宋朝的法律规定，在结绝时，要将案件审理的大致情形及判决的结果、适用的法律等记录在案，称为"断由"，双方当事人各给一本。不服判决的，可以凭断由上诉，否则上级衙门不予受理。为了防止对案件拖延审理，对案件结绝的期限一般也有规定。

3．民事案件的调解息讼

由于受儒家"无讼"思想的影响，古代对民事案件的处理，大都采取调解息讼的做法，尽可能使双方当事人和解，而不是由衙门进行判决，以达到从根本上化解纠纷的目的。

在清朝人编写的《祥刑古鉴》中，对调解息讼的原因作了这样的分析："小民狃于习俗，不知礼让，往往激于一时之忿，遂成不解之仇。此险彼健，讦讼不已。一口之气未伸，全盛之家几破。为长官者，遇有此等词讼，必须多方开导，使两造及早和息，则所以保全愚民者不小。"也正是基于这一点，调解息讼被作为古代处理民事纠纷的主要途径和手段。从方式上看，主要有乡里调解与官府调解两种。

乡里调解是由乡里基层组织进行的调解。早在先秦时期，调解民间纠纷就已成为乡里基层组织的基本职责。秦汉时期，乡里基层组织有"啬夫"一职，其主要任务之一便是调处民间纠纷。唐代乡里有关争讼之事，一般也都是先由基层组织的坊正、村正、里正等进行调解。宋朝的乡里基层组织不仅负有调解纠纷的责任，而且有些民间纠纷，可以直接按照"乡约"进行裁决，不必再经官府审理。明清时，乡里调解日趋完备。明朝各乡都订有乡规民约，并在各乡设立"申明亭"，对田土、户婚等民事纠纷由乡里的耆老、里长等在"申明亭"中进行调解。明初洪武年间颁布的《教民榜文》中还明文规定：对于田土、户婚、钱债等民事纠纷，禁止直接向衙门告状，必须先经过乡里基层组织的调解，调解不成的才可以向衙门起诉。清朝的康熙在《圣谕十六条》中，也把"和乡党以息争讼"作为解决民间纠纷的基本原则。

官府调解是在案件审理过程中，在官府主持下对当事人进行的调解。虽然古代法律对官府调解并没有明文规定，但在对民事案件审理的实践中，一般都将调解作为主要手段。这一点，在古代史籍中多有记载。唐朝的韦景骏任贵乡县令时，有母子相讼。韦景骏对他们说：我母亲死得早，我常常为此感到悲痛，而你们亲人俱在却不懂得珍惜，这是我没有尽到教育的责任。他当堂痛哭流涕，还送《孝经》给他们，让他们认真学习。结果母子都非常感动,当场表示不再打官司了,一定改过自新。儿子因此成了一个远近闻名的孝子。① 从这个事例也可以看出,官府调解主要是依据合情合理的原则。合情是合乎一般的人情习惯;合理就是要合乎事理,特别是符合礼教规范。民事案件调解的结果一般只需合情合理就行了,并不要求合法。这也是古代民事调解的特点之一。

---

① 参见《祥刑古鉴》卷上。

四

上诉与复审

当事人或罪犯对衙门作出的判决不服的,可以提出上诉,要求复审。上诉必须按照法定程序。

(一) 上诉的程序

唐朝法律规定,上诉必须向原审衙门的上级衙门提出;如果上级衙门维持原判的,要给"不理状",上诉人再凭"不理状"到京城上告。清朝的法律也规定,当事人对判决不服的,可以按照府、道、司(按察司)、院(巡抚)的程序逐级上诉,凡违反上诉程序的,即为"越诉"。《唐律疏议·斗讼律》规定:凡是诸越诉及受理越诉案件的官员,要"各笞四十";对于上诉案件应当受理而故意不予受理的官员,要"笞五十"。明朝对越诉案件的处罚加重,特别是明朝中期以后,对于越诉者"不问虚实,皆发口外充军"。

(二) 案件的复审

上级衙门对上诉案件,有权予以复审。复审的情形主要有两种:一是下级衙门对重大案件审理后,必须报上级衙门层层复审;二是上级衙门对当事人提出的上诉的复审。

汉朝法律对复审已有规定。犯人对判决不服,要求复审的,称为"乞鞫"。复审的程序,是县报郡,郡报廷尉,廷尉再奏报皇帝交大臣杂议,最后由皇帝裁决。南朝时的法律也规定,县的案件由郡复审,不能决断的,再上报廷尉。唐朝对复审的程序也作了明确规定:凡笞、杖罪的案件,县衙可以直接作出判决,徒罪以上的案件,判决后要报州衙复审;州衙对徒罪以下的案件可以直接作出判决,流罪以上的案件要报刑部复审。疑难案件也要上报大理寺复审。

从宋朝起,增加了"路"一级的机构,对州县的司法审判活动进行监督,元朝改路为省,并设提刑按察司作为专门的案件复审机构。明清法律对徒以上的案件规定了逐级复审的"转审"制度。

值得一提的是,宋朝在继承唐代复审制度的基础上,创立了"翻异别勘"的复审制度。所谓"翻异别勘",是指在案件审判结束后,州府长官当堂宣布判决,如果犯人不服判决或当堂翻供的,称为"翻异"。在犯人翻异的情况下,需要将案件交另一机构去复审或重审,称为"别勘"。宋朝的别勘分为"移司别勘"与"差官别勘"两种。宋仁宗时规定:"天下狱有大辟,长吏(知州、知府)以下聚厅虑问,有翻异或其家诉冤者,听本处移司(别勘),又不服,即申转运司或提点刑狱司差官别讯之(差官别勘)。"[①]在别勘时,所有原审官员一概回避。这一制度也被以后各朝所继承。

(三) 直诉制度

所谓直诉,就是直接向皇帝陈述冤屈以求平反的制度。这是在按照正常的上诉程序仍得不到平反的情况下所采取的一种补救措施。古代直诉制度源于《周礼》一书中记载的"路鼓"及"肺石"。所谓"路鼓",是指在君主的宫殿外设置的大鼓,凡有冤而无处可告的都可敲击此鼓,并由有关官员将情况回报给君主,由君主来处理。所谓"肺石",是指若有冤屈而有关官员不予处理的,可以在朝堂外的肺石上站三天,官员将情况汇报给君主,由君主责令有关官员去处理。《周礼》中的路鼓与肺

---

① 《宋史·刑法志》。

石制度是否真正实行过,现在还不能肯定,但它对后来直诉制度的确立,在理论上产生了直接影响。

击登闻鼓诉冤

中国古代的直诉作为一项制度,正式确立于南北朝时期,在唐朝法律中作了明确规定。从唐朝及以后历代法律规定看,直诉的方式主要有三种:(1)登闻鼓,即由路鼓演变而来,始于晋代,是将鼓悬于朝堂之外,有欲申冤屈者,可以击鼓诉冤。(2)邀车驾,即在皇帝出巡时,拦驾喊冤。(3)上表,即直接向朝廷或皇帝上书,陈述冤屈。

由于直诉是上诉程序之外的一种非常性的补救措施,因而在法律上规定了严格的限制。《唐律疏议·斗讼律》规定:"诸邀车驾及挝登闻鼓,若上表,以身事自理诉,而不实者,杖八十(注:即故增减情状,有所隐避诈妄者,从上书诈不实论);自毁伤者,杖一百。虽得实,而自毁伤者,笞五十。即亲属相为诉者,以自诉同。"

五
死刑案件的核准与会审

（一）死刑案件的核准

根据古代法律规定，死刑案件在经过复审后，还要经过中央司法机关的核准。汉朝地方衙门对死刑案件有权直接判处，但重大的或是涉及官员犯罪的案件，则必须由中央司法机关核准后才能执行。北魏太武帝时规定："诸州国之大辟，皆先谳报，乃施行。"①自隋唐时起，正式在法律上确立了死刑核准制度，死刑案件必须由刑部核准，并报请皇帝批准之后，才能执行。

明清时期，死刑分为立即执行与秋后执行两种。清朝称前者为"斩立决"和"绞立决"，后者为"斩监候"和"绞监候"。这两种案件都必须经过三法司的核准。立决案件奏报皇帝批准后执行，监候案件待会审之后再定。

（二）死刑的复奏

死刑的复奏，是指死刑案件终审判决后，在执行之前，必须奏请皇帝批准（又称"勾决"）才能执行的制度。这也是中国古代皇权干预司法的突出表现。死刑复奏始于北魏，隋朝规定"死罪者，三奏而后决"②。至唐朝正式形成了死刑案件"三复奏"的制度。唐《狱官令》规

---

① 《魏书·刑法志》。
② 《隋书·刑法志》。

定:"诸决大辟罪,行决之司五复奏;在外者,刑部三复奏(在京者,决前一日二复奏,决日三复奏;在外者,初日一复奏,后日再复奏。纵临时有敕,不许复奏,亦准此复奏)。若犯恶逆以上及部曲、奴婢杀主者,唯一复奏。"对违反者,《唐律疏议·断狱律》也作了明确规定:"诸死罪囚,不待复报下而决者,流二千里。即奏报应决者,听三日乃行刑,若限未满而行刑者,徒一年;即过限,违一日杖一百,二日加一等。"《疏议》解释说:"死罪囚,谓奏画已讫,应行刑者,皆三复奏讫,然始下决。若不待复奏报下而辄行决者,流二千里。"

唐以后各朝基本上都沿袭了死刑复奏制度,但具体内容有所变化。北宋中期以后改为京城死刑案件一复奏,地方死刑案件不复奏。明朝恢复了三复奏。清朝关于死刑复奏的规定前后有过几次变化,至乾隆年间正式确定为朝审案件三复奏,秋审案件一复奏。

(三) 死刑及疑难案件的会审制度

会审是指由几个中央司法机关或者是司法机关的官员与其他中央机关官员一起会同审理重大的或疑难案件的制度。在《礼记·王制》里,就有"大司寇以狱之成告于王,王命三公听之,三公以狱之成告于王,王又三,然后制刑"的记载。汉朝重大案件都要由三公九卿等高级官员会同审理,称为"杂治"。唐朝对于大案、要案,则由大理寺、刑部和御史台的长官会同审理,称为"三司推事"。对于一些高级官员犯罪的要案,如"八议"对象犯罪的案件,也要由百官会同审理,提出处理意见。此外,对于一些上诉和申冤案件的复审,由门下给事中、中书舍人和侍御史组成"小三司"会同审理。宋朝对于疑难案件,先由翰林学士和知制诰(合称"两制")会同审理,不能决断的,由宰相、枢密使等高级官员会同复审,称为"杂议",最后由皇帝作出裁决。

明朝的会审制度在唐宋的基础上有较大的发展,从种类看主要有以下几种：

（1）三法司会审。即对重大或疑难案件，由刑部、大理寺、都察院的长官会同审理。

（2）圆审。即对特别重大的案件，由六部尚书会同大理寺卿、左都御史以及通政使共同审理。

（3）朝审。即由三法司会同公、侯、伯等于秋后共同审理秋后处决的死刑案件，并根据不同情况作出处理。

（4）大审。即由司礼监太监代表皇帝会同三法司长官于大理寺审讯囚犯。

清朝基本上沿袭了除"大审"之外的会审方式。在程序上将三法司会审分为"会小法"与"会大法"。死罪犯人已有口供的，大理寺委派寺丞或评事、都察院委派御史到刑部承审司复审，称为"会小法"；会小法之后，将结果上报，由大理寺卿或少卿、都察院左都御史或左副都御史带领属官赴刑部会审，称为"会大法"。经会审之后判处"立决"（立即执行）的案件，奏报皇帝批准后即可押赴刑场执行死刑；判处"监候"的案件，则待"朝审"或"秋审"后另行决断。同时，还将明朝的"圆审"改称为"九卿会审"。

清朝在会审制度上的一个重要发展，就是在明朝"朝审"的基础上，形成了"秋审"与"朝审"制度。凡各省判处死刑"监候"的案件，于每年八月上旬，由刑部会同九卿及科道御史进行审理，称为"秋审"；刑部判决的京师及京畿地区的死刑"监候"案件，于每年霜降之后，由刑部会同九卿及科道御史进行审理，称为"朝审"。"秋审"案件在数量上比"朝审"案件多，因而也显得更为重要。

由于秋审案件是全国各地的，所以在程序上又分为地方秋审与刑部秋审。地方秋审是秋审的先期准备，由各省将本省犯人的案卷（称为

"招册")整理好,将犯人解往省城,由总督、巡抚率按察使、道员等会同审理,并将会审结论作出"勘语",上报刑部。至此,地方秋审程序结束。接下来是刑部主持的秋审,由刑部的"秋审处"负责,先将有关材料及各省总督、巡抚的勘语刊印成册,分送参加秋审的官员。同时,刑部还要进行"司议"和"堂议"。司议由秋审处的提调、坐办主持,拟定审判意见;堂议由刑部满汉尚书、侍郎主持,对司议提出的审判意见进行审议,并确定判决意见。然后就正式举行"秋谳大典"。大典的地点在天安门外、金水桥西。参加秋审的官员,上自内阁大学士,下至科道、翰林,主要是对刑部拟定的判决意见进行审议,并作出最终判决。

秋审处理结果有四种:(1)情实,即罪情属实,量刑无误,应予处决。(2)缓决,即暂缓处决,待下一年秋审或朝审时再定。一般连续三次定缓决的,即可减刑。(3)可矜,即有可以宽宥的情节,可以减刑。(4)留养承祀,即罪犯家中无人奉养父母和继承宗祧,可以免死。除了情实的由皇帝勾决后便可以执行外,其余都可以获减刑处理。

朝审除了对象与秋审不同、时间上晚于秋审外,其他程序与秋审大体相似。

清朝统治者对秋审非常重视。但事实上,秋审与朝审的对象,本来就是一些罪行相对较轻的死刑"监候"案件,对这些人减轻处罚既不会危害根本利益,又可以表达"慎刑"之意。至于那些真正罪行严重的罪犯,则是"决不待时",不会再等到秋后的。

六
判决与刑罚的执行

官府衙门的判决作出后,就要对犯人执行刑罚。自隋唐确立了笞、杖、徒、流、死的五刑制度后,对刑罚的执行在法律上也作了明确规定。在此以唐朝为例,介绍刑罚执行的方式。

(一) 笞、杖刑的执行

笞刑以"笞杖"作为法定刑具。根据《狱官令》,笞杖的规格是三尺五寸长,大头二分,小头一分半。在执行笞刑时,应分别打在腿、臀等部位。

杖刑以"常行杖"为法定刑具。根据《狱官令》,常行杖的规格是三尺五寸长,大头二分七厘,小头二分二厘。执行杖刑时,应分别打在背、腿、臀等部位。

在执行笞、杖刑时,必须由一人执行,不得中途换人,而且不同部位受刑的数目必须相等。此外,如果刑具不符合规格的,要对执行者给予相应的处罚。《唐律疏议·断狱律》规定:"诸决罚不如法者,笞三十;以故致死者,徒一年。即杖粗细长短不依法者,罪亦如之。"

(二) 徒刑的执行

徒刑犯人要到法定的场所服劳役,在京的男犯送将作监服役,女犯送少府监服役;各州犯人则在当地有关场所服役,而且都应戴上钳等狱具,以防犯人逃跑,但有病或有保人的可以免戴狱具。

明代执杖刑吏

(三) 流刑的执行

流刑都有一定里数,唐朝实行按日程计里程的方法。凡流罪犯人有妻妾的,需一同前往;父祖子孙欲随行的也可以同往。流人至配所后,要服一年劳役。

(四) 死刑的执行

凡死刑犯都要在集市上公开执刑,但五品以上官员所犯非恶逆以上罪的,允许在家自尽;七品以上官员及皇族、妇女被处绞刑的,可以不公开执刑。此外,"从立春至秋分,不得奏决死刑。若犯恶逆以上及奴婢、部曲杀主者,不拘此令。其大祭祀及致斋、朔望、上下弦、二十四气、雨未晴、夜未明、断屠月日及假日,并不得奏决死刑。在京决死囚,皆令御史、金吾监决"。《唐律疏议·断狱律》还规定:"诸立春以后、秋分以前决死刑者,徒一年。其所犯虽不待时,若于断屠月及禁杀日而决者,各杖六十。待时而违者,加二等。"①

---

① 有关断屠月及禁杀日,可参见本书第五章之"佛教与古代法律"。

七
官吏的断狱责任

官吏是法律的具体执行者,官吏审判案件的活动,直接影响到法律的贯彻实施。所以,官吏在办理案件的过程中,如果发生差错,就要承担相应的法律责任。

早在西周的《吕刑》中,就已有官吏断狱责任的规定了。秦代法律将官吏断狱责任分为"不直""纵囚"与"失刑"三种情况。凡断狱时故意从重或从轻判刑的,称为"不直";应当判有罪而故意不判,或故意减轻案情,使之够不上判刑标准的,称为"纵囚";因过失而出入人罪的,称为"失刑"。秦始皇时就曾下令将一批治狱不直的官吏发配岭南及修筑长城。汉代法律将断狱责任分为"故纵"与"故不直"两种,出罪为故纵,入罪为故不直;对于故纵死刑犯的,也要反坐处以死刑。

《唐律疏议·断狱律》对官吏的断狱责任作了具体规定,其主要内容是:

(1) 故意出入人罪,全出全入的(即无罪判为有罪、有罪判为无罪),以全罪论。

(2) 故意从轻入重,或从重入轻的,以所增减罪论处。例如,应判徒一年而故意判徒三年,或应判徒三年而故意只判徒一年的,对官吏要处以徒二年的刑罚。

(3) 因过失而出入人罪,即"失出失入"的,比照故意出入减轻处罚:失于入的,各减三等;失于出的,各减五等。

(4) 因错判而没有执行,如入死罪而未决、出罪而未放的,或已执行而后果不严重,如已放而又捕回等,各减罪一等处罚。

(5) 凡应绞而斩、应斩而绞,或应斩、绞而令自尽的,对官吏要处徒一年。

(6) 断狱有差误的,除了追究主管官吏(称为"主典")的责任外,还要根据职务连坐的原则,分别追究应联署同判官吏的责任。《唐律疏议·名例律》规定:"诸同职犯公坐者,长官为一等,通判官为一等,判官为一等,主典为一等,各以所由为首;若同职有私,连坐之官不知情者,以失论。"

在《唐律疏议》的基础上,宋代法律进一步明确了官吏断狱的连带责任:案件的审判,由司理、司录参军负责审讯调查;司法参军根据审讯的结果检详法律,提出判决意见;判官、推官复审后,由州府长官当堂宣判。官员对判决有不同意见的,可以提出,记录在案;否则一旦判决有误,所有参与审判的官员都要负连带责任。"应断狱失入死刑者,(主典)不得以官减赎,检法官(司法参军)、判官皆削一任,而检法任赎铜十斤(相当于杖一百),长吏(州府长官)则停任。"①

古代法律关于官吏断狱责任的规定,对于减少和防止错案的发生,维护法律的严肃性,无疑是有积极作用的。但是,由于官吏犯罪可以适用减、赎、官当等来逃避实际的处罚,加上官场之中的官官相护,使得这些规定很难真正得到有效的贯彻执行。宋朝的郑兴裔对此作过深刻的揭露:

> 今之勘官,往往出入情罪,上下其手,或捶楚锻炼,文致其罪;或衷私容情,阴与脱免;虽在法又故出故入、失出失入之罪,几为具文!

---

① 《宋史·刑法志》。

第五章
法律与社会

　　法律为治国之重器,其首要功能在于社会治理。中国古代法律在长期的发展过程中,在社会管理和社会治理方面积累了丰富的经验,其中不乏一些"精细化"管理的思维方式和制度设计,为后人提供了有益的借鉴。

一
先秦时期的治安管理法

国家产生之前的氏族组织的规模虽然比较小,但也有一些公共事务需要处理。为了组织氏族成员进行生产劳动,维持正常的生产和生活秩序,在长期的实践中,逐步形成了处理氏族公共事务的管理机构以及相应的管理制度。早期国家的治安管理制度正是在此基础上形成的。

(一) 夏、商、西周的治安管理法

1. 夏、商、西周的治安管理机构

《礼记·明堂位》中有"夏后氏百官"的记载,说明夏朝已经有了专门从事公共事务管理的机构和官员。其中最主要的,是被称为"六卿"的政务官。《尚书·甘誓》有"大战于甘,乃召六卿"的记载,《通典》及《文献通考》等书中也有"夏后氏之制,亦置六卿,其官名次犹承虞制"。而据《尚书大传·夏书》郑玄的解释,所谓六卿,是"后稷、司徒、秩宗、司马、士、共工也"。其中,司徒主要负责处理有关的民政事务,调处民间纠纷;司马掌军政,维护都城及边境的治安与安全;士又称"大理",主要负责审理案件。

商朝的管理机构有外廷与内廷之分,外廷的政务官主要处理国家的公共事务,包括社会治安的管理;内廷的事务官则主要负责宫廷事务的管理,包括王室的安全以及王室奴隶的管理等。

西周在灭商之前,就已经形成了一定规模的治安管理机构。周朝

建立后,又进一步完善了治安管理机构的设置。从现有的文献记载看,在中央政府中具有治安管理职能的机构主要有以下一些:

司徒:司徒是负责民政事务的机构。《礼记·王制》中说:"司徒修六礼以节民性,明七教以兴民德,齐八政以防淫,一道德以同俗。"通过积极的教化,防止危害社会治安的行为发生。司徒所属的"司民",则是专门的户籍管理机构。《国语·周语上》:"司民协孤终",韦昭注:"司民掌登万民之数,自生齿以上,皆书于版。……合其名籍,以登于王也。"

司马:司马负责军政事务。与夏商时期一样,军队是维护国家安全、维持社会治安的主要力量。

司寇:司寇主管司法审判,依法处理各种违反法律、危害社会治安的违法犯罪行为。

2. 夏、商、西周的公共秩序管理

(1) 市场的治安管理

市场是进行交换贸易的场所。《易·系辞传》中说,神农时"日中为市,致天下之民,聚天下之货,交易而退,各得其所",在一定程度上反映了古代市场交易的情况。随着市场交易的发展,对市场的管理也成为治安管理的一项重要内容。在《礼记·王制》中,有一段关于市场管理的法令的记载:"有圭璧、金璋,不鬻于市;命服、命车,不鬻于市;宗庙之器,不鬻于市;牺牲,不鬻于市;……布帛精粗不中数,幅广狭不中量,不鬻于市;奸色乱正色,不鬻于市;锦文、珠玉成器,不鬻于市;衣服、饮食,不鬻于市;五谷不时,果实未熟,不鬻于市;木不中伐,不鬻于市;禽兽、鱼鳖不中杀,不鬻于市。"虽然这段记载的真实性尚有待考证,但其内容可以说是基本上反映了市场管理的基本要求。

(2) 道路交通管理

中国古代的交通驿传制度在夏朝就萌芽了。《国语·周语中》引

《夏令》,有"九月除道,十月成梁"的记载。据甲骨文、金文、出土文物以及有关文献的记载,商朝不仅有了车马、步辇和舟船等交通工具,而且开始建立了"驿传"制度。当时交通驿传的发展,是与商业发展密切联系的。当时商业交易的范围很广,虽然目前尚缺乏有关当时交通驿传管理的具体史料,但从实际情况看,建立一定的交通和驿传管理制度不仅是可能的,而且是需要的。

西周时的道路交通管理由司空负责。《国语·周语中》:"周制有之曰:列树以表道,立鄙食以守路。"又云:"司空视涂"。《礼记·月令》也有"季春之月,……命司空曰:时雨将降,下水上腾,循行国邑,周视原野,修利堤防,道达沟渎,开通道路,毋有障塞"的记载,大体上反映了司空管理道路交通的情况。

(3) 社会治安管理

社会治安管理是公共事务管理的主要内容之一,也是古代治安管理的主要方面。夏朝通过制定法律,明确规定对扰乱和危害社会治安管理的行为进行处罚。虽然这方面法律的具体内容已不可知,但据《左传·昭公十四年》记载,"己恶而掠美为昏,贪以败官为墨,杀人不忌为贼。《夏书》曰:'昏、墨、贼、杀',皋陶之刑也",对于严重危害社会治安的行为要处以极刑。

西周在继承商朝的有关规定的基础上,也对各种违反社会治安管理的行为作了规定。从现存史料的记载看,这些规定大体上有以下几方面内容:

侵犯官私财物:《尚书·康诰》中说:"凡民自得罪:寇攘奸宄,杀越人于货,暋不畏死,罔弗憝。"寇,是指"群行攻劫",即聚众抢劫的行为;"杀越人于货"是指抢劫杀人的行为;"攘"是窃取他人财物的行为。对于这些行为,依法都要严惩不贷。《尚书大传》也有"决关梁、逾城郭而略盗者,其刑膑;……奸宄盗攘伤人者,其刑劓;降畔贼寇,劫略夺攘矫虔者,其刑死"的记载。此外,在《尚书·费誓》中,也有"无敢寇攘,逾垣墙,窃牛马,诱臣妾,汝则有常刑"的规定。

淫乱行为:淫乱行为是一种妨害风化、扰乱治安的行为。据《路史·前纪》记载,有巢氏时,"实有季子,其性喜淫,昼淫于市。帝怒,放之于西南"。可见在氏族社会后期,淫乱行为就已经被禁止。到了国家与法律出现后,淫乱行为同样为法律所不容。《小雅·广义》:"男女不以义交谓之淫"。《尚书大传》中也记载:"男女不以义交者,其刑宫"。

酗酒行为:周初统治者认为,酗酒,特别是聚众酗酒(即"群饮")会扰乱社会治安,危及统治秩序,因此严禁聚众酗酒的行为,违者要处以死刑。《尚书·酒诰》:"群饮,汝无佚,尽执拘以归于周,予其杀。"

析言破律:所谓析言破律,是指各种干扰司法审判的行为。《礼记·王制》:"析言破律,……杀。"郑玄注:"析言破律,巧卖法令者也。"犯者要处以死刑。

以巫术骗人:西周的法律规定,凡是以巫术等迷信手段蛊惑人心、牟利取财,扰乱社会治安的,都要处以死刑。《礼记·王制》:"执左道以乱政,杀";"假于鬼神、时日、卜筮以疑众,杀"。其实,西周以鬼神迷信作为统治人民的精神武器,承认宗教迷信活动的合法性,《礼记·王制》中也说:"卜筮者,先圣王之所以使民信时日、敬鬼神、畏法令也,所以使民决嫌疑、定犹与也。故曰:疑而筮之,则弗非也。"但这种宗教迷信活动是由官府统一进行管理的,禁止私人从事迷信活动,违者要处以死刑。

(二) 春秋时期的治安管理法

1. 春秋列国治安管理制度的发展变化

周平王东迁后,中国进入了春秋时期。这一时期王权衰微,大国争霸,诸侯林立,在治安管理制度方面出现了两个特点:一方面,各诸侯国在机构体制上，基本上还是沿袭了西周的制度；另一方面，各国出于富国强兵的需要，纷纷自定法制，使得治安管理制度发生了一些新的变化。

(1) 齐国

齐国是姜太公吕尚的封国，在西周初年就是一个大国。春秋初期，齐国由于内乱，一度造成国力的衰弱。齐桓公夺得君主之位后，任用管仲为相，对齐国的政治制度进行了一系列改革，其中有关治安管理制度的主要有以下几方面：

其一，运用法律手段，加强社会治安管理，并根据齐国的实际情况，制定了一些法令法规，如"轨里连乡之法""火宪"等等。为了保证这些法令能够得到贯彻执行，还明确规定："凡将举事，令必先出，曰：事将为，其赏罚之数，必先明之，立事者谨守令以行赏罚"；"令既布，有不行宪者，谓之不从令，罪死不赦"①。

其二，调整了地方治安管理体制，建立"三国五鄙"。商、周时期，城郊以内称为"国"，城郊以外称为"鄙"。国中主要居住的是公族、卿大夫、士和工匠商人，这些人统称为"国人"；鄙主要是居住着农夫，又称田野，所以农夫又被称为"野人"。管仲对原有的国鄙进行了改革，实行"三国"，即将国分为二十一个乡，其中"工商之乡六"，"士乡十五"，具体编制是："五家为轨，轨为之长；十轨为里，里有司；四里为连，连为之长；十连为乡，乡有良人焉。"②十五个士乡又分为三：五个乡由国君亲自统率，五个乡由上卿国子统率，五个乡由上卿高子统率，这就叫作"叁(三)其国"。"五鄙"是将鄙划分为五个区域，分别由五个大夫为行政

---

① 《管子·立政》。
② 《国语·齐语》。

长官,其具体编制是:"三十家为邑,邑有司;十邑为卒,卒有卒帅;十卒为乡,乡有乡帅;三乡为县,县有县帅;十县为属,属有大夫。"①通过严密的地方和基层组织网络,加强对地方治安的控制和管理。这一制度对后世的邻里保甲制度也产生了一定的影响。

其三,实行"四民分居定业"。四民是指士、农、工、商四种职业。管仲认为,四民各安其业,是社会治安的重要保证,因为如果四民杂居便会胡言乱语,随意改变自己的职业而引起秩序的混乱。所以必须严格维护四民之间的界限,禁止混合杂居。管仲因此提出了"四民分居定业"的管理模式:士居国都内,"使就闲燕";"处工就官府",受官府的集中管理;"处商就市井",专门在市场上进行贸易活动;"处农就田野",安心从事农业生产。② 这样既便于对不同职业的人分别进行管理,又可以使其"定业",达到富国安民的目的。

其四,建立严密的监督制度。里尉要监督居民的出入,乡、属负责人要将所管辖区域内的不孝不悌、骄躁淫暴、不听上令的人向上级报告,凡隐匿不报的属于"下比",依法要受到处罚。做到"匹夫有不善,可得而诛"③。

(2) 郑国

郑国是春秋初期的强国之一,至春秋中叶以后,在北方的晋国和南方的楚国的打压下,国力逐渐衰弱。前543年,子产为相,进行改革,建立了行政管理与户籍管理体制,"使都鄙有章,上下有服,田有封洫,庐井有伍。大人之忠俭者,从而与之,泰奢者,因而毙之"④,将全国划分为

---

① 《国语·齐语》。
② 同上。
③ 《管子·小匡》。
④ 《左传·襄公三十年》。

都、鄙两类行政区域,整顿地方组织,将百姓按"伍"进行编制,严加管理。此外,还公布法律,依法惩治那些危害社会治安的违法犯罪行为。子产的这些改革措施,在当时收到了一定的效果,社会治安得到了改善。史称"子产为相一年,竖子不戏狎,斑白不提挈,僮子不犁畔;二年,市不豫贾;三年,门不夜关,道不拾遗"。《韩非子·外储说左上》中也记载:"子产退而为政五年,国无盗贼,道不拾遗,桃枣荫于街者莫有援也,锥刀遗道,三日可返。"这些记载虽有夸大之处,但也可以从一个侧面反映当时社会治安的情况。

(3) 晋国

晋国是春秋时期的大国,也是一个强国,曾两度称霸。晋国从稳定社会秩序的目的出发,曾进行了一系列的改革。晋文公时,"属百官,赋职任功,……轻关(减轻关税),易道(蠲除盗贼),通商,宽农,懋穑(鼓励农业生产),劝分(劝勉人们安分守己)"①,大力整顿社会治安,为称霸奠定了基础。同时,晋国特别注意通过法律手段打击危害社会治安的违法犯罪行为。晋襄公时,赵宣子(赵盾)执政,"制事典,正罪法,辟刑狱,董逋逃,由质要,治旧洿,本秩序,续常职,出滞淹"②。晋顷公时,又"铸刑鼎",将范宣子(范匄)所作的刑书铸于鼎上,公之于众。虽然刑鼎的内容已不可知,但从《国语·晋语》的记载看,范宣子执政时,"于朝无奸行,于国无邪民,于是无四方三患,而无内外之忧"。由此也可见当时的社会治安的确有较大的改善。

(4) 楚国

楚国原是南方的小国,到了春秋时期迅速发展成为一个强大的国

---

① 《国语·晋语》。
② 《左传·文公六年》。

家。楚国在治安管理体制方面的一个重要变化,就是设置了"县"一级的地方机构,将新灭掉的国设为县,直属中央政府管理,这与当时中原各国实行的采邑制是不同的。同时,楚国也非常注意用法律手段加强治安管理。楚文王时,曾作"仆区之法",其中就有"盗所隐器,与盗同罪"①的规定。

2. 春秋列国的治安管理制度

(1) 治安管理机构

春秋各国的治安管理机构基本上是沿袭西周时的体制,以司徒掌民政及徒役,司马掌军政,司寇掌刑狱及盗贼,其中司寇是主要的负责治安管理的机构。除司寇外,春秋时期在治安管理体制方面最突出的变化,就是地方治安机构的逐步确立。春秋时期,除了楚国外,中原列国基本上是沿袭了西周的采邑制,并在此基础上,逐步完善地方管理体制,如齐国实行的"三国五鄙"、郑国的"都鄙有章"等。秦、晋等国继楚国之后,也开始实行县制。县开始是设置在新兼并的边远地区,后来随着县的不断增多,逐渐成为固定的地方机构。县设县令(楚称"县尹"),负责一县的民政与治安,尽守土之责。

(2) 城市与边境治安

春秋时期,诸侯之间战争不断,各国为了自身的生存与安全,不断完善城防设施。当时,各国以"国"——都城为主,国外有郊,又有外城,即"郭"。除国都外,"邑"的大小不等,或有城,或无城,但即使是小邑,也筑有卫墙。由于城门是进出城市的主要通道,因此城门的管理是城市管理的主要内容。各城门均有专门的官吏负责守卫,夜间各城门都要关闭上锁。《墨子·号令》有"昏,鼓数十,诸门亭皆闭之;晨,见掌文

---

① 《左传·昭公七年》。

鼓,纵行者。诸城门吏各入请钥,开门已,辄复上钥"的记载。除了城市外,在边境要塞设置"关",关的主要功能,就是稽查来往人员,缉捕盗贼,防止境内外不法分子混进混出。《孟子·尽心下》:"古之为关也,将以御暴。"此外,春秋时的一些诸侯国还设有"封人"一职,负有边境治安管理之责。

(3)交通驿传管理

春秋时期,由于商业的发展和战争的需要,交通驿传得到了较大的发展。《孟子·公孙丑上》说:"孔子曰:德之流行,速于置邮而传命。"这反映当时的驿传已相当普遍了。从现有的史料看,当时至少在诸侯国内,基本上实现了国都与大邑、边鄙之间有驿道相连。① 与此相适应,对道路交通的管理也不断完善。《国语·周语》:"列数以表道,立鄙食以守路。国有郊牧,疆有寓望。"在驿道沿线,设有"传舍""客馆",供过往的客人休息,也供传马的替换。

(4)火政(消防)管理

春秋时期,对消防已经实行专人管理、分工负责的做法。据《左传·襄公九年》记载,宋国发生大火时,"乐喜为司城以为政。使伯氏司里,火所未至,彻小屋,涂大屋;陈畚挶,具绠缶,备水器;量轻重,蓄水潦,积土涂;巡丈城,缮守备,表火道。使(司徒)华臣具正徒,令遂正纳郊保,奔火所。使华阅讨右官,官庀其司。向戌讨左,亦如之。使乐遄庀刑器,亦如之。使皇郧命校正出马,工正出车,备甲兵,庀武守。使西鉏吾庀府守。令司宫、巷伯儆宫。二师令四乡正敬享,祝宗用马于四墉,祀盘庚于西门之外"。

另据《左传·昭公十八年》,郑国发生火灾,"使司寇出新客,禁旧客

---

① 参见徐鸿修:《春秋时代的驿传》,载《中国古代史论丛》1981年第3辑。

勿出于宫。使子宽、子上巡群屏摄,至于大宫。使公孙登徙大龟。使祝史徙主祏于周庙,告于先君。使府人、库人各儆其事。商成公儆司宫,出旧宫人,寘诸火所不及。司马、司寇列居火道,行火所焮。城下之人,列伍登城。明日,使野司寇各保其徵……"从这些记载看,当火灾发生后,各部门都根据各自的职守,分工负责,一切井井有条。如果事先没有一套制度和措施,是很难做到这一点的。同时,在救火过程中,司马、司寇和司空各司其职,将消防与治安融为一体。另外,在《左传·哀公三年》中,也记载了鲁国发生火灾时的情形:"夏五月辛卯,司铎火。火逾公宫,桓、僖灾。救火者皆曰:'顾府'。南宫敬叔至,命周人出御书,俟于宫,曰:'庀女而不在,死。'子服景伯至,命宰人出礼书,以待命:'命不共,有常刑。'校人乘马,巾车脂辖。百官官备,府库慎守,官人肃给。济濡帷幕,郁攸从之,蒙葺公屋,自大庙始,外内以梭,助所不给。有不用命,则有常刑,无赦。……于是乎去表之槀,道还公宫。"详细记载了救火过程中的职责分工,对消防器械的使用及消防的方法——"济濡帷幕"(用沾湿的帷幕在火场附近的建筑物上覆盖)以阻止火势的蔓延,"去表之槀,道还公宫"(搬去火势前的易燃物,开辟火道)等;对于在救火过程中不尽职或是失职的,则要依法给予处罚。据有关史料的记载,春秋时期对于有救火义务而不履行的行为,一般都要比照临阵脱逃处以死刑。据《韩非子·内储说上》记载,哀公时,鲁国大火,孔子下令说:"不救火者比降北之罪。"越王勾践时宫室失火,下令说:"人之救火者,死,比死敌之赏;救火而不死者,比胜敌之赏;不救火者,比降北之罪。"

(三)战国时期的治安管理法

1. 治安管理制度

战国时期是中国历史上的重大变革时期。经过春秋二百多年的兼并战争,逐步形成了齐、秦、楚、燕、韩、赵、魏七雄割据的局面。七国分别进行的政治改革,也引起了治安管理制度的变化,逐步形成了中央集权体制下的治安管理模式。

(1)魏国

魏文侯时李悝制定《法经》的主要目的,就是用严刑峻法打击、制裁各种危害社会治安的行为。[①] 从关于《法经》的有关记载看,对违反治安管理行为的处罚反映了以下特点:首先,重刑轻罪,即对于一般性的扰乱社会治安的行为,也用重刑予以制裁,充分体现了法家严刑峻法的主张;其次,对于有害于社会治安的思想言论,也予以制裁。

(2)秦国

秦孝公时商鞅主持变法,对政治、经济等各方面的制度进行改革,其中涉及社会治安管理方面的主要有:

第一,整顿地方机构,"并诸小乡,聚集为大县"。全国统一设置41个县,以县令为长官,县丞分管民政事务,县尉分管社会治安,并把全国人民都编入什伍组织,互相监督。

第二,健全户籍管理,凡境内无论男女老幼,都要进行登记,建立户籍册。如有隐瞒户口、逃避服役的,都要严厉处罚。

第三,严明法令,要求人们的一言一行都要依照法律,并以严刑峻法制裁那些违反社会治安管理的行为。现存《云梦秦简》中的相关内容,也基本上反映了商鞅变法以后秦国治安管理规定的大致情况。

(3)赵、韩、齐、楚等国

除魏、秦两国外,战国时的其他一些国家也先后进行了变法改革,颁布了成文法,如赵国的《国律》、韩国的《刑符》、楚国的《宪令》等。同时,还进行了地方机构改革,先后建立了郡县地方管理体制。

[①] 参见本书第一章之"从礼崩乐坏到定分止争"。

2. 治安管理机构

战国时的治安管理机构虽然在形式上依然沿袭了西周及春秋以来的制度，但在各国的改革中已经发生了很大变化。最为突出的，就是郡县制的基本确立。

三晋（韩、赵、魏）虽然普遍建立了郡县制，但在郡与县之间，尚无固定的统辖关系。魏国在战国初年，郡与县还是平行的行政单位，至战国中期以后才确立了郡统辖县的体制。韩国则始终未形成郡统辖县的制度。但是，郡、县作为地方机构则普遍形成了。郡以郡守为最高长官，对国君负责；郡尉掌一郡的军政，负责捕盗、防务及治安。县以县令为最高长官。

齐国以都邑为地方机构，全国设"五都"，都的长官负责一都的军政、民政与治安，邑则以大夫为民政与治安长官。楚国虽已置县，但也没有形成以郡统县的体制。

秦国自商鞅变法时已开始设置县，其后在与关东六国的战争中，在占领的领土上又开始设置郡。秦国的郡与县之间开始也没有统辖关系，两者的职能也有所不同，县偏重于民政，郡偏重于军事，但两者在治安方面的职能是大体相同的。除郡、县外，秦国在少数民族地区还设"道"进行管理。

秦国郡、县的长官，与三晋大体相同，郡有郡守、郡尉；县有县令，此外还有县丞、县尉。县丞辅佐县令，分管一县的民政事务；县尉主管治安及捕盗。另外，还有"令史"等佐吏。

战国时期，各国在县（邑）之下，大都设立了一些基层组织。齐国大体上仍是沿袭了春秋以来的乡、属等基层组织的编制。楚国的基层组织，据《鹖冠子·王铁第九》记载，"其制……五家为伍，伍为之长；十伍为里，里置有司；四里为扁，扁为之长；十扁为乡，乡置师；五乡为县，县有啬夫治焉"。

在战国七雄中,秦国的基层治安组织是比较完备的。秦国原以乡、里、聚等为各级基层组织,商鞅变法时,将百姓按什伍为单位进行编制,强化了基层组织的治安功能。据《汉书·百官公卿表序》,秦国的基层组织有乡、里、亭等,乡置三老、啬夫、游徼,三老掌教化,啬夫掌诉讼、赋税,游徼掌捕盗及治安;里有里正和监门;亭有亭长,掌开闭扫除,又有捕盗之责。当然,这些都是汉朝人的记载。从《云梦秦简》的内容看,秦国的基层治安组织主要有:

乡:有乡啬夫等主管人员。

亭:有亭长、亭啬夫等。亭作为基层的治安组织,其性质和功能与现今的公安派出所是很相似的,根据治安的需要而设置,主要职责是督捕盗贼,维持治安,与乡并没有统辖关系,而是直接受命于县。在《封诊式》中,就有亭长发现凶杀案件后,直接向县里报告的记载。除了亭长和亭啬夫外,还有"校长""求盗"等属吏。

里:里是乡管辖下的基层组织,以里典为负责人。里典的主要职责有:第一,协助调查刑事案件,缉捕盗贼;第二,负责户口登记、管理及赋役等,凡是有隐匿户口及申报不实等情形的,一经上级发觉,里典要承担连带责任。

在战国七雄中,秦国最终统一了中国,因此秦国的地方及基层治安管理体制也被后来的秦王朝所继承。

3. 公共秩序管理

(1)市场治安管理

战国时期,随着商品交换的进一步发展,城市的商业功能日趋显著。为了适应这一变化,各国对市场治安管理也不断规范。为了便于管理,城市以垣墙圈围,四面设门,以供出入,即所谓"阛阓"。① 入市交易,必须由城门出入。城门有固定的开启时间,并由专人负责管理。市场上设专人进行管理。以秦国为例:秦国的市场管理人员称"吏",还有"列伍长",都负有进行市场管理、纠举违法商贩之责。《云梦秦简·秦律十八种》中的《金布律》规定:"百姓市用钱,美恶杂之,勿敢异","贾市居列者及官府之吏,毋敢择行钱、布,择行钱、布者,列伍长弗告,吏循之不谨,皆有罪"。这是关于交易时货币的使用。"布恶,其广袤不如式者,不行",这是关于商品数量短缺的责任。商贾必须在出售的商品上明码标价,这样做既可防止任意抬高价格,也便于市场管理人员收取管理费(市租)。对于外邦来的客商,必须向市场管理人员提交有关的证明文件,才能进行贸易活动。《云梦秦简·法律答问》:"客未布吏而与贾,赀一甲。可(何)谓布吏?诣符传于吏是谓布吏。"即客商必须把经商凭证交给布吏后才能进行经营活动,否则要罚一甲。此外,城市还设有亭,大约是每街设一亭,专司巡查和缉捕盗贼。

(2) 户籍管理

战国时期,一些国家相继建立了适应君主集权专制需要的户籍管理制度。齐国大体上沿袭了管仲所建立的"五家为轨,十轨为里"的户籍管理制度;楚国也实行"五家为伍,十伍为里"的户籍制度。秦国于秦献公十年(前375年)"为户籍相伍"。商鞅变法时,"令民为什伍",并实行成年男子强行分户的做法,"民有二男以上不分异者,倍其赋"。在十年后进行的第二次变法时又重申:"令民父子兄弟同室内息者为禁"②。值得注意的是,过去一些学者都认为,家族同籍共居制度是中国

---

① (晋)崔豹《古今注》云:"阛,市垣也;阓,市门也。"
② 《史记·商君列传》。

的传统制度,因商鞅变法而被破坏。这种看法是不符合历史的实际情况的。关于这一点,商鞅在回答赵良的诘难时就说得很清楚:"始秦戎翟之教,父子无别,同室而居。今我更制其教,而为其男女之别。"①可见,商鞅是以当时中原地区普遍实行的制度去改造秦人的旧俗。这一点,从《孟子》等书中关于"五口之家"的说法中也可以得到证实。秦国在商鞅变法之后,确立了以一夫一妻为单位、以成年男子别籍分居为原则的户籍制度。

战国时对户籍的管理,采取的也是自下而上,由里典等基层组织的负责人负责一里的户籍,再层层上报至乡、县、郡等地方机构,最后汇总于中央。由于当时条件的限制,还没有形成严密的户籍登记与统计的管理制度,但已经注意到运用法律手段对户籍进行管理。在《云梦秦简·法律答问》之后,附有节录的魏《户律》,说明当时已有专门的法律存在了。

(3)交通驿传管理

战国时期的交通驿传在春秋时期的基础上得到了进一步的发展。在《云梦秦简》中,有不少邮传方面的法律规定。如《封诊式》的《迁子》一篇中的爰书云:某里士伍甲之子丙,被"迁蜀边县",且"令吏徒将传及恒书一封诣令史,可受代吏徒,以次传诣成都"。《田律》中也规定,凡有风雨水潦及虫害伤禾稼的情形发生时,"近县令轻足行其书,远县令邮行之"。在《行书律》中,则对公文的传送作了具体规定。从这些规定中也可以看出,秦国已经有了比较完备的交通和邮传制度。秦国地处西陲,交通比关东六国落后,由此也可以推知六国交通驿传制度的概貌。另外,从秦始皇统一中国后"车同轨",大规模修筑驰道的情况看,没有

---

① 《史记·商君列传》。

良好的道路交通的基础,是很难做到的。

从史籍的记载看,当时邮件和公文的传递,是由"亭"一站一站传送的。这种"亭"设置于驿道两边,多为官吏及来往行人、客商停留、栖息之所,因此自然具有防盗和维持治安的功能了。商鞅变法时,就曾规定,在客舍中居住的,必须出示有关证件,并规定:"舍人无验者坐之。"①

(4) 社会治安管理

如前所述,各国变法时所颁布的法令,都把维护社会治安作为基本内容,对各种扰乱及危害社会治安的行为及其处罚都作了规定。从有关文献的记载看,这些规定主要有:

盗窃行为:盗窃是主要的危害社会治安的行为。李悝制定《法经》,以"王者之政莫急于盗贼,故其律始于盗贼"。从《七国考》所录的《法经》引文看,关于盗贼的规定有:"大盗戍为守卒,重则诛……盗符者诛,籍其家;盗玺者诛。"即便是在路上拾取他人遗失物的,也要处以刖刑,因为这是"盗心"萌发的表现。在《云梦秦简》中,对盗罪的处罚也有具体规定。从《法律答问》中对盗罪量刑的解释看,盗 1 钱至 220 钱,处以迁刑;220 钱以上至 660 钱,黥为城旦;660 钱以上的,黥劓以为城旦。至于 5 人以上的"群盗",则"赃一钱以上,斩左止(趾),又黥劓以为城旦"。

杀人行为:《法经》规定:"杀人者诛,籍其家及其妻氏;杀二人,及其母氏。"齐国湣王时,也颁布法令,规定"杀人者死"②。在《云梦秦简》中,将故意杀人与故意伤害作了区分,前者为"贼杀人",后者为"斗杀人"。

斗殴行为:秦国商鞅变法时,曾颁布法令,严禁斗殴,"为私斗者,各

---

① 《史记·商君列传》。
② 《吕氏春秋·正名》。

以轻重被刑"①。在《云梦秦简》中,对各种斗殴行为也作了规定:对一般的斗殴,根据伤害的程度量刑,如"啮断人鼻若耳若脣"的,要处以耐刑;"缚而尽拔其须眉"者,要处以完城旦;如果是持械斗殴伤人的,则要"黥为城旦"。这与"各以轻重被刑"的处罚原则是一致的。

淫乱行为:据《七国考》中的《法经》引文,其中规定:"夫有二妻则诛;妻有外夫则宫,曰淫禁。"在《封诊式》中,有一条关于捕获通奸犯的记录。某士伍甲送来男子乙、女子丙,报告说:"乙、丙相与奸,白昼见某所,捕校上来诣之。"在《会稽石刻》上,也有"夫为寄豭,杀之无罪"的内容。《史记索引》:"豭,牡猪也,言夫淫于他室,若寄豭之猪也。"妻子发现丈夫与人通奸而将其杀死的,不负法律责任。对于同父异母的兄妹通奸的,依法要处以弃市。

除了上述几种比较普遍的行为外,据《七国考》中的《法经》引文等记载,还有以下一些扰乱社会治安的行为:

议论国家法令:"议国法令者诛,籍其家,及其妻氏。"《史记·商君列传》:"令行于民期年,秦民之国都言初令之不便者以千数。于是太子犯法。卫鞅曰:'法之不行,自上犯之。'将法太子。太子,君嗣也,不可施刑,刑其傅公子虔,黥其师公孙贾。明日,秦人皆趋令。行之十年,秦民大悦……秦民初言令不便者,有来言令便者。卫鞅曰:'此皆乱化之民也。'尽迁之于边城。其后民莫敢议令。"

越城:"越城,一人则诛,自十人以上夷其乡及族。"

赌博:"博戏,罚金三币,太子博戏则笞;不止,则特笞;不止,则更立。"

群居:"群相居,一日以上则问;三日、四日、五日则诛。"

---

① 《史记·商君列传》。

二

《周礼》中的治安管理制度

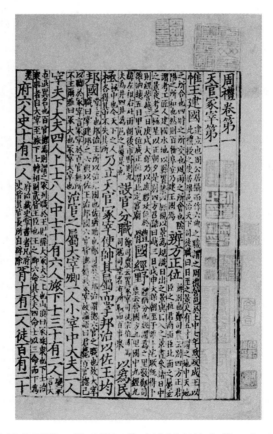

《周礼》是中国第一部系统记载政治制度的专著。由于它在儒家经

书中最为晚出,使后人对其制作年代以及所反映的制度产生了种种争论。尽管《周礼》一书内容的真实性还有待于进一步的考证,但有一点是可以肯定的,那就是《周礼》作为一部治国大典,被后人奉为经典,成为后世编撰行政法典的楷模,而《周礼》中所包含的丰富的治安管理制度方面的内容,也大都被后世有关的法律所继承或仿效。

(一) 治安管理机构

1. 中央治安管理机构

《周礼》中对国家机构的编制,采取的是按照天、地、春、夏、秋、冬分置六官的体制,即天官冢宰、地官司徒、春官宗伯、夏官司马、秋官司寇、冬官司空。其中直接具有治安管理职能的,有司徒、司马和司寇三个机构。

(1) 司徒

司徒是最高民政机构,以大司徒一人为其长,小司徒二人为其佐。大司徒之职,"掌建邦之土地之图,与其人民之数,以佐王安扰邦国"。从《周礼》的有关记载看,司徒的治安管理职能,主要表现在以下几方面:

第一,确立地方行政组织。司徒的主要任务之一,就是明确划分各级地方组织机构的管辖范围,"辨其邦国都鄙之数,制其畿疆而沟封之";"凡建邦国,立其社稷,正其畿疆之封"。在此基础上,建立各级地方及基层组织,"施其职而平其政",以加强民政治安方面的管理。

第二,管理户籍及赋税徭役的征收与征发。这方面的职责主要有:首先,"颁比法于六乡之大夫,使各登其乡之众寡,六畜车辇,辨其物,以岁时入其数,以施政教,行征令",定期进行户口统计以及牲畜财产的调查,以便加强人口及户籍方面的管理;其次,将民众按军事编制组织起来,"会万民之卒伍而用之,五人为伍,五伍为两,四两为卒,五卒为旅,五旅为师,五师为军",一方面作为征发徭役及各种杂役的顺序与编制,另一方面又可使其担负起维护地方治安的任务,协助督捕盗贼;最后,施行有关贡赋及田赋的政令,"经土地而井牧其田野,九夫为井,四井为邑,四邑为丘,四丘为甸,四甸为县,四县为都,以任地事而令贡赋,凡税敛之事,乃分地域而辨其守"。

第三,制定和颁布有关治安管理的政令。大司徒于每年正月初一,将有关政令向邦国及都、鄙的百姓公布,以便于诸侯、卿大夫及各级官吏依法管理其治下的百姓;小司徒则于每年正月率领属下学习、掌握有关的政令,并"循以木铎,曰:不用法者,国有常刑。令群吏宪禁令,修法纠职",依法处理各种有关的治安案件。

第四,制裁违反治安管理的行为。大司徒"以乡八刑纠万民:一曰不孝之刑,二曰不睦之刑,三曰不姻之刑,四曰不弟之刑,五曰不任之刑,六曰不恤之刑,七曰造言之刑,八曰乱民之刑"。对这八种行为,情节较轻的,由大司徒及属下的机构处理;情节严重的则要交司寇追究其刑事责任。小司徒"掌其政教与其戒禁,听其辞讼,施其赏罚,诛其犯命者"。

在大司徒之下,具体负有治安职能的机构还有"司救"及"调人"等。

司救:司救是大司徒之下负责制裁违反治安管理行为的机构。"救,犹禁也,以礼防禁人之过者也"①。司救"掌万民之邪恶过失,而诛让之,以礼防禁而救之"。从司救对违反治安管理行为处罚的方式看,是"三让而罚",即先进行批评、谴责,然后再施以鞭、扑之刑,即取《尚书》中"鞭作官刑,扑作教刑"之义。对于经二次责罚仍不悔改的,则移交司寇,由"士"来处理,"而士加明刑,耻诸嘉石,役诸司空",经三次责罚还不悔改的,则要"归于圜土"。

---

① 《周礼注疏》卷9"司救"条注。

调人：调人是专门负责治安调解的机构。《周礼》对一些因一方的过失而造成的侵害行为，规定了调解制度，并以调人作为专司调解的机构，"掌万民之难而谐和之。凡过而杀人者，以民成之，鸟兽亦如之"。调解的对象，主要是因过失杀伤人以及畜产的行为。先秦时期复仇之风盛行，《礼记·曲礼》中就有"父之仇，弗与共戴天；兄弟之仇，不反兵；交游之仇，不同国"的记载，这种反复的交相仇杀，极大地破坏了统治秩序，扰乱了社会治安。因此，《周礼》中对复仇案件的调解也作了具体的规定："凡和难父之仇，辟诸海外；兄弟之仇，辟诸千里之外；从父兄弟之仇，不同国"。

（2）司马

司马是《周礼》中的最高军事机构。它除了抵御外来侵略的职能外，在治安方面的主要职能，就是维护国都及边境地区的安全。其长官是大司马，在大司马之下，具体负有治安职能的机构主要有：

司爟：这是主管消防的机构，负责有关消防的禁令以及对违禁行为的处罚。

掌固："掌修城郭沟池树渠之固"，负责守城器械的管理及城市治安禁令等事务。

司险："掌九州之图，以周知其山林川泽之阻，而达其道路"，负责山林川泽等险阻地带及道路交通的管理。

候人："各掌其方之道治，与其禁令"，负责边境道路及要塞的稽查与治安，以及有关的禁令等。

（3）司寇

司寇是《周礼》中的最高司法机构。中国古代治安管理的一个突出特点，就是司法与治安的紧密结合。主要表现在：第一，司法机构与治安机构的职能在很大程度上是共同的，两者之间没有严格的区别；第二,治安案件与刑事案件在性质上没有多大的区分;第三,除个别情况外,治安处罚与刑事处罚的手段大体上是相同的,只有程度上的区别。这个特点,在《周礼》中也得到了充分的体现。就此意义而言,《周礼》中的司寇同样也是主要的治安机构。

司寇以大司寇一人为其长,小司寇二人为其佐。其治安方面的职能主要有:

第一,制定和颁布有关治安的法规和禁令。大司寇于"正月之吉,始和,布刑于邦国都鄙,乃悬刑象之法与象魏,使万民观刑象";小司寇于"正岁,帅其属而观刑象,令以木铎,曰:不用法者,国有常刑。令群士,乃宣布于四方,宪刑禁"。

第二,受理有关的案件。大司寇"以两造禁民讼,入束矢于朝,然后听之;以两剂禁民狱,入钧金,三日,乃致于朝,然后听之";"凡庶民之狱讼,以邦成弊之"。小司寇则"以五刑听万民之狱讼,附于刑"。

第三,制裁严重危害社会治安的行为。大司寇"以圜土聚教罢民",将那些严重危害社会治安、构成犯罪的人置于圜土(监狱)之中,强制劳动,使其改过自新。若能改过的,"反于中国,不齿三年",以示惩戒;若仍不能改过的,则要处以极刑,"其不能改而出圜土者,杀"。

除大司寇、小司寇外,士师及乡士、遂士、县士等,也都有分掌国都及地方的治安的职能。

士师:士师"掌国之五禁之法,以左右刑罚。一曰宫禁,二曰官禁,三曰国禁,四曰野禁,五曰军禁,皆以木铎徇之于朝,书而悬于门闾"。其主要职责是:第一,负责有关的法令,"以五戒先后刑罚,毋使罪丽于民。一曰誓,用之于军旅;二曰诰,用之于会同;三曰禁,用诸田役;四曰纠,用诸国中;五曰宪,用诸都鄙"。第二,协助大司寇审理有关案件,审察狱讼言辞,断决狱讼,并检核有关法令,供大司寇判案时参考。第三,负责重大活动时的治安。第四,负责有关治安行政事务。每年年终,督率所部将全国审理的案件统计整理,造具册籍上报大司寇;年初则督率所部在国中及郊野公布有关禁令。

乡士:乡士负责国都及近畿六乡的治安及刑事案件的预审。凡国都及近畿六乡的案件,先由乡士进行预审,查明情节,对所犯罪行及应当适用的法律提出初步意见,呈报大司寇,并参加由大司寇主持的复审。此外,遇有大祭祀等重大活动时,负责维持本乡的治安,诛戮违反禁令的罪犯。

遂士:遂士负责国都百里之外四郊六遂的治安及刑事案件的预审。凡各遂的案件,由遂士先行审理,查明事实,连同判决意见一起上报大司寇,由大司寇审理后作出判决。国家有大事,则召集徒众,维持本遂的治安。

县士:县士负责郊外各县的治安及刑事案件的预审。各县的案件,由县士先行审理,查明事实,连同判决意见一起上报大司寇作最终判决。国家有大事,则负责维持本县的治安。

除此之外,朝士、方士、讶士等分别掌管外朝、卿大夫采邑及四方诸侯领地内有关治安案件的审理,职能大体相同。

2. 地方及基层治安管理机构

《周礼》中的地方及基层治安管理机构分为乡、遂两大类。

(1) 乡

乡是都城之外近郊百里的地方,共分六乡,由乡师四人总管六乡的治安。其主要职责有:第一,负责六乡百姓的人口统计与户籍管理,"以国比之法,以时稽其夫家众寡,辨其老幼、贵贱、废疾、马牛之物,辨其可任者与其施舍者";第二,负责有关的政令,审理有关案件,"掌其戒令纠禁,听其狱讼";第三,负责六乡民众的徭役征发及管理,"大役,则帅民徒而至,治其政令。既役,则受州里之役要,以考司空之辟,以逆其役事"。

各乡的具体治安事务,由乡大夫及以下各级人员分级负责:

乡大夫:《周礼》以 12500 户为乡,以乡大夫为长官。其主要职责有:第一,负责一乡的政令,"各掌其乡之政教禁令。正月之吉,受教法于司徒,退而颁之于其乡吏,使各以教其所治";第二,负责一乡的户籍管理与徭役的征发;第三,国家有大事时,"则令民各守其闾,以待政令",维持一乡的治安。每乡下辖五州。

州长:《周礼》以 2500 户为州,以州长为长官,负责一州的政令与治安,"各掌其州之教治政令之法。正月之吉,各属(聚)其州之民而读法,以考其德行、道艺而劝之,以纠其过恶而戒之"。每州下辖五党。

党正:《周礼》以 500 户为党,由党正"各掌其党之政令教治,及四时之孟月吉日,则属(聚)民而读邦法,以纠戒之"。每党下辖五族。

族师:《周礼》以百户为族,由族师主管一族事务。其具体职责是:第一,"各掌其族之戒令政事";第二,根据国家的有关法令,定期调查、统计百姓人口及财产情况,"帅四闾之吏,以时属民,而校登其族之夫家众寡,辨其贵贱、老幼、废疾可任者,及其六畜车辇";第三,实行邻里联保的治安措施,"五家为比,十家为联,五人为伍,十人为联,四闾为族,八闾为联,使之相保相受,刑罚庆赏,相及相共"。每族下辖四闾。

闾胥:《周礼》以 25 户为闾,由闾胥负责一闾的事务。每闾下辖五比。

比长:《周礼》以 5 户为比,由比长"各掌其比之治",使五家相互帮助,同时对违反治安的犯罪行为承担连带责任。比内人户要迁离的,要发给允许迁离的证明文书;对于无证擅自迁移的,"唯圜土内之"。这一规定,可以说是古代较早的有关禁止自由迁徙的记载。

(2) 遂

《周礼》以国都近畿百里以外的四郊为遂,共分六遂,由遂人两人、遂师四人总管六遂的事务。具体职责是:第一,主管六遂的政令,制裁各种违反治安管理的行为;第二,主管六遂的户籍及徭役征发和管理等事务,"以岁时稽其人民,……登其夫家之众寡,及其六畜车辇,辨其老幼、废疾,与其施舍者,以颁职作事,以令贡赋,以令师田,以起政役"。各遂的具体事务,由遂大夫及以下各级人员分级负责:

遂大夫:《周礼》以 12500 户为遂,由遂大夫负责一遂的政令戒禁,处理一遂的纠纷及有关治安事务。一遂下辖五县。

县正:《周礼》以 2500 户为县,由县正负责一县的政令,主管徭役的征发,处理一县的纠纷及有关治安事务。一县下辖五鄙。

鄙师:《周礼》以 500 户为鄙,由鄙师主管一鄙的政令,有事则召集徒役,以时数其众庶,审核其优劣而加以诛赏。一鄙下辖五酂。

酂长:《周礼》以百户为酂,由酂长主管一酂的政令,按时统计、校正户口与男女人数,维护一酂的治安。一酂下辖四里。

里宰:《周礼》以 25 户为里,由里宰"掌比其邑之众寡,与六畜兵器,治其政令"。一里下辖五邻。

邻长:《周礼》以 5 户为邻,由邻长负责一邻的事务。

《周礼》中所记载的以乡、遂为主体的地方及基层治安行政体制,在先秦时是否实行过,是一直有争议的问题。但这种治安管理体制对后世治安管理制度的形成与发展,在理论与实践两方面都产生了相当的影响。

(二) 户籍管理制度

1. 户籍管理机构

《周礼》以大司徒为最高户籍管理机构,"掌建邦之土地之图,与其人民之数",而具体的户籍统计与管理等事务则由乡、遂的有关人员负责。

各乡之中,比长掌五户之籍,使五家相受相和亲,闾胥以岁时各数其闾之众寡,校登其族之夫家众寡,依次上之于党、州及乡,由乡大夫"以岁时登其夫家之众寡"。

各遂之中,邻长掌五户之籍,里宰"比其邑之众寡",酂长则"以时校登其夫家",依次上之于鄙、县及遂,由遂大夫"以岁时稽其夫家之众寡"。

经乡、遂统计校正后,六乡由乡师、六遂由遂人及遂师将其所属的乡、遂的户籍总数上报于大司徒。大司徒则"颁职事十有二于邦国都鄙,使以登万民"[①]。

此外,司寇所属的"司民",也是负责人口统计的机构,"掌等万民之数,自生齿以上,皆书于版,辨其国中,与其都鄙,及其郊野,异其男女,岁登下其生死"。也就是说,男孩出生八个月,女孩出生七个月,就要登记到户口上,并且户分城乡,人分男女,每年统计出生与死亡人数,在三年一度的考核时上报大司寇,再由大司寇呈报给国王,"登于天府",作为施行民政管理的依据。

2. 户籍管理的内容

《周礼·地官·小司徒》:"颁比法于六乡之大夫,使各登其乡之众寡,六畜车辇,辨其物,以岁时入其数,以施政教,行政令。……以起军旅,以作田役,以比追胥,以令贡赋。"从这一记载看,户籍管理的内容主要有以下几方面:

---

① 《周礼注疏》卷10,《释》曰:"大司徒主天下人民之数,故颁下民之职事十有二条于天下邦国及畿内都鄙,使以登成万民。"

第一,按户籍征收赋税,"以令地贡,以敛财赋"。《周礼》中的"闾师"一职,就是专门负责征收赋税的人员,"掌国中及四郊之人民、六畜之数,以任其力,以待其政令,以时征其赋"。

第二,按户籍征发徭役,这也是户籍管理的主要内容。各乡、遂进行户籍管理,也是为了这一目的。乡大夫"以岁时登其夫家之众寡,六畜车辇,辨其施舍,与其可任者。国中自七尺以及六十,野自六尺以及六十有五,皆征之";遂师"以时登其夫家之众寡,六畜车辇,辨其施舍,与其可任者,经牧其田野辨其可食者,周知其数而任之,以征财赋,作役事"。授予土地与征发徭役的比例是:"上地家七人,可任也者家三人;中地家六人,可任也者二家五人;下地家五人,可任也者家二人。凡起徒役,毋过家一人。"①

第三,按户籍征发军赋军役。大司马"施贡分职,以任邦国;简稽乡民,以用邦国;……凡令赋,以地与民制之。上地食者参(三)之二,其民可用者家三人;中地食者半,其民可用者二家五人;下地食者参(三)之一,其民可用者家二人。"(注:赋,给军用者也)这一比例,与徭役征发的比例是相通的。

(三) 城市治安管理

城市治安管理是《周礼》中治安管理制度的主要内容。在《周礼》一书中,有关这方面的内容堪称洋洋大观。

1. 王宫的治安与警卫

《周礼》中以宫正、阍人及虎贲等机构负责王宫内外的治安与警卫。

宫正:宫正从属于天官冢宰,主管王宫内的巡视与警戒。"掌王宫之戒令纠禁,以时比宫中之官府、次舍之众寡,为之版以待",检查王宫

---

① 《周礼·小司徒》。

内各机构人员的出入、当值情况,并做好详细的登记和记录,对陌生人及非法入宫者要仔细盘查纠问,在限定的时间内则禁止人员出入。夜晚则负责王宫内的巡逻警戒,当发生意外情况及突发事件时,宿卫王宫,维护宫内的安全。

阍人:阍人"掌守王宫之中门之禁",是王宫的门卫,检查出入王宫的人,禁止穿着铠甲及携带兵器者入宫,并负责按时开启、关闭宫门。

虎贲:虎贲从属于夏官司马,负责王宫警卫,共有虎士八百人,"掌先后王而趋以卒伍",担负国王居止住行时的警卫工作。国王住王宫时,担任宫内外的警戒守备;国王外出时,则负责行宫的守卫,保证国王的安全。沿途的安全保卫则由旅贲氏协同负责。发生意外变故时,负责把守王宫的宫门。

2. 市场治安管理

《周礼》对市场治安管理的规定非常具体,这也从一个方面反映了当时商业及市场管理的情况。

(1) 市场治安管理机构

《周礼》中负责市场管理的机构是"司市"。司市"掌市之治教、政刑、量度禁令,以次叙分地而经市",下设质人、廛人等专职管理机构。

质人:质人"掌成市之货贿、人民、牛马、兵器、珍异。凡买卖者质剂焉,大市以质,小市以剂。掌稽市之书契,同其度量,一其淳制,巡而考之,犯禁者,举而罚之",负责平定市场物价,监督商品质量,受理因商品质量等问题而引起的纠纷的调处。

廛人:廛人"掌敛市絘布、緫布、质布、罚布、廛布,而入于泉府"。絘布相当于固定摊位税,緫布类似于流动摊位税,质布类似于印花税或规费,罚布是对违禁者的罚款,廛布相当于仓库租借费,这些税费都由廛人负责征收。

《周礼》将市场分为若干"肆",每二十肆设胥师一人,"各掌其次之政令,而平其货贿,宪刑禁焉,察其诈伪、饰行、卖慝者而诛罚之,听其小治小讼而断之",主要负责检查商品的质量,对出售伪劣商品者给予相应的处罚;贾师一人,"各掌其次之货贿之治,辨其物而均平之,展其成而奠其贾,然后令市。凡天患,禁贵卖者,使有恒贾",主要负责核定商品的物价。每十肆设司虣一人,每五肆设司稽一人,每二肆设胥一人,负责巡视、维持市场的治安。每肆设肆长一人,"各掌其肆之政令,……敛其緫布,掌其禁戒",负责一肆的税收与治安。

(2)市场治安管理的职能

据《周礼·地官·司市》记载,市场治安管理的基本职能是"以陈肆辨物而平市,以政令禁物靡而均市,以商贾阜货而行市,以度量成贾而成征卖,以质剂结信而止讼,以贾民禁伪而除诈,以刑罚禁虣而去盗,以泉府同货而敛赊"。具体而言,主要有以下几方面:

第一,维持市场治安。负有这一职责的,主要是司虣、司稽和胥等。司虣"掌宪市之禁令,禁其斗嚣者,与其虣乱者,出入相陵犯者,以属游饮食于市者。若不可禁,则搏而戮之",依法制止各种扰乱市场治安的行为,对不听劝阻的违禁者予以逮捕法办。司稽和胥负责市场的巡视,"司稽掌巡市,而察其犯禁者,与其不物者而搏之,掌执市之盗贼以徇,且刑之;胥各掌其治之政,执鞭度而巡其前,掌其坐作出入之禁令,袭其不正者,凡有罪者,挞戮而罚之"。

第二,管理商品价格及质量。《周礼》中关于物价及质量的规定相当具体,不仅有质人、胥师等专门的物价及质量监督机构,而且在内容上也很明确。商品的物价,须经贾师审核之后,明码标出,严厉禁止利用天灾及其他原因哄抬物价、牟取暴利的行为,以保证物价的稳定。对商品质量也有严格的要求,凡是以次充好,以及出售伪劣商品者,要给予相应的处罚。为了维护消费者的利益，规定贵重物品的买卖必须订立合同——"凡买卖者质剂焉"，质是长券，主要用于奴隶、牛马等大宗交易；剂是短券，主要用于兵器、珍宝等小宗买卖。在成交之后，如果发现有质量问题及欺诈行为的，可凭质、剂在一定时间内向市场主管部门提出申诉，由官府"以质剂结信而止讼"，并对相关责任者予以处罚。

第三，调解买卖纠纷。对于标的较小或是情节简单的纠纷，一般由胥师（主要是商品质量方面的纠纷）或是贾师（主要是有关物价方面的纠纷）受理，调处解决；关于合同方面的纠纷则由质人负责调解。调解不成，或是标的较大、情节较复杂的，则由司市受理解决。

第四，管理市场税收。《周礼》不仅规定了专门的税收机构——廛人，而且根据不同情况，确定了不同种类的税收，主要有絘布、緫布、质布、罚布、廛布等。

3. 社会治安管理

《周礼》中关于社会治安管理的职能，主要属于"秋官司寇"，具体负责社会治安管理的机构有：

修闾氏：这是负责城内治安的机构，主管宿卫、击更、戒备等。平时负责都城内的社会治安，"禁径逾者，与以兵革趋行者，与驰骋于国中者"，选择丁壮担任城市的巡逻与守备，并考核他们逐寇捕盗的成绩，加以赏罚；一旦有意外变故发生，则督命闾胥、里宰等各自负责把守，以防不测。

禁暴氏：这是负责惩治违反治安管理行为的机构，"掌禁庶民之乱暴力正者，挢诬犯禁者，作言语而不信者"，对于各种以暴力侵凌他人，诈伪欺骗，干犯禁令，以及造谣生事，散布各种扰乱社会治安的言论等行为，查明事实，由大司寇依法予以处罚；凡国有大事召集民众时，对故意规避或违反禁令的，则要诛杀示众。

司寤氏：这是负责夜禁的机构。为了防止盗贼等利用夜间作案，《周礼》规定都城实行宵禁，自入夜以后至次日凌晨，禁止擅自在街上行走，并由司寤氏负责夜间巡逻。

上述机构的主要管辖范围是都城（王城）内的治安。至于都城以外的乡、遂的治安，则由各级地方政府及基层组织负责管理。

4. 火政（消防）管理

《周礼》中的王宫及都城的消防管理，由"宫正"与"司烜"负责。宫正"春秋以木铎修火政"，司烜则"以木铎修火禁于国中"。具体的消防工作则由军队负责，夏官司马所属的"司爟"负责消防行政事务，"掌行火之政令"，"凡国失火，野焚莱，则有刑罚焉"。

5. 城市防卫

《周礼》中的城市治安与防卫，分别由司徒（主要负责内城治安）与司马（主要负责外城的防卫）分工负责。司徒所属的司门"掌授管键，以启闭国门"，稽查出入城门的行人与货物，并负责进出货物的征税，发现有违禁物品及其他不合规格的物品，一律没收入官。司马所属的"掌固"负责城市的防卫，"掌修城郭沟池数渠之固"。其主要职责如下：一是修筑城墙、沟池，使之坚固不坏；二是指挥和管理城市的防卫部队，分派士庶子及服役的平民担任守卫，依法进行约束；三是负责管理守卫部队的兵甲及其他守城器械，因守卫需要，还可随时向城内居民征调有关器械；四是负责城墙的巡逻与守卫，白天及夜晚各三次巡行守卫阵地，保证外城的治安与防卫。

（四）道路与山林治安

1. 道路交通管理

《周礼》中的道路交通管理机构是"野庐氏"，负责都城通往四方的道路交通，随时巡视、检查道路及供宿息的驿站的情况。其主要职责有:第一,负责道路交通指挥,"凡道路之舟车擎互者,叙而行之;凡有节者、有爵者至,则为之辟",即在车辆众多、道路拥挤时,负责指挥疏导,使车辆有序通行,遇有特殊使命及特殊身份的人乘坐车辆通过时,指挥其他车辆与行人让路。第二,"凡国之大事,比修除道路者","邦之大师,则令扫道路",即在国家有重大活动及重大军事行动(如军队出征)时,负责清扫道路,以保证道路安全畅通。第三,"掌凡道禁",负责有关道路交通管理的法令、法规及各种禁令,维护道路的治安。

此外,为了保证通往四方的要道及边境地区道路的安全畅通,还由"司险"及"候人"掌管有关事务。司险负责险阻地带的道路交通安全,在有山林川泽的险阻地带,设有专门的守卫,以保证道路安全畅通。一旦发生外来侵略等变故,则据险封锁道路,驻守要地。候人则主要负责边境地区道路的稽查与管理,执行有关的禁令。

从《周礼》中关于道路交通管理的内容看,首先,对道路交通的管理,主要是适应以城市为中心的商业活动的需求;其次,目的是加强中央与四方的联系;最后,特别是在边境要塞地区,道路管理的军事价值占有明显重要的地位。这些特点,从一个侧面反映了先秦时期,特别是春秋战国时期商品经济的发展对道路交通管理的发展所产生的影响。

2. 山林川泽管理

山林川泽资源的利用与管理,是中国古代社会管理的一项基本内容。据说在夏禹时颁布的禁令中,就有"春三月山林不登斧,以成草木之长;入夏三月川泽不网罟,以成鱼鳖之长"①的规定。在《礼记·月令》中也记载:"孟春之月,……禁止伐木";仲春之月,"毋竭川泽,毋漉陂池,毋焚山林";孟夏之月,"毋伐大树";季夏之月,"树木方盛,乃命虞

---

① 《逸周书·大聚篇》。

人入山行木毋有斩伐"。对于违反禁令,擅自非时上山滥砍滥伐、下湖滥捕滥捞的,要依法予以处罚。《周礼》则规定了专门机构对山林川泽等自然资源进行保护:

山虞:山虞是负责山林保护的机构,"掌山林之政令,物为之厉而为之守禁",对山林砍伐进行监督管理,禁止非时砍伐林木或进入禁地滥伐。对盗伐林木者,依法追究其责任。

林衡:林衡是负责林区治安的机构,"掌巡林麓之禁令而平其守",管理林区的伐木人,督促他们按照有关规定砍伐林木,违禁者送交山虞处罚。

川衡:川衡负责江河湖泊等水产资源的保护,"掌巡川泽之禁令而平其守",禁止违反禁令滥捕滥捞,并对违禁者依法予以处罚。

泽虞:泽虞"掌国泽之禁令,为之厉禁,使其地之人守其财物,以时入之于玉府,颁其余于万民",监督捕捞,按时收取赋税。

(五) 治安处罚

《周礼》中有关治安处罚的方式与种类主要有:

1. 惩戒

这是对各种情节较轻的违反治安管理行为的处罚手段,主要有:

让:即口头警告、谴责,对于轻微的过失,予以斥责,令其改正。

市刑:这是对违反市场治安管理行为的处罚,主要有三种方式。《周礼·地官·司市》:"市刑,小刑宪罚,中刑徇罚,大刑扑罚。"宪罚是"以文书表示于市",就是在市场上张贴布告,将所犯者的过错公之于众,以示惩戒,令其悔改;徇罚是"举其人以示其地肆之众,使众为戒也",即将所犯者本人在市场上示众,宣布其过错,使众人引以为戒;扑罚,即《尚书·尧典》中的"扑作教刑"之义,对所犯者本人直接施以笞挞之刑,以示惩罚。除这三种处罚方式外,对有些违反市场治安管理的行为,还可以给予经济处罚,即"罚布"。罚布可以单独适用,也可以与其他处罚一起适用。

2. 嘉石

嘉石是对违反治安管理、情节较重,但尚未构成犯罪的行为的处罚手段。《周礼·地官·司救》:"凡民之有衺恶者,三让而罚,三罚而士加明刑,耻诸嘉石,役诸司空。"《周礼·秋官·大司寇》:"以嘉石平罢民,凡万民之有罪过而未丽于法,而害于州里者,桎梏而坐诸嘉石,役诸司空",一则令其思过悔改,二则对他人也有警戒作用。违法情节不同,嘉石及劳役期限的长短也不同。最重者坐嘉石十二日,罚作一年劳役;其次坐九日,罚作九个月劳役;再次坐七日,罚作七个月劳役;再其次坐五日,罚作五个月劳役;最轻者坐三日,罚作三个月劳役。罚完之后,由地方担保,本人具结悔过,然后予以释放。这种处罚方式,类似于后世的拘役和劳动教养。

3. 圜土

《周礼》中的圜土,是监狱的名称。《周礼·地官·比长》郑玄注:"圜土,狱城也。狱必圜者,规主仁,以仁心求其情,古之治狱,闵于出之。"从圜土的功能看,主要是对那些严重危害社会治安,但尚有改过可能的行为(如过失犯等)进行惩罚。"寘之圜土而施职事焉,以明刑耻之。其能改过,反于中国,不齿三年;其不能改而出圜土者,杀。"从《周礼》的有关记载看,圜土的惩罚与教诫功能,主要有以下特点:

首先,圜土在处罚程度上要重于嘉石,但同时又是可以通过惩戒使之改过的,因而在处罚程度上又轻于肉刑,"凡圜土之刑人也,不亏体;其罚人也,不亏财"①。此外,《地官·比长》中还有"若无授无节,则圜土

---

① 《周礼·秋官·司圜》。

内之"的记载。"授"与"节"都是一定的身份证明。无授无节之人,或是无业流民,或是被追捕的逃犯,这类人对社会而言,本身就是一种潜在的威胁,将他们纳于圜土,既可以防患于未然,又能够对其进行改造。

其次,在圜土内关押的人,"任之以事而收教之",通过劳动改造,使其改过自新。同时,"弗使冠饰,而加明刑焉"(贾公彦疏曰:"明刑者,以版牍书其罪状与姓名著于背,表示于人"),亦有使其知耻而改过之意。

最后,入圜土关押与坐嘉石一样,也有一定的期限。《周礼·秋官·司圜》:"能改者,上罪三年而舍,中罪二年而舍,下罪一年而舍";"虽出,三年不齿"。即根据其所犯情节,罚以一年至三年的劳役,而且刑满释放之后三年之内不齿于乡里,类似于后世的褫夺公权的附加刑。

圜土这种处罚方式,集惩罚与改造为一体,自由刑与名誉刑并施,比起单纯的肉刑体罚,要"文明"得多。汉代以后徒刑的发展,在很大程度上就是对圜土继承与改造的结果。《唐律疏议》对此说得很明白:"徒者,奴也,盖奴辱之。《周礼》云:'其奴男子入于罪隶',又'任之以事,置以圜土而收教之。上罪三年而舍,中罪二年而舍,下罪一年而舍',此并徒刑也,盖始于周。"①

4. 五刑

五刑是最重的处罚方式。《周礼·秋官·司刑》:"掌五刑之法,以丽万民之罪。墨罪五百,劓罪五百,宫罪五百,刖罪五百,杀罪五百。"五刑的等级、轻重不同,但基本上说,除杀(死刑)以外,墨、劓、宫、刖四种刑罚均属于肉刑,而且均附加劳役。《周礼·秋官·掌戮》:"墨者使守门,劓者使把关,宫者使守内,刖者使守囿。"死刑的执行,因罪状不同,方式也有所不同。对盗及杀人等重大犯罪,在闹市执行死刑,还要陈尸三日。这就是后世的"弃市"。

---

① 《唐律疏议·名例律》"五刑"条《疏议》。

三
《封诊式》与古代司法鉴定

从现存出土文献资料看,产生于战国时期秦国的《封诊式》,可以说是最早的比较完整、详细地记载司法鉴定情况的法律文献。《封诊式》是在湖北云梦睡虎地出土的秦代竹简中的一篇。"封"是指查封;"诊"是指诊察、勘验、检验;"式"是指格式、程式,是古代法律文书的一种形式。因此,《封诊式》实际上就是关于案件调查、勘验、审讯等方面的方法和程序的著作。从有关法律文献的记载看,战国时的秦国在对案件的侦查、审判等方面,已经在相当程度上注意到了运用法医学的相关理论知识来进行司法鉴定,从而对案情作出准确的判断,对案件进行公正的审判。也正是基于这一点,在《封诊式》中,对司法鉴定的相关问题作了比较详细的记载。

现存的《封诊式》共有98支竹简,内容分为25节,其中涉及司法鉴定内容的主要有《贼死》(凶杀)、《经死》(缢死)、《出子》(流产)等几份"爰书"(鉴定报告)。其中通过具体的实例,对司法鉴定方面的问题作了阐述。在《出子》篇中,对一起因斗殴引起的流产案件,通过对可疑血块是否为胎儿进行鉴定的记载,详细介绍了对胎儿的检验程序和认定方法,堪称一个典型的法医学活体检验的案例。同样,在尸体检验方面,对"贼杀"(他杀)和"经死"(缢死)的现场尸体检验实例的记载,描述了损伤性状及凶器的推定等问题。

在《贼死》一篇中,作为一份他杀案件的尸体检验报告,其中对尸体在现场的位置以及创伤的部位、数目、方向及大小等情况,都有明确的描述,并且还注意到了衣服损坏与肉体损伤之间的关系,同时还记载了死者的某些个人特征:①

> 男子死(尸)在某室南首(头朝南),正偃(仰卧),某头左角刀痏一所(左额角有刀创一处),北(背)二所,皆从(纵)头北(都是纵向排列),衺各四寸(长各四寸),相耎(相互粘渍),广各一寸,皆臽中类斧(创口都是中间陷下,类似斧砍的痕迹),脑角出(颐)皆血出(脑部、额角和眼眶下部都出血),被污头北(背)及地(污染了头部、背部和地上),皆不可为广袤(都难以测定长度和宽度);它完(其他部位完好无伤)。衣布禅帬、襦各一(身穿单布短衣和裙各一件)。其襦北(背)直痏者(短衣背部与伤口相对处),以刃夬(决)二所(有两处被刀刃砍破),应痏(与创口位置相符)。襦北(背)及中衽□污血(短衣背部和衣襟处都染有血污),男子西有漆秦綦履一两(男子西面有涂漆的麻鞋一双),去男子其一奇六步(一只离男子六步有余),一十步(另一只离男子十步);以履履男子(把鞋给男子穿上),利焉(恰好适合)。地坚(地面坚硬),不可智(知)贼迹(不能查出凶手的足迹)。男子丁壮(男子系壮年),析(皙)色(皮肤白皙),长七尺一寸,发长二尺;其腹有久故瘢二所(腹部有灸疗旧疤痕两处)。男子死(尸)所到某亭百步,到某里士伍丙田舍二百步。

这份检验报告的记载相当具体,因此,有法医学专家指出:在世界

---

① 参见睡虎地秦墓竹简小组编:《睡虎地秦墓竹简》,文物出版社1978年版,第264—267页。

法医学史上,一向认为最早检验他杀的一例是古罗马恺撒将军(公元前100—前44年)被杀案,由安替斯塔检验尸体,发现有23处创伤,并认定贯穿胸部第一、二根肋骨间的损伤是致命伤。这是过去中外学者一致公认的。但它与这篇《贼死》的爰书相比,大约晚了200年,而且它只是作为史实记载,与本例作为典型的现场尸检报告相比,是不能同日而语的。因此,应当认为这是世界上最早的一例他杀尸检报告。①

而在《经死》一篇中,通过对尸体索沟性状的描述,注意到了生前缢死与死后再缢的区别。尤其是其中关于索沟性状的描写,以"不周项"简练地概括了缢沟与绞沟("周项")的区别。这是中国先秦时期检验缢死特征的重要的法医学发现。此外,其中关于对缢死案件检验方法的记载,尤为详细:②

> 诊必先谨审其迹(仔细观察痕迹)。当独抵尸所(停尸现场),即视索终(检查系绳的地方),终所党有通迹(如有系绳的痕迹),乃视舌出不出(看舌是否吐出),头足去终所及地各几何(头脚离系绳处及地面各有多远),遗矢溺不也(有无屎尿流出)。乃解索,视口鼻渭然不也(有无叹气的样子),乃视索迹郁之状(查看索沟痕迹、淤血的情况),道索终所试脱头(试验尸体的头部是否能从系绳处脱出),能脱,乃口其衣(解开衣服),尽视其身、头发中及篡(仔细查看全身、头发内以及会阴部)。舌不出,口鼻不渭然,索迹不郁,索终急不能脱,口死难审也(不能确定是缢死)。

---

① 参见贾静涛:《中国古代法医学史》,群众出版社1984年版,第19—20页。
② 睡虎地秦墓竹简小组编:《睡虎地秦墓竹简》,文物出版社1978年版,第267—270页。

这些记载，反映了当时在这方面的鉴定技术和经验已经达到了相当的程度。

除了鉴定技术外，在进行司法鉴定的范围和人员方面，也有明确规定。首先，对于死因不明的，原则上都要进行尸体检验，违反者要依法予以处罚；其次，检验和鉴定必须由专门人员来负责。从《封诊式》及出土秦简的其他记载看，县里的"令史"一职，就是专门负责检验和鉴定的国家公职人员。此外，在鉴定文书的体例和格式方面，也有统一的标准式样，表明司法鉴定已逐步趋于规范化。从这个意义上说，《封诊式》是一篇珍贵的古代司法鉴定文献，对于研究中国古代鉴定制度的发展，具有极其重要的意义。

四
古代司法鉴定的运用与发展

司法鉴定在中国古代审判实践中的运用有着悠久的历史。清末法学家沈家本在《无冤录序》一文中说:"大辟之狱,自检验始。"说明司法鉴定的运用最早是与刑事案件密切联系在一起的。《礼记·月令·孟秋之月》中记载:"是月也,有司修法制,缮囹圄,具桎梏,禁止奸,慎罪邪,务缚执。命理瞻伤,察创,视折,审断,决狱讼,必端平。戮有罪,严断刑。"汉人蔡邕对此的解释是:"皮曰伤,肉曰创,骨曰折,骨肉皆绝曰断。"而"瞻焉、察焉、视焉、审焉,即后世检验之法"[1]。将在伤害案件中对被害人的伤势检验,作为正确定罪量刑、保证司法公正的必要程序和手段。可见至迟在先秦时期,以法医检验为核心的司法鉴定就已经在审判中得到了较为普遍的运用。而从可知的史料记载看,中国古代司法鉴定的一个显著特点,就是以法医检验为核心。从这个意义上说,比较完备的司法鉴定制度,是在战国时期开始形成的,它以后的发展大体上经历了三个阶段。

(一) 战国—唐朝

至战国时期,随着社会经济文化的发展,百家争鸣局面出现,推动了科学技术和法律制度的协调发展,在司法鉴定方面也取得了惊人的成就。其代表,便是在湖北云梦睡虎地出土的秦代竹简中的《封诊式》。

---

[1] (清)沈家本:《枕碧楼丛书·无冤录序》。

《封诊式》是关于案件调查、勘验、审讯等方面的方法和程序的著作。其中通过许多实例,对司法鉴定方面的问题作了阐述。在《出子》篇中,对一起因斗殴引起的流产案件,通过对可疑血块是否为胎儿进行鉴定的记载,详细介绍了对胎儿的检验程序和认定方法。同样,在尸体检验方面,对"贼杀"(他杀)和"经死"(缢死)的现场尸体检验实例的记载,描述了损伤性状及凶器的推定等问题。特别是在缢死案件里,通过对尸体索沟性状的描述,注意到了生前缢死与死后再缢的区别,[①]反映了当时在这方面的鉴定技术和经验已经达到了相当的程度。

古代法律发展至唐朝,达到了一个高峰。集中国古代法律之大成的《唐律》及其《疏议》,在吸收秦汉以来司法鉴定实践经验和发展成就的基础上,进一步完善了司法鉴定制度。其突出表现,就是在法律中对人命(凶杀)案件和伤害案件的检验问题作了明确规定。《唐律疏议·斗讼律》规定,在人命和伤害等案件中,检验的对象主要有三类,即尸体、伤者以及诈病者,即相当于现今的尸体检验和活体检查。同时,对伤害案件中"伤"的标准作了明确界定,即"见血为伤";以及各种伤害的分类,即手足伤、他物伤与刃伤,并根据伤害程度的不同,承担不同的刑事责任。如对损伤他人眼睛的行为,凡"眇一目"的,处以"徒一年";而"瞎一目"的,则要处以"徒三年"。眇是"亏损其明而犹见物";瞎则"目丧明全不见物"。两者损伤程度不同,所以量刑轻重也不同。而所有这一切,都必须通过司法鉴定。也正因为如此,唐律对于检验人员的责任也作了明确规定:凡是检验不实的,要视其情节予以处罚,严重者以故入人罪论处。这些规定,基本上都被后来各朝代的法律所继承。

除了人命及伤害案件外,对于其他案件中的书证、物证的鉴定也得

---

① 参见(清)沈家本:《枕碧楼丛书·无冤录序》。

到了运用。在唐朝人张鷟的《朝野佥载》一书中,就记载了这样一个案例:

> 唐武则天垂拱年间,湖州佐史江琛为陷害刺史裴光,将裴光所写的文章中的字割下来,拼凑成文,伪造了一封写给徐敬业的谋反信,并向朝廷告发。武则天派御史前去审问,裴光说:字是我的字,但话却不是我的话。前后换了三个御史,都不能定案。武则天又派一个名叫张金楚的官员负责调查此案。张金楚仔细查看信件,看不出什么破绽。他又将信拿起来对着日光看,结果发现信上的字都是粘贴而成的,平铺在桌上时是看不出的。于是他便将衙门的官员召集起来,当着众人的面,将信件放在一盆水里,结果一个个字都散开了。案情也因此大白。

(二) 宋元时期

宋朝在唐朝的基础上,司法鉴定有了进一步的发展,并将法医检验制度推向了一个新的高峰。其成就突出表现在两个方面:一是法律上系统的检验制度的建立;二是出现了一部法医学的专著——《洗冤集录》。

宋朝地方衙门的司法功能较唐朝而言,大大加强了。为了提高审判效力,保证审判的公正,就要求提高检验工作的质量。因此,宋朝在唐律有关检验的规定的基础上,颁布了一系列有关检验的法律和法规,用以指导和规范检验工作。在南宋时颁布的《庆元条法事类》中,专门列了"验尸"一章,对验尸的程序、验尸报告的格式、负责验尸的官员(州差司理参军、县差县尉)、验尸时的注意事项,以及相关的法律责任等,都作了相应的规定。

宋朝检验制度在法律上的确立,是检验制度发展的结果;而法律上对检验制度的规定,又反过来促进了检验制度本身的发展。正是在这种良性的互动之下,产生了中国第一部系统的关于检验制度的法医学专著——《洗冤集录》。《洗冤集录》一书为南宋理宗时湖南提刑宋慈所著,共分为5卷,内容包括条令、检复总说、疑难杂说及自缢、溺死、服毒等53目。其中对于各种尸体现象及死伤状况作了分析,并据以推断死伤原因。此外,对在检验中应当遵循的手续、方法等也都作了详细的阐述。《洗冤集录》在法医学方面的成就,主要反映在以下几方面:第一,从理论和实践两方面阐述了法医检验的极端重要性;第二,系统阐述了法医检验的基本原则;第三,详细阐述了处理各种疑难案件时应当遵循的原则;第四,吸收了宋以前的法医学方面的成果,为保存祖国法医学遗产作出了贡献;第五,对法医检验作了比较系统完整的理论阐述和实务经验总结。①

除了法医检验制度以外,两宋时期在刑事案件的发案原因、物证等方面的司法鉴定也取得了一定的成就。在宋人郑克编写的《折狱龟鉴》一书中,就记载了两起较为典型的案例:

> 程琳担任开封府知府时,皇宫内发生火灾。经调查,发现现场有裁缝使用的熨斗,负责调查的宦官便认定火灾是由熨斗引起的,并将裁缝交开封府审讯结案。但程琳认为此案疑点甚多。经过仔细的勘察,发现后宫烧饭的灶靠近壁板,日子一久,壁板变得非常干燥而引起火灾。

在此案中,程琳正是通过对起火原因的认真鉴定,才避免了一起

---

① 参见何勤华:《中国法学史》(第二卷),法律出版社2000年版,第94—97页。

错案。

> 钱冶为潮州海阳县令时,州中有大姓家中起火,经过调查,发现火源来自邻居某家,便将其逮捕审讯。某家喊冤不服。太守便将此案交钱冶审理。钱冶发现作为引火之物的一只木头床脚可能是大姓的仇家之物,便带人去仇家,将床脚进行比对。在事实面前,仇家供认了纵火并栽赃以逃避罪责的犯罪事实。①

此外,由于商品经济的发展,民事方面的纠纷也不断增多。因此,对契约等各种书证的鉴定,便成为正确处理纠纷的重要保证。在这方面,也有不少成功的案例:

> 章频担任彭州九龙县知县时,眉州大姓孙延世伪造地契,霸占他人田地。这场纠纷一直得不到解决。转运使便将此案交章频审理。章频对地契进行了仔细鉴定,发现地契上的墨迹是浮在印迹之上的,是先盗用了印,然后再写字的,从而认定地契是伪造的。

> 江某任陵州仁寿县知县时,有洪某伪造地契,侵吞邻居田产。他用茶汁染了纸,看上去好像是年代十分久远的样子。江某对洪某说:如果是年代久远的纸张,里面应该是白色的,如今地契表里一色,显然是伪造的。洪某被迫供认了伪造的事实。②

宋朝在司法鉴定方面的成就,在元朝得到了进一步的发展。元朝

---

① 《折狱龟鉴》卷2《释冤下》。
② 《折狱龟鉴》卷5《察奸》。

在法医学方面的主要成就,就是王与编撰的《无冤录》一书。《无冤录》在继承《洗冤集录》成果的基础上,进一步发展了法医学理论,并纠正了《洗冤集录》中的一些错误。此外,元大德年间还颁布了由国家统一制定的《检尸式》,具体规定了对悬缢、水中、火烧、杀伤等各类尸体的现场检验程序和方法,表明在这一时期,检验制度已基本上规范化、法制化了。

(三) 明清时期

虽然从总体上说,明清时期司法鉴定是承续了宋元以来的发展,但也形成了自身的特色。在《洗冤集录》和《无冤录》等的基础上,明清时期相继出现了大量的法医学著作,如《洗冤录及洗冤录补》《洗冤集说》《律例馆校正洗冤录》《洗冤录详义》等。这些著作大都是在《洗冤集录》的基础上,结合当时的具体情况、检验技术和法律规定,作为指导检验的理论书籍,其内容对《洗冤集录》也有一定的发展。如许梿的《洗冤录详义》一书,不仅在体系结构等方面比《洗冤集录》更为系统和合理,而且在内容上,对《洗冤集录》也有许多扩展,在阐述法医学问题时,在层次上也比《洗冤集录》要来得丰富。尤为值得一提的是,明清时期在法律制度方面,有关检验的程序、内容也更加完备、具体。这主要表现在作为国家基本法典的《大明律例》和《大清律例》中,对有关检验的问题都作了明确规定。

(1) 负责检验的官吏。在京城,初检由五城兵马司负责,复检由京县知县负责;在外地,初检由州县正官(即知州、知县)负责,复检由府推官负责。而具体的检验工作则由件作来进行。

(2) 关于检验的程序。于未检之先,即详细询问尸亲、证人、凶手等;随即去停尸所督令件作如法检验、报告;对要害和致命之处要仔细查看,验明创口大小,是何凶器所伤,并与在场众人质对明白;对于因时间长久而发生的尸体变色,也要仔细查验,不得由仵作混报。

(3)关于检验的责任。负责检验的官吏因失职而导致检验不实等情形发生的,要依法追究责任;如果是因收受贿赂而故意检验不实的,则以故意出入人罪论处;情节严重的,以受财枉法从重论处。

为了防止受贿舞弊现象的发生,负责检验的官员只许随带仵作一人,刑书一人,皂隶二人。一切夫马饭食也必须自行携带,不许向地方或当事人索取分文。违者依律议处。

由于仵作是具体从事检验工作的专门人员,他的地位虽然十分卑贱,但事关重大,因此,《大清律例》中专门对仵作的定额、招募、培训、待遇等作了明文规定:

> 大县额设仵作三名,中县额设二名,小县额设一名。仍于额设之外再募一二人,令其跟随学习,预备顶补。每名发给《洗冤录》一部,选委明白刑书一人,与仵作仔细讲解。每人拨给皂隶工食一名,学习者,两人共拨给皂隶工食一名。若有暧昧、难明之事,果能检验得法,洗雪沉冤,该管上司赏给银十两。其有检验故行出入、审有受贿情弊者,照例治罪,不许充役。①

此外,明清时期对各种侵害现象发生的原因、物证、书证及其他有关事项的司法鉴定,较前代也有了较大的进步。这在明清时期的白话小说、公案小说和笔记小说中都有大量的记载。尽管其中有不少虚构的内容,但大体上反映了这一时期司法鉴定发展的真实情况。

中国古代以法医检验为主的司法鉴定制度在法律上、理论上和司

---

① 《大清律例·刑律·断狱》。

法实践三方面的协调发展,取得了重大成就,成为封建社会最先进、最完备的司法鉴定和检验制度,构成了中国古代光辉灿烂的民族文化的一个组成部分。许多有关的专著,如《洗冤集录》《无冤录》等,被译成了多种文字,流传国外,对亚洲乃至全世界的法医学发展都产生了重大影响。然而,由于封建传统观念以及封建礼教的束缚,加上自清朝建立以来推行的闭关锁国和文化专制的政策,严重阻碍了自然科学的发展,从而使得中国的司法鉴定制度非但没有在已有的基础上得到进一步发展,反而从领先于世界的地位上跌落下来,最终被具有科学体系的近代西方国家的司法鉴定制度所取代。这个教训,是值得我们认真吸取的。

五
古代的法律教育

法律教育在中国古代有着悠久的历史。西周时期,随着学校制度的确立,诗、书、礼、乐、射、御这"六艺"成为学校教育的基本课程。而作为"礼"的重要组成部分的法律,自然也成为学校教育的内容。至春秋时期,随着私学的兴起和百家争鸣局面的出现,法律教育也开始走向了社会。郑国的邓析就曾聚徒讲学,传授法律和诉讼知识,并收取一定的报酬,甚至还私纂了《竹刑》一书。到了战国时期,法家为了变法的需要,大力宣传法律,推广法律教育。秦孝公时,以"好刑名之学"的商鞅为相,主持变法。商鞅以法为教,要求官吏必须熟悉法律知识,如果忘记应当执行的法律的名称,"各以其所忘之法令名罪之"①。由于法律教育和法律知识的普及,秦人妇孺皆言商君之法,民勇于公战,怯于私斗,山无盗贼,路不拾遗,乡邑大治,收到了很好的社会效果。秦国也因此迅速强大。秦始皇统一中国后,实行文化专制,焚烧了包括法律书籍在内的百家之书,规定民欲学法令的"以吏为师",事实上阻碍了法律教育的发展。

到了汉朝中期以后,法律教育再度得到了发展。随着官办学校与私人教育的普及,出现了一些以研究律令为专业的世家,其中最为著名的有东汉中叶以后的郭(郭弘、郭躬、郭晊、郭镇、郭贺、郭祯、郭僖、郭

---

① 《商君书·定分》。

旻)、吴(吴雄、吴訢、吴恭)、陈(陈咸、陈宠、陈忠)等诸家。据《后汉书·郭躬传》记载,郭躬少传父郭弘之业,讲授法律,徒中常数百人。当时连孔子的第十四世孙孔光也"命习法令",各地的一些官府也派属下的吏员去京师学习法律,可见当时法律教育与学习法律的氛围。此外,西汉时的一些著名大臣,如晁错、张汤、公孙弘、严延年、黄霸等在入仕前,都经过专门的法律学习。当时的一些经学大师,如董仲舒、马融、郑玄等人,也都精通法律,多为汉律作注,并以此传授门徒。董仲舒的《春秋决狱》及马融、郑玄的律注,都是当时权威的法律著作和教材。自曹魏时起,在国家机关内正式设立了"律博士"一职,负责教育、培训司法官吏,法律教育成了国家机关的日常工作。北齐时还规定官员子弟学习法律,故"齐人多晓法律"。

隋唐时期的法律教育得到了进一步的发展。首先,正式将律学列为官学。隋朝初年,以律学隶属于大理寺,设律学博士八人,主管律学,后移隶国子监。唐朝以律学为"六学"(即国子学、太学、四门学、书学、律学、算学)之一,唐玄宗时,将律学正式隶属于国子监。据《唐六典》等记载,律学设博士、助教各一人,教授学生,督课试举;学生五十人(后改为二十人),为八品以下官员及庶人的弟子,学制六年,以律令为专业。其次,在科举考试的科目中,专设"明法"一科,为那些精通法律的人提供入仕的途径。把法律教育与入仕结合起来,推动了法律教育的发展。

宋朝沿袭了唐朝的制度,同样也很重视法律教育。宋神宗熙宁六年(1073年)在国子监中设律学馆,与太学、广文馆并称为"三馆",作为中央的官学。律学设教授四人,命官、举人均可入学就读。律学分"律令"和"断案"两个专业,前者以学习律令为主,后者以学习案例为主。每月有一次大考(公试)和三次小考(私试),主要教材为《唐律疏议》《刑统》、编敕即令格式等,都是当时通行的法律。为了方便律学的学生

熟悉和及时掌握朝廷最新颁布的法令,规定凡是朝廷新颁布条例、法令、敕令的,由刑部即送律学,以便学生研读。凡在律学读书的命官,如果公试律令、断案俱优的,可由吏部直接授予官职,而不需再参加其他考试。

明太祖朱元璋对法律教育也非常重视。早在吴元年(1367年)律令刚制定时,朱元璋就命大理寺卿周祯将其中有关部分用口语体写成《律令直解》,发至各州县,对百姓进行宣传。洪武十八年(1385年)《大诰》颁布后,又将《大诰》作为全国各级学校的必修课程,科举考试也要从中出题。但是,至明中期以后,随着以儒家经义为基本内容、以八股文为主要形式的科举考试的勃兴,法律教育便不再受重视。特别是到了清朝时,科举入仕的人不懂法律,刑名之学成为异途,甚至成了讼师非法牟利的手段。法律知识操纵在"幕友"与"胥吏"之手,成为清代司法黑暗的一个突出表现。

清朝末年实行"新政"时,在修订法律大臣沈家本的主持下,在北京成立了近代史上第一所专门的法律学校——北京法律学堂,聘请日本法律专家讲课,课程内容基本上是介绍西方国家的法律,培养出了近代中国的第一批法律专门人才,揭开了近代中国法律教育的序幕。

六
唐宋时期的法律考试

唐宋时期是中国古代法律文化发展的鼎盛时期,随着科举制度的确立和职官管理制度的逐步完善,法律考试制度也趋于规范化。

如前所述,唐朝在科举考试的科目中,就有"明法"一科,这是专门的法律考试,用以选拔法律人才。考试的内容是试律7条、令3条。10条全通的为甲第,通8条以上为乙第,7条以下的则为不合格。此外,根据当时的规定,凡是考中进士的人,必须参加吏部举行的任职考试,合格者才能被授予官职。考试的内容为身、言、书、判四项,其中"判"即为判词,是根据律令的规定以及儒家的经义去分析判断案件。在白居易的文集中,就有《甲乙判》两卷,收录的就是这方面的内容。考试不合格的,不能授予官职。不过,由于科举考试重视的是诗赋词章,明法科的地位不高,应试者也寥寥无几;试判词也是以"文理优长"为主,对法律知识的考试并未真正予以重视。

宋朝的法律考试在唐朝的基础上有较大的发展。宋朝"明法"科考试较唐朝更为规范。宋真宗时,礼部贡院专门规定了明法考试的章程:"向来明法止试六场,今请依'尚书'例试七场,第一场、第二场试律,第三场试令,第四、第五场试小经,第六场试令,第七场试律,仍于试律内杂问疏义五道。"①这一规定,体现和贯彻了"经生明法,法吏通经"的思

---

① 《宋史·选举志》。

想。凡是考取明法科,成绩较好的,授上州司理、司法、录事参军及判官等职;一般的则授各县的主簿和县尉。中央政府的法官,如大理寺的评事等,也往往选用明法科出身的人担任。至宋神宗时,为了适应变法的需要,普及、推广法律知识,改变旧明法科的弊病,注重法律的实用性,设立了新明法科。新明法科取消了经义的考试,另外加试《刑统》大义和断案。对于新明法科的考生,给予优先注官的优待,只要考取,吏部即可差遣为各州的司法参军,而且"叙名在进士及第人之上"。由于统治者的大力提倡,参加明法考试的人日益增多,从而形成了"天下争诵法令"的风气。

除了明法科及新明法科的考试外,为了提高和保证官吏特别是司法官吏的法律素质,宋朝还实行以中下级地方官及司法官吏为主要对象的法律考试。这些考试的形式有:

(1)官吏试法。宋建隆三年(962年)规定,凡是选派法官及职官,都要问法书10条,在吏部候选的官员,要试判三道,"只于正律及(律)疏内出判题,定为上中下三等",改变了以文辞优美为主要标准的考试方法。宋仁宗时又规定,凡候选注官的"选人",要先录其以前做官时或是应考时所作的判词30道送上审核,如果词、理俱优的,具名奏闻,赴阙考试任用。宋神宗时,又以"试断案二,或律令大义五,或议三道"代替试判。考了上等的,可以免选,直接授予官职。此外,地方官任满进京述职时,也要考法律。宋太宗时曾下诏规定:知州、通判及州县幕职官等,秩满进京,当令于法书内试问,如果全不知晓的,要酌情予以处罚。

(2)司法考试。宋代以"试刑法"作为选拔司法官吏所举行的专门的司法考试。端拱二年(989年)下诏,凡具有法律专长的官员,可以上表自陈,参加司法考试,成绩合格的,即送刑部及大理寺任职。咸平六年(1003年)又颁布了"试刑法"的章程:"自今有乞试法律者,依元敕问律义十道外,更试断徒以上公案十道,并于大理寺选断过旧条稍繁重轻难等者,拆去原断刑名法状罪由,令本人自新别断,若与原断并同,即得为通。若十道全通者,具状奏闻,乞于刑狱要重处任使;六通以上者,亦奏加奖擢;五通以下,更不以闻。"①司法考试的内容为律文和断案。断案往往有一定的深度和难度,以考查应试官吏分析与运用法律的能力。宋神宗时,出于推行新法的需要,对司法考试作了一些补充规定,并于熙宁三年(1070年)制定了《熙宁刑法六场格式》,对司法考试的程序、内容等作了明确规定。这也是中国历史上第一部关于司法考试的比较完整的立法,它对北宋后期以及南宋时期的司法考试都产生了相当的影响。

南宋南渡后,于绍兴元年(1131年)恢复了司法考试。终南宋之世,这一制度还是得到了比较好的贯彻执行。

---

① 《宋会要·职官十五》。

七
赌博与古代法律

赌博自古以来就被人们视为一种恶习,它不仅妨碍了社会秩序,败坏了社会风气,而且还可能导致斗殴、凶杀、盗窃、抢劫等犯罪行为的发生,具有很大的社会危害性。也正因为如此,历代法律都将赌博行为作为打击和制裁的对象。

从现有的史料记载看,最早在法律上对赌博进行规定的,是战国时的《法经》,其中根据赌博犯罪主体的不同,给予不同的处罚。一般人赌博的,要"罚金三币";如果是太子赌博的,则要处以笞刑,屡教不改的,则废除其太子的资格。秦律沿袭了《法经》的做法,对赌博罪也作了规定。

汉朝初年,在长期战乱之后,推行与民休息的政策,安定社会秩序,恢复社会生产。但当时的一些贵族、功臣子弟贪图享乐,追求奢华的生活,把赌博作为一种经常性的娱乐活动。这对于正在励精图治的统治者来说,是不能容忍的。因此,对那些进行赌博的达官贵人,同样给予了严厉的处罚。汉武帝元鼎元年(前116年),嗣侯黄遂因犯赌博罪被"髡为城旦"(刑期为五年,是当时仅次于死刑的刑罚)。之后不久,嗣侯张拾、蔡辟方也因赌博被削去爵位,"髡为城旦"。可见当时对赌博的处罚是非常严厉的。然而,随着统治政权的逐步稳固,打击赌博的法律渐渐废弛,上自达官贵人,下至市井无赖,都"奢衣服,侈饮食……或以游博持掩为事"。特别是魏晋以后,赌博游戏成风,法律中也不见对赌博的规定了。

唐朝建立后,吸取前代的经验教训,在完善各项法律制度的同时,在法律上对赌博也作了具体规定。《唐律疏议·杂律》将赌博分为赌博财物与聚众赌博(即法律上所说的"停止主人")两种,并给予不同的处罚:对于赌博财物的,按所得财物的多少定罪量刑;聚众赌博的,即使不得财,也要"杖一百",如果是抽头渔利的,"计赃准盗论"。同时,还明确了轻罪与重罪的界限:犯赌博财物的,以五匹为限,五匹以下为轻罪,处以"杖一百";五匹以上"准盗论",即根据赃物的多少,比照盗窃罪论处。当然,并非所有戏赌财物的行为都是赌博,如比试弓箭武艺,即便以财物为赌注,也不能算是赌博。另外,以饮食为赌注,或是以赌赢的钱请大家一同吃喝的,也不得按赌博追究责任。

宋代法律在沿袭唐朝规定的基础上,对赌博的处罚比唐律要重。宋初就曾颁布法令规定,凡是在京城开封府辖区赌博的,一经发现,一律处斩;隐匿赌徒不报的,与之同罪。边界地区犯赌博的,一律发配充军。北方的金、元等少数民族政权的法律,对赌博同样作了规定。金世宗大定八年(1168年)制定了《品官犯赌博法》,其中规定:凡品官犯赌博的,"赃不满五十贯者,其法杖,听赎;再犯者杖。"元朝的《大元通制》也规定:"诸赌博钱物,杖七十七,钱物没官。有官者罢见任,期年后杂职内叙。开张博房之家,罪亦如之。再犯加徒一年。……官吏赌饮食者不坐。"

明朝法律对赌博的处罚采取了区分情节予以不同处理的做法。凡无正当营业,专以赌博为业的,或是开赌场聚众赌博的,定为第一等罪,杖八十,枷号两个月;参与赌博的,定为第二等罪,杖八十,枷号一个月;而年幼无知、被人引诱而参与赌博的,定为第三等罪,杖八十,从轻发落。职官犯赌博的,罪加一等。所有赌博的财物一律没官。清朝基本上沿袭了明朝的做法,但对官员犯赌博及开赌场引诱赌博的行为作了补充规定:凡开赌场引诱赌博的初犯,发极边、烟瘴地带充军,再犯绞监候;如果官吏犯赌博的,则要革职,鞭一百,枷号两个月,并且"不准折赎,永不叙用"。

从古代法律对赌博的规定看,虽然不同时期对赌博的处罚不尽相同,但总的精神是"不防其微,必为大患",希望通过严禁赌博以"塞祸乱之源,驱民纳之善也"。特别是对官员犯赌博的处罚要重于一般的百姓,这一点是很值得后人借鉴的。

八
盗墓与古代法律

盗墓这种社会的丑恶现象由来已久,它与古人厚葬的风气习俗有直接关系,是厚葬的恶果。厚葬之风在中国历史上经久不衰,愈演愈烈,盗掘坟丘也就越来越猖獗。由于盗墓活动严重扰乱了社会秩序,危害到统治政权的稳定,因此,历代封建王朝制定了有关法律、法令,严厉制裁盗墓行为。

从现有的文献资料记载看,最迟在汉朝的法律中,就已有关于处置盗墓的规定了。《淮南子·氾论训》中记载:"天下县(悬)官法曰:发墓者诛。"即便是一些没有造成严重后果,甚至是"合法"的发墓行为,也要予以处罚。东汉朱穆为冀州刺史时,宦官赵忠丧父,归葬冀州安平郡,在陪葬品中僭用君主所佩用的玙璠、玉匣以及偶人等明器,这种做法在当时属于严重的违法行为,因此朱穆得知后,便责令安平郡的官吏严加查处此事。安平郡的官吏便将赵忠父亲的墓掘出,剖棺陈尸,并将其家属收捕入狱。汉桓帝听说后,大怒,下令将朱穆交廷尉论处,将他判处徒刑。幸亏太学生刘陶等数千人上书营救,才得以从轻发落。①

魏晋南北朝时期,对盗墓行为同样规定了严厉的处罚。西晋时,上洛男子张卢死后安葬二十七日,墓被人盗发,张卢在墓中复苏,竟因此而得以复生。依法,盗墓者应处死刑;但也正因为盗墓者的盗墓行为,

---

① 参见《后汉书·朱穆传》。

才使张卢得以死而复生,据此,盗墓者又有救活人命之功。郡县衙门难以审理,豫州牧便将此案上奏朝廷。朝廷认为盗墓者"意恶功善",虽可减轻发落,但不能免罪,将他判处笞三百,不齿终身。①

北魏文成帝太安四年(458年)北巡至阴山时,发现不少坟墓都被盗毁坏,于是下诏规定:"自今有穿毁坟垅者,皆斩。"②

至隋唐时期,在法律中以专条对盗墓罪作了具体规定。《唐律疏议·贼盗律》中"谋反大逆""残害死尸""穿地得死人""发冢"及"盗园陵内草木"等条中,对盗发陵墓及相关犯罪作了明确规定:

乾陵

第一,盗发陵墓。唐律对盗发皇陵与盗发普通冢墓在量刑上是不同的。盗发皇陵属于"十恶"中的"谋大逆"。这类行为,只要有预谋,依法即处以绞刑;如果已经着手实施,那么不仅罪犯本人要被处斩,还要连坐家属,父亲及年满十六岁的儿子也要被处绞刑,十五岁以下的儿子及母女、妻妾、祖孙、兄弟、姐妹等以及财产全部没官(沦为官奴),伯叔

---

① 参见《太平御览》卷559引《汉赵记》。
② 《魏书·高宗纪》。

父及侄子等也要处以流三千里。对于盗发普通冢墓的行为,唐律规定,凡掘墓的,根据情节,分别科以不同的刑罚:(1)开棺见尸的,即处绞刑(不待取物触尸)。(2)掘墓见棺椁的,处以加役流(仅次于死刑的刑罚)。(3)掘墓未及棺椁的,徒三年。(4)如果在坟墓原就有洞穿塌或者尸体在外未殡埋的情况下盗取尸、柩的,徒二年半;盗取衣服的,减一等,徒二年;盗取墓中器物、砖、筑板的,以普通盗窃罪论处。

第二,挖地掘到死尸不立即重新掩埋好,以及在坟墓上熏狐狸而烧了棺椁的,徒二年;烧毁尸体的,徒三年。由于这类行为主观上并非故意,而是由于行为人的无意或过失所造成的,所以在量刑上比掘墓毁尸的处罚要轻。但这类行为即使是出于过失,同样也要追究行为人的刑事责任,由此也可见唐代法律对发墓行为的处罚是很严厉的。

第三,残害尸体。唐律规定:凡以焚烧、肢解等方式故意残毁尸体以及把尸体丢弃在水里的,比照斗杀罪减一等论处;如果丢弃水里后尸体未失落以及故意剃去死者头发、鬓须或者损伤尸体的,比照斗杀罪减二等论处。也就是说,对死尸的残害是比照对活人的杀伤论处的。比如说用刀砍下活人的头,依法应处斩,而用刀砍下死人的头,比照前者减一等,处以流三千里;同样,折断活人一条胳膊、打瞎活人一只眼睛,依法应处徒三年,而弄折死人的胳膊或挖去死人的一只眼,比照前者减二等论,处以徒二年。

第四,盗陵墓内草木。陵墓内的一草一木同陵墓本身一样,都是不容随意侵犯的,帝王的园陵尤其如此。唐律规定:凡盗帝王园陵内草木的,要处以徒二年半。但事实上的处罚可能更重,据《旧唐书·狄仁杰传》记载,唐高宗时,武卫大将军权善才砍伐了昭陵(唐太宗陵)上的一棵柏树,被送交大理寺审判,大理丞依律断权善才罪当免职(根据唐律,官员犯罪可用官职充当、免官等方式来代替应受的刑罚),但唐高宗却要将权善才处死。狄仁杰不同意,认为权善才罪不当死。可唐高宗却认为:"(权)善才斫陵上树,是使我不孝,必须杀之!"后来由于狄仁杰据理力争,权善才方才得以免于一死。一位三品将军砍了陵上一棵树尚且如此,一般的人就可想而知了。此外,若是盗伐普通墓茔内树木的,依法也要处以杖一百;如果盗伐树木获利多的,则要比照一般盗窃罪加一等论处。

宋朝法律关于发墓的规定,基本上是沿袭了唐律的内容。在《谈薮》一书中,就记载了这样一起案例:王公衮在会稽西山的祖墓被守墓人嵇泗盗发,王公衮向州衙控告,结果州衙判将嵇泗处以杖刑(宋朝实行"折杖法",凡笞刑、杖刑、徒刑等都折算成杖刑来执行)。王公衮对这一判决很不满意,他在嵇泗受杖后前来赔罪时,拔剑砍下嵇泗的头,然后去州衙自首。王公衮的哥哥王佐当时在朝中为侍郎,他愿以自己的官职替弟弟赎罪。于是便将此事交朝中大臣讨论。中书舍人张孝祥等建议赦免王公衮。结果仅仅是降了王佐一级官阶,而王公衮却因此而"孝名闻天下"。①

与宋同时的夏、金等少数民族政权,对盗墓行为同样予以严厉的处罚。西夏法典《天盛律令》有"盗毁佛神地墓"门,规定凡是毁坏百姓墓地的,徒三年;毁坏棺椁至尸体的徒八年;盗取墓中物品的则按强盗、偷盗罪从重处罚。② 金太宗天会二年(1124年)下诏,凡盗发辽诸陵者,处死。天会七年(1129年)又下诏禁止在辽代山陵樵采。③金朝末年,河南盗墓贼朱漆脸等盗掘宋太祖赵匡胤的山陵,案发后都被杖死。④

---

① 参见《古今图书集成·坤舆典》卷139《冢墓部》。
② 参见史金波等译注:《天盛改旧新定律令》,法律出版社2000年版,第184—185页。
③ 参见《金史·太宗纪》。
④ 参见《茶香室四钞》。

元朝法律对盗墓行为也作了规定,凡盗墓发冢已开冢的,比照窃盗论处;开棺椁的,按强盗罪论处;毁坏尸骸的同伤人罪,并由罪犯家属支付烧埋银;如果发冢得财而不伤尸的,杖一百(比徒五年)刺配。如果是挟仇发冢盗弃尸体的,则要处死。对于盗发诸王、驸马坟寝的,也不分首从,皆处死。此外,子孙因贫困等原因发掘祖宗坟墓,盗取其中财物的,或是变卖祖宗坟地的,依照具体情节论处;如果移弃尸骸不为祭祀的,按恶逆罪论处。买者知情的,减二等论处,没钱没官,不知情的另行处理。如果子孙为首,纠集他人盗发祖宗坟墓,盗取财物的,以恶逆论,虽遇大赦原免,仍刺字,徙远方屯种。①

明朝在前朝法律的基础上,对盗墓罪的规定更为具体,量刑也有所变化。据《大明律·刑律》中"发冢""盗园陵树木"等条规定,对盗墓及相关犯罪,根据以下几种情形,分别处理:

第一,盗发他人冢墓,与唐律的规定略同,凡发掘坟墓未至棺椁者,杖一百,徒三年;发掘坟墓见棺椁者,杖一百,流三千里;已开棺椁见尸者,绞;半开棺见尸者,亦绞。若是子孙发掘尊长坟墓开棺见尸的,则要处斩;尊长发卑幼坟墓的依次递减。

第二,挖地掘到死尸不立即掩埋的,杖八十;在他人坟墓熏狐狸而烧棺椁的,杖八十,徒二年;烧毁尸体的,杖一百,徒三年。如果是尊长的坟墓或尸体,要递加一等,卑幼的坟墓或尸体则递减一等。

第三,平治他人坟墓为田园的,杖一百;若于有主坟地内盗葬的,杖八十,并勒令限期移葬。

第四,盗园陵树木。《大明律》规定:凡盗帝王园陵内树木的,皆杖一百,徒三年;盗他人坟茔内树木的,杖八十。此外,《问刑条例》对于盗

---

① 参见《元史·刑法志》。

毁帝王园陵树木及相关行为，还有以下几项特别规定：(1) 凡在凤阳皇陵、泗州祖陵、南京孝陵、天寿山陵寝等皇陵内盗砍树木的，主犯比照盗大祀神御物罪，处斩，从犯发边卫充军；孝陵周围二十里内开山取石、安插坟墓、建造池台的，枷号一个月，发边卫充军。

第五，盗掘皇陵。与唐律一样，《大明律》也将盗掘皇陵的行为视为"十恶"中的"谋大逆"，而且量刑比唐律更重。凡谋毁皇陵的，不分首从，皆凌迟处死；祖父、父、子、孙、兄弟及同居之人，不分异姓，及伯叔父、兄弟之子，不限籍之同异，年十六以上，不论笃疾、废疾，皆斩。也就是说，凡盗掘皇陵的，除本人凌迟处死外，还要满门抄斩。

清朝的法律关于盗墓及相关犯罪的规定，基本上是沿袭《大明律》，同时在律文后所附的"条例"中，对盗墓行为作了具体的规定。在清朝的案例汇编《刑案汇览》①中，也收录了大量的盗墓案例，反映了清朝对盗墓罪处罚的基本情况。

从历代法律关于制裁盗墓的规定看，主要有以下几方面特点：第一，不仅故意盗墓构成犯罪，无意发墓毁坏棺椁、死尸的，同样也构成犯罪；第二，不但盗取墓藏中的财物构成犯罪，毁坏墓上的树木也构成犯罪；第三，对盗毁帝王园陵与盗毁普通冢墓在量刑上不同，前者比后者要大大加重，这同样也体现了法律对皇权（包括皇权象征物）的保护。

---

① 参见《刑案汇览全编》，法律出版社2007年版。

九
佛教与古代法律

佛教从汉代传入中国后，最初只是作为一种普通的宗教被接受。由于佛教教义的某些内容适应了中国百姓的心理，加上一些统治者的提倡，佛教地位不断提高，并对法律制度产生影响。其首倡者，当数南朝的梁武帝萧衍。

萧衍酷好佛法，他身为万乘之尊，却过着苦行僧的生活，还先后四次到寺院舍身。为了表现佛门的"慈悲"，他每次断死罪，总要涕泣，还整日闷闷不乐；豪门士族犯了罪，总是想方设法予以宽免；亲贵犯死罪，甚至是谋反，也只是哭着教训他们一番，然后便什么事也没有了。他每逢重大佛事，都要大赦天下。他还在法律上缩小了自汉代以来一直盛行的族姓连坐的范围。萧衍大兴佛教，在中国法律史上开了佛教与法制结合的先例。

由于佛教的影响，这一时期的一些王朝不仅把法律的执行与佛事活动联系起来，而且还将与佛教及僧人有关的犯罪写入了法律。隋文帝杨坚也是一个推崇佛教的皇帝，他不仅继承了北齐的法律，在《开皇律》中规定了"盗毁天尊佛像"的罪名，而且还在实际上加重了对这些行为的处罚。他在开皇二十年（600年）颁布的诏令中说："佛法深妙，道教虚融，咸降大慈，济度群品，凡在含识，皆蒙覆护，所以雕铸灵相，图写真形，率土瞻仰，用申戒禁"，凡敢有盗窃及毁坏佛像的，以"不道"论罪；

如果是佛门弟子毁坏佛像的,则要按"恶逆"论处。① "不道"与"恶逆"均为"十恶",属于"常赦所不原"的恶性犯罪。自唐朝起,随着佛教对法律影响的不断深化,有关佛教及僧人的规定也日趋具体。

首先,在法律上明确规定与佛教及僧人有关的犯罪,主要有:

(1)盗毁佛像。《唐律疏议·贼盗律》"盗毁天尊佛像"条规定:凡人盗毁佛像的,徒三年;僧尼盗毁佛像的,则要处以"加役流"(仅次于死刑的刑罚)。即使是"非贪利,将用供养"而盗佛像的,也要处以"杖一百"。武则天时颁布的敕令,对盗佛像的行为按照"谋大逆"(最高刑为死刑)论处,盗佛殿内物品的行为按照"盗乘舆物"(属"十恶"中的"大

---

① 参见《隋书·文帝纪》。

不敬"),量刑比《唐律疏议》大大加重了。

（2）违法剃度。由于僧人享有免除徭役、差科等特权，因而法律上对剃度出家的条件、程序等有严格规定，凡违法者要依法追究法律责任。按当时的法律规定，凡出家为僧尼，须由官府发给度牒，否则即为非法。《唐律疏议·户婚律》"私入道"条规定：凡私自剃度出家及私度他人的，杖一百；已注销户籍的，徒一年。如果是主管官员非法剃度并发给度牒的，一人杖一百，二人加一等。南宋时的《庆元条法事类》也规定：凡私自剃度及私度他人为僧的，各徒三年；师主知情者徒二年。明清时期的法律对私度的处罚相对减轻了，改为杖八十。

（3）犯奸。佛门五戒，色戒第一。《唐律疏议·杂律》规定，僧人犯奸罪的，要比凡人加二等论处。明清时期法律对僧人犯奸除加二等外，还要于本寺门首枷号一个月。此外，如果僧人违反佛门戒律，挟妓饮酒的，要处以杖一百，发原籍为民。

（4）五逆。五逆原是佛经中的五种恶业大罪。《阿阇世王问五逆经》中说："有五逆罪，若族姓子、族姓女为是五不救罪，必入地狱无疑。云何为五？谓杀父、杀母、害阿罗汉、斗乱众僧、起恶意于如来所。"在《观无量寿经》中，则将五逆与十恶并称，"或有众生作不善业五逆十恶，具诸不善，如此愚人以恶业故，应堕恶道"。随着佛教社会影响的扩大，五逆也成了仅次于十恶的严重犯罪。据现有史料记载，五逆作为一项法律上的罪名，最早见于唐肃宗上元二年（761年）的大赦诏令："……大辟罪无轻重，已发觉未发觉，已结正未结正，见系囚徒常赦所不免者，咸赦除之。其十恶、五逆及伪造头首、官典犯赃，法实难容。刑故无小，不在免限。"直到五代后周时，周世宗灭佛，才从法律上取消了"五逆"的罪名。

此外，各朝法律对僧人的衣、食、住、行等方面的各种戒条戒律也有明确规定。如宋代法律规定:僧人习武练艺的要依法处以徒二年、配五百里。①

其次,在法律上对僧人犯罪的处理作了专门规定。由于僧人在法律上具有特殊地位,对僧人犯罪的处理上也有一些特殊规定。

(1)僧人犯罪的,可以单独或附加处以勒令还俗;僧人犯徒罪,除奸罪外,可以度牒抵罪。如唐《僧道格》规定:"僧、尼犯徒罪以上,送官司依常律推断,许以告牒当徒一年。"明清法律规定,僧人犯罪除依法追究刑事责任外,还要追收度牒,强令还俗。

(2)僧人的亲属犯谋反、谋大逆等罪的,僧人可免于连坐。同样,如果是僧人犯上述罪的,其亲属也可以免于连坐。这是因为僧人出家后,即与其亲属脱离了法律上的关系。

佛教对古代法律的影响,还突出表现在司法审判方面。中国古代的审批制度是以儒家的"明德慎罚"主张为指导的,这种"慎罚""宥过"思想与佛教的"救生"主张有着异曲同工之处,因此,一些重大的佛事活动往往也与实行大赦联系起来。同时,在刑罚的执行上,也直接纳入了佛教的戒律。据《释氏要览》记载,中国佛教把一年的二月至五月、六月至九月、十月至正月分为三时,每时的最后一个月,即五月、九月、正月叫作三长月(或斋月)。在斋月中,是不准杀生的,因此斋月又叫断屠月。此外,又以每月一、八、十四、十五、十八、二十三、二十四、二十八、二十九、三十日为十斋日(又称十直日),这十天中也禁止屠宰牲畜。唐朝法律受佛教影响,明确规定在断屠月及十斋日禁止执行死刑。唐高祖武德二年(619年)下诏规定:"释典微妙,净业始于慈悲,……自今以后,每年正月、五月、九月,及每月十斋日,并不得行刑;所在官司,宜禁

---

① 参见《庆元条法事类・道释门二》。

屠杀。"①在唐朝的《狱官令》中,对上述内容作了具体规定:凡在断屠月及十斋日执行死刑的,依照《唐律疏议·断狱律》的规定,对司法官吏要处以杖六十至杖八十的处罚。

此外,佛教还直接影响到司法官吏的审判观念和审判心理方面。自从佛教传入中国后,因果报应观念深入人心,其中"业报轮回"的观念对司法官吏的影响尤为深刻。司法官吏宽宥罪犯,被看作一种"善行",会有福报;而执法严苛、滥杀无辜则是造孽,会遭阴谴。司法官吏怕报应自身,延祸后世,往往视"救生"为积阴德。北魏时的高允就曾对人说:"我做官时积有阴德,救济民命,如果报应不差,我便可长命百岁了。"②清代著名的"循吏"汪辉祖也说过:"州县官作孽容易,造福也容易,只要尽行奉职,昭昭然造福于民,即冥冥中受福于天";反之,则是自作孽。他在《佐治药言》一书中,就列举了不少这方面的事例。应当说,这种观念对于督促司法官吏认真办案,限制他们枉法滥刑,防止冤假错案的发生,有着积极的意义;但也有相当的消极影响,不少司法官吏对罪犯一味求宽,遇有可开脱之处便设法开脱,并以此为积"阴德"而沾沾自喜,而不论罪犯的实际罪行如何,甚至还成为徇私枉法、放纵罪犯的托词。

清代的大学者纪昀在《阅微草堂笔记》中记载了这样一则故事:余某做了四十多年的刑幕(即刑名师爷),自信"存心忠厚,誓不敢妄杀一人"。但在他病危时,却梦见许多厉鬼浴血站在床前,对他说:你只知道刻酷会积怨,却不知忠厚也能积怨。我们无辜被人杀害,含恨九泉,只希望你能替我们申冤,制裁罪犯,但是你却刀笔舞文,曲相开脱,使得凶

---

① 《全唐文》卷1《禁行刑屠杀诏》。
② 《魏书·高允传》。

残漏网,白骨沉冤,还诩诩以纵恶为积阴德,我们不恨你恨谁!余某醒后,将所梦告诉儿子,并自掴其脸说:"吾所见左矣,吾所见左矣!"纪昀以辛辣的笔调,讽刺了这种以积阴德为由,曲纵罪犯的做法。宋朝的理学大师朱熹则直接把佛教的因果轮回观点视为造成犯罪的原因之一。他说:正是由于有了"生死轮回之说",才使得"黥髡贼盗"不惮于在今世犯罪,①并对佛教"因果报应"观念对司法官吏的影响进行了尖锐的批评:"今之法家惑于罪福报应之说,多喜出人罪以求福报","夫使无罪者不得直,而有罪者得幸免,是乃所以为恶尔,何福报之有?"②

---

① 《朱子全书·诸子三·释氏》。
② 《朱子语类》卷110。

十
"乌台诗案"与宋代法制

北宋神宗元丰二年(1079年),苏轼(东坡)调任湖州知州。到任后,按照惯例,给皇帝上了"谢表"。他在这份谢表的文辞里,夹带着一点小小的牢骚:"知其愚不适时,难以追陪新进;察其老不生事,或能牧养小民",婉转地表达了因不愿苟同新法而遭新党排挤的不满。没想到,这几句话触怒了朝中的某些人,为他招来了一场大祸。

监察御史何正臣首先发难。他以苏轼上谢表中"讥讽朝廷,妄自尊大"为名,请求朝廷对他严加处置。紧接着,监察御史里行舒亶、御史中丞李定等人也先后上疏,说苏轼借赋诗诽谤新法,并呈上了苏轼刊印的诗三卷。于是,宋神宗命御史台选派官员,专程赴湖州,将苏轼押解来京,关入御史台,由御史中丞李定、知谏院张操等人共同审理此案。他们以苏轼的"亲笔手迹"为证据,指控他"谤讪朝廷""指斥乘舆、包藏祸心"。所谓"亲笔手迹",就是苏轼抄赠沈括的《山村》绝句三首:

烟雨蒙蒙鸡犬声,有生何处不安生?
但教黄犊无人佩,布谷何劳也劝耕。

老翁七十自腰镰,惭愧春山笋蕨甜。
岂是闻韶解忘味,迩来三月食无盐。

杖藜裹饭去匆匆,过眼青钱转手空。
赢得儿童语音好,一年强半在城中。

苏轼像

前两首诗,批评了当时盐法严峻给人民生活带来的影响;后一首诗,则是批评了新法中的青苗法并不适合农业生产发展的实际情况。对这一切,苏轼在受审时也当堂供认不讳。但仅凭这三首诗,不足以定重罪。于是御史们又为他百般罗织罪名,诸如与驸马都尉王诜交结,为僧人求得师号、紫袈裟等,以及其他一些罪名。但有关"指斥乘舆,包藏祸心"的证据却一条也没有。这时,宰相王珪将苏轼的《塔前古桧》一诗进呈,称诗中"根到九泉无曲处,世间唯有蛰龙知"两句说:陛下龙飞九五,是飞龙在天,可苏轼却认为没有受到陛下的知遇,要去求知于地下的蛰龙,这是有不臣之意。幸而知制诰章惇在一旁为苏轼开脱说:古来称龙的,不只人君,臣子也有称龙的。宋神宗也不同意王珪的说法,这一罪名总算没有定下来。御史台审理结束后,移送大理寺,以"与驸马都尉王诜往来,并多次索取祠部度牒、紫袈裟等物,收受贿赂",以及"作诗文讥刺朝政和中外臣僚"两项罪名,判处苏轼"徒二年"。

大理寺作出判决后,并未执行。是年冬天,太皇太后病重,宋神宗命宰相率群臣"祷于天地宗庙社稷",并降德音,"减天下囚死一等,流以下释之"。苏轼也在应赦之列。于是李定等人又上书神宗,认为苏轼"肆意纵言,讥讽时政,自熙宁以来陛下所造法度,悉以为非。古之议令者犹有死而无赦,况轼所著文字,讪上惑众,岂徒议令之比。轼之奸慝,今已具服,不屏之远方,则乱俗;再使之从政,则坏法。伏乞特行废绝,以释天下之惑"。但另有一些大臣,如张方平、范镇、王安礼等,则请求赦免苏轼。王安礼对宋神宗说:"自古大度之君,不以语言谪人。轼本以才自奋,……今一旦致于法,恐后世谓不能容才。"这时已罢相退居金陵的王安石也上书神宗说:"安有圣世而杀才士乎!"为此,宋神宗下诏,苏轼"责授检校员外郎、黄州团练副使,本州安置,不得签书公事,令御史台差人转押前去"。其他一些与此案有关的官员,如张方平、司马光、王姚等,也受到了不同程度的处罚。① 这就是宋代历史上著名的"乌台诗案"。

就"乌台诗案"的性质而言,与其说是一起刑事案件,不如说是政治案件。它是当时朝廷内部变法派与保守派之间斗争的结果。然而,此案的整个审理过程,却又完全是按照"法定"的程序,在"法制"的框架内进行的。

(一) 关于此案的审理机构

"乌台诗案"的审理,是由御史台负责的。宋代的御史台,既是监察机构,又是审判机构。它的审判职能主要表现在三个方面:一是审理官吏犯罪案件,《宋史·刑法志》:"群臣犯法,体大者多下御史台狱";二

---

① 参见《续资治通鉴长编》卷299、301;(宋)朋九万:《东坡乌台诗案》。

是审理京都开封的刑事案件;三是负责地方及京城上控案件的复审。"乌台诗案"就属于第一种情况。因御史台俗称"乌台","乌台诗案"也就得名于此。

(二)关于法律的适用

在审讯苏轼的过程中,御史们给他罗列了一系列的罪名。从《宋刑统》的有关规定看,对这些罪名的处理是:

1. 讪谤朝廷,包藏祸心。《宋刑统·名例律》"十恶"条"一曰谋反"《疏议》:"为子为臣,惟忠惟孝,乃敢包藏凶慝,将起逆心,规反天常,悖逆人理。"对这一行为的处理,《贼盗律》"谋反大逆"条规定:"诸谋反及大逆者,皆斩……"

2. 指斥乘舆。《宋刑统·名例律》"十恶"条"六曰大不恭"注曰:"指斥乘舆,情理切害"。《疏议》曰:"此谓情有缺望,发言谤毁,指斥乘舆,情切害者。"《职制律》"指斥乘舆"条:"诸指斥乘舆,情理切害者,斩。(注:"言议政事乖失,而涉乘舆者,上请。)"《疏议》曰:"指斥,谓言议乘舆,原情及理,俱有切害者,斩。注云言议政乖失,而涉乘舆者上请,谓论国家法式,言议是非,而因涉乘舆者,与指斥乘舆情理稍异,故律不定刑名,临时上请。"

3. 为僧人求得祠部度牒、紫袈裟等。《宋刑统·职制律》"请求公事"条:"诸有所请求者,笞五十。(注:谓从主司求曲法之事,即为人请者与自请同。)……已施行者,各杖一百。"《疏议》:"凡是公事,各依正理,辄有请求,规为曲法者,笞五十。即为人请求,虽非己事,与自请同,亦笞五十。"同条:"诸受人财而为人请求者,坐赃论,加二等。"此外,《唐律疏议·户婚律》"私入道"条规定:凡私自剃度出家及私度他人的,杖一百;已注销户籍的,徒一年。如果是主管官员非法剃度并发给度牒的,一人杖一百,二人加一等。

此外,还有一些罪名,援引了敕令中的有关规定,此处就不一一列举了。

(三) 关于案件的判决

宋代司法制度有一个突出的特点,就是实行"鞫谳分司"的制度,即案件的审理(鞫)与判决(谳),分别由两个不同的机构负责。在京城开封,负责案件审理的主要是御史台和开封府;负责案件判决与复核的则主要是大理寺和刑部:"在京之狱,曰开封府,曰御史;……断其刑者,曰大理,曰刑部。"负责审理的机构不直接作出判决,而负责判决的机构并不参与审理,这样,"鞫之与谳之者,各司其局,初不相关,是非可否,有以相济,无偏听独任之失"①。所以,"乌台诗案"审理结束后,便移送大理寺。尽管御史台在审讯时给苏轼罗织了许多罪名,而且不少都是死罪,但大都查无实据,因而大理寺均未予以认定。最后只有两项罪名被

---

① 《历代名臣奏议》卷217。

定了下来,依照《宋刑统·名例律》"二罪以上俱发"条"诸二罪以上俱发,以重者论"的规定,判处苏轼徒二年。

(四) 关于对苏轼的最后处理

如果不是遇到大赦,苏轼会不会真得被判刑呢? 答案自然应该是否定的。在北宋,文人士大夫的地位是比较高的,宋代除继承了前朝法律有关官吏犯罪的议、请、减、赎、官当等规定以外,还在事实上给予犯罪的官员以种种优待。据《避暑漫抄》记载,宋太祖开国后,曾"密镌一碑,立于太庙寝殿之夹室,谓之誓碑",内有誓词三行,一是"柴氏子孙,有罪不得加刑,纵犯谋逆,止于狱内赐尽,不得市曹刑戮,亦不得连坐支属";二是"不得杀士大夫及上书言事人";三是"子孙有渝此誓者,天必殛之"。所以,在宋神宗以前,并未有过刑杀士大夫之举,神宗当然也不会破这个例。此外,从北宋的司法实践看,对于官员犯罪,除了罚棒、罚铜、降职、贬官等处罚外,常用以下方式代替刑责:

1. 勒停,即勒令停职。这是比较轻的处罚方式,勒停后一段时间仍可复职或另委差遣。

2. 除名,即开除官籍,成为平民。这种处罚方式可以单独使用,也可与勒停、编管等并用。

3. 居住,即对被贬谪的官员,指定于某地居住。

4. 安置,即对被贬谪的官员指定地区居住,并限制其行动自由,较居住的处罚为重。

5. 编管,即将被贬谪的官员押往指定的边远地区予以管制。如果再附加除名,那是最为严厉的处罚了。

居住、安置、编管等,视犯罪情节不同,在地域上也有差别。一般来说,轻者赴内地各州,较重者赴湖南、两广等地,再重者赴岭南,最重者贬往海南。对被贬谪的官员,除了附加除名的以外,一般都带有节度副使、团练副使及各州参军等虚衔,并不管理实际事务,而且要受到当地地方官的监视、管束。因此,朝廷最后对苏轼作出的黄州安置的处理,就实际处罚程度而言,并不轻于徒二年。

从"乌台诗案"的整个审理过程看,可以说是在法律的框架内,严格依照"法定"的程序进行的。这也正是"乌台诗案"不同于以往文字狱的特点。

"乌台诗案"虽然草草收场,但它的影响却不容忽视。在此之前,文人因语言文字而获罪者固然不少,但因诗获罪,可以说是从苏轼开始的。古人云:"诗言志。"在中国第一部诗歌总集《诗经》中,就有不少讽刺时政的诗篇。这一传统,被后来的诗人们所直接继承。唐代的大诗人李白、杜甫、白居易等人的诗篇中,抨击时政,反映人民疾苦的作品比比皆是,像杜甫的"三吏""三别",白居易的《秦中吟》《新乐府》等,都是这方面的代表作。可以这样说,只要是真正关心国家大事的文人学士,无不以诗托讽,意在言外,这完全是无可非议的。然而,在"乌台诗案"中,这一切都成了"罪状"。虽然对苏轼的最后处理并未完全如制造此案的御史们的心意,但是却开了追究吟诗者刑事责任的先例。自"乌台诗案"后,宋朝的诗案、诗祸不断,不同政派的官员动辄以对方的某些诗句大做文章,必欲置之死地而后快。宋哲宗时的"车盖亭诗案"就是一个非常典型的例子。① 当时宰相范纯仁(范仲淹之子)对这种做法十分不满,他说:"方今圣朝,务宜宽厚,不可以语言文字之间,暧昧不明之过,诛窜大臣。今日举动,宜与将来为法式,此事甚不可开端也。"②可惜他的建议并没有被接受。南渡以后,诗祸、文祸愈演愈烈。这一切,实肇其端于"乌台诗案"。

---

① 参见本书第七章之"手倦抛书午梦长"。
② 《续资治通鉴长编》卷427。

"乌台诗案"的另一重要影响,就是开以法律手段,通过法律程序追究吟诗者的法律责任之先河。如前所述,"乌台诗案"的审判,完全是在"法定"的范围内进行的。这一变化,标志着封建法律对思想言论的控制逐步加强;同时,对以诗文"讥刺朝政"的行为,比照"十恶"中的"谋反大逆""大不敬(大不恭)"等有关条款处理的做法,也被后世的统治者直接继承。清朝以"文字狱"著称,那些因文字狱而罹难的人,大都被冠以"谋反大逆"的罪名。在这一方面,审理"乌台诗案"的御史们可谓是始作俑者。

当然,由于北宋特殊的政治环境,对"诗案"的处理,与明清两代是不同的。"乌台诗案"的主角苏轼结束了在黄州的四年贬官生涯后,重返政坛。其后,他又有两次因诗文而遭祸。一次是在宋哲宗元祐六年(1091年),御史贾易说他得到神宗皇帝去世的消息后,在扬州赋有"山寺归来闻好语"的诗句,是"闻讳而喜",请求予以追究。[①] 后经苏轼竭力辩解,才得无事,但苏轼也因此而离京出任定州知州。另一次是绍圣元年(1094年)在定州知州任上,侍御史虞策等人重翻旧案,弹劾苏轼在任翰林学士时撰写的诰词中有"讥斥先朝"的文字。结果他被贬为宁远军节度副使,惠州安置,后又再贬往海南琼州,直到宋徽宗即位后才被赦还,卒于常州。[②] 苏轼一生虽多次因诗文遭祸,但终得保全性命,以一代文宗名流千古。这比起他的后来者,可算是幸运多了。

[①] 参见《续资治通鉴长编》卷463。
[②] 参见《宋史·苏轼传》。

第六章
倡廉与肃贪

反腐倡廉可谓是中国古代法律文化中异彩纷呈的一面;清正廉明是为官的基本要求。中国古代在依法严惩贪赃枉法行为的同时,在倡导廉洁奉公方面,也留下了许多佳话。

一
古代的惩贪法

惩治官吏贪赃枉法，是古代法律的基本内容之一。在夏朝时，有"昏、墨、贼、杀"的规定，所谓"墨"，就是"贪以败官"的行为。这大概是目前可知的最早的惩治官吏贪赃的法律规定了。商朝的《官刑》中有"三风十衍"罪，其二的"巫风"就包括徇于货色、贪赃枉法的行为。西周的《吕刑》中，将官吏贪赃枉法的行为归纳为以权谋私、滥用职权、拉裙带关系、行贿受贿、走后门等"五过"。

自从法家提出了"明主治吏不治民"的主张后，惩治官吏贪赃更成了古代法律的主要内容。汉代法律中有受赇枉法、坐赃、受金等罪名，最高刑均为死刑。在唐律中，将官吏贪赃行为分为四类，并规定了明确的处罚：

1. 受财枉法

《唐律疏议·职制律》规定："诸监临主司受财而枉法者，一尺杖一百，一匹加一等，十五匹绞。""诸有事先不许财，事过之后而受财者，事若枉，准枉法论。"

2. 受财不枉法

《唐律疏议·职制律》规定：诸监临主司受财而"不枉法者，一尺杖九十，二匹加一等，三十匹加役流"。所谓受财不枉法，按照《疏议》的解释，是"虽受有事人财，判断不为曲法"。

3. 受所监临财物

《唐律疏议·职制律》规定:"诸监临之官,受所监临财物,一尺笞四十,一匹加一等;八匹徒一年,八匹加一等;五十匹流二千里。"所谓受所监临财物,按照《疏议》的解释,是"不因公事而受监临内财物"的行为,如果是因公事,就属于受财枉法了。如果是主动索要财物的,要加一等论处;如果是强行索要财物的,按照受财枉法论处。此外,还有一些行为,也要比照受所监临财物论处,如:

（1）"有事先不许财,事过之后而受财",但"事不枉者,以受所监临财物论"。

（2）"诸贷所监临财物者,……若百日不还,以受所监临财物论。强者,各加二等。"

（3）"诸监临之官,私役使所监临,及借奴婢、牛马驼骡驴、车船、碾硙、邸店之类,各计庸、赁,以受所监临财物论。"

（4）"诸率敛所监临财物馈遗人者,虽不入己,以受所监临财物论。"

4. 坐赃

唐律中关于坐赃的内容非常广泛。《唐律疏议·杂律》规定:"诸坐赃致罪者,一尺笞二十,一匹加一等;十匹徒一年,十匹加一等,罪止徒三年。"根据《唐律疏议·职制律》,与官吏贪赃有关的,主要有以下一些:

（1）"诸贷所监临财物者,坐赃论。""即借衣服、器玩之属,经三十日不还者,坐赃论,罪止徒一年。"

（2）"诸监临之官,……营公廨借使者,计庸、赁,坐赃论减二等。"

（3）"诸监临之官,受猪羊供馈（注:谓非生者）,坐赃论。"

中国古代法律对官吏贪赃行为处罚最为严厉的,恐怕莫过于明朝

第六章　倡廉与肃贪　321

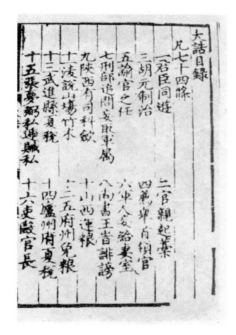

《大诰》

了。明太祖朱元璋"惩元季贪冒，重绳赃吏"，不仅在《大明律》中对官吏贪赃的处罚比唐律加重，而且还制定了《大诰》作为严刑惩贪的法律依据。如本书第一章中所述，《大诰》的主要内容，是以重刑惩治官吏贪赃的案例以及有关法令的汇编。从《大诰》的内容看，对官吏贪赃行为，不仅处罚比《大明律》加重，而且还施用一些骇人听闻的酷刑，如凌迟处死、墨面文身、挑筋去膝等，甚至还对贪官进行剥皮，凡"赃至六十两以上者，枭首示众，仍剥皮实草，以为将来之戒。于府、州、县衙门之左，特立一庙，以祀土地，为剥皮之场，曰皮场庙。于公座旁，各置剥皮实草之袋,欲使尝接于目,而儆于心"①。

朱元璋用重刑惩治贪官污吏,确实也收到了一些效果,使得一些为官者"居职惴惴,惟恐不能奉法恤民"。然而,产生贪官污吏的土壤,又恰恰是封建的官僚制度。因此,朱元璋严刑惩贪,只能收效一时,却无法根除这一痼疾,也只能哀叹:"我欲除贪赃官吏,却奈何朝杀而暮犯!"

---

① 《稗史汇编·国宪门·刑法·皮场庙》。

二
古代法律对行贿的处罚

据现有史料记载,在秦代法律中,就已经有关于行贿的规定了。《云梦秦简》中有"通钱"罪,凡是向官吏行贿一钱的,就要处以"黥城旦"(徒刑的一种)的刑罚。汉代法律中也有"行赇"罪,按照《说文解字》的解释:"赇,以财物相谢也。"段玉裁注:"当有罪而以财求免者曰赇。"对于行赇者也要处以"髡为城旦"的刑罚。曹魏修订《新律》时,在汉律的基础上,将有关行贿与受贿的法律规定合为一篇,定名为《请赇律》。

唐代法律关于行贿罪规定的一项重要变化,就是在法律上明确规定了对行贿罪的处罚原则。根据《唐律疏议·职制律》,首先,确立了"彼此俱罪之赃"的原则,即对于官吏犯受财枉法、受财不枉法、受所监临财物以及坐赃等罪的,受贿者与行贿者都要受到处罚。其次,凡是向官吏行贿,致使官吏枉法行事的,对行贿者根据行贿数额,按"坐赃"罪论处,最高刑为徒三年;官吏没有枉法行事的,减二等论处,赃物赃款一律没官。最后,凡非因事请求而向主管官吏馈赠钱物的,也是犯罪行为,要比照"受所监临财物"减五等论处。

明清法律对行贿罪的规定,基本上是继承了唐律的处罚原则。但清朝的"条例"对行贿者的处罚作了新的规定,凡行贿者罪情属实的"皆计所与之赃,与受财人同科",事实上加重了对行贿的处罚。此外,明清法律对行贿还有一项规定,即当事人如果是因为官吏的刁难勒索而被

西门庆行贿

迫行贿的，不构成犯罪。

　　需要指出的是，古代法律关于行贿的规定虽然比较具体，但在"衙门八字朝南开，有理无钱莫进来"的时代，官场之上，贿赂公行，行贿自然是"办事"所最常用和最主要的手段了。在现实面前，对行贿罪的法律规定在许多场合只能是一纸空文。

三
请托也要治罪

请托,古代法律称为"请求",指的是以打招呼、拉关系等方式谋取个人私利的行为,即人们通常所说的"走后门"。请托与行贿行为一样,干扰了国家机关的正常活动,影响了司法审判的公正进行,败坏了社会风气,因而也被古代法律视为一种犯罪行为。早在西周的《吕刑》中,就将"惟内"(拉裙带关系)、"惟来"(一作"惟求",即现今所说的通路子、走后门)作为"五过"予以严厉的处罚。汉代法律规定:"诸为人请求于吏以枉法而事已行,为听行者,皆为司寇(徒刑)。"

自隋唐时起,在法律上对行贿与请托行为作了明确的区分,并根据不同情况进行不同处理。根据《唐律疏议·职制律》的解释,行贿是"有事之人以财行求",请托则仅仅是"从主司求曲法之事"。两者的共同之处在于都是要求主管人员作出对自己有利的处理,而区别在于前者是"用财行求",后者不用财,仅仅是打招呼而已。由于两者的手段不同,因此处理也不同。根据《唐律疏议·职制律》,对于请托行为,一律处以"笞五十";所请之事已施行的,杖一百;如果所请之事造成的后果严重的,要根据情节加重处罚。主管人员答应请求的,与请求者同罪;但如果所枉法的罪行重于"杖一百"的,按照出入人罪论处。

此外,对于代人向主管人员请托的,也有专门的规定。第一,代人请求的,与自请求同罪。第二,如果所枉法的罪行重于"杖一百"的,代人请求的要比照主管人员减罪三等论处。第三,如果是"监临势要"(即身居要职或上级官员）代人请求的,处以杖一百;如果枉法情节严重的,与主管人员同罪,至死者减一等;如果"监临势要"是受人财而替人请求的,则要按照受财枉法论处。第四,如果是接受他人钱财而代为请求的,比照坐赃罪加二等论处。后世的法律基本上沿袭了唐律的处罚原则。

虽然在人情大于法律的时代,制裁请托的法律规定事实上很难得到有效的贯彻,但仅从其立法目的看,是为了整肃吏治,保证国家机关尤其是司法审判机关的正常活动,保证执法的公正。就这一点而言,古代法律对请托行为的禁止与制裁,同样是有积极意义的。

四
古代的官箴

所谓官箴，通俗地说，就是做官的基本守则。后人最为熟悉的官箴，大概要算是从宋朝起立在全国各州县衙门前的那块十六字的《戒石铭》——"尔俸尔禄，民膏民脂。下民易虐，上天难欺"了。但最早而又最为具体的官箴，应当算是《云梦秦简》中的那篇《为吏之道》。在《为吏之道》的开篇，就提出了"精洁正直""审悉无私"等一系列做官的准则，并将"五善""五恶"作为区分好官与坏官的标准。其中对官吏的要求规定得非常具体，由此也可见当时重视吏治的程度。历代官箴中，比较著名的有北宋陈襄的《州县提纲》，南宋吕本中的《官箴》、真德秀的《西山政训》，元朝张养浩的《为政忠告》，以及清朝石成金汇编的《嘉官捷径》等。

明朝郭允礼《官箴》

古代的官箴除了极个别的以外，大多是地方官自行制定的，其内容都是做官的一些基本要求，如为官清正廉明、慈爱百姓、兴利除害、执法公正等，而廉洁奉公无疑是所有官箴共同的和最基本的要求。为了做到这一点，官箴中提出了一些具体的要求：第一，要廉洁自律："万分廉洁，只是小善；一点贪污，便为大恶。"第二，要节用养廉，"倘奢侈任意，饮食若流，是亦坏心术之萌蘖也"。第三，要拒绝贿赂，所谓"从来有名士，不用无名钱"；"士大夫若爱一文，不值一文"。第四，力勤奉公，"凡事之所当办，时时察之，汲汲行之"，"勿以酒色自困，勿以荒乐自戕"。这些要求确实是切中官场时弊，对于鼓励官员廉洁自律，整肃官场风气，无疑是具有一定积极作用的。值得一提的是，不少官箴的作者，是著名的清官循吏。他们言传身教，在中国政治史上，也留下了一段佳话。

五
诸葛亮与蜀国吏治

诸葛亮作为三国时期杰出的政治家,因后世文人的渲染,变成了智慧的化身。其实要论他真正的历史功绩,当是辅佐刘备父子治理西蜀,为西蜀地区的稳定和开发作出了卓越的历史贡献。

诸葛亮像

诸葛亮治理西蜀,以厉行法治、执法严谨而著称。其突出表现,便是以法律手段整肃吏治。西蜀地处偏僻,原来的统治者刘焉、刘璋父子懦弱无能,使得政治腐败,法纪荡弛,德政不举,威刑不肃。因此,诸葛亮入蜀后,便以着手整顿吏治为首要的政务。他撰写并颁布了《八务》《七诫》《六恐》《五惧》等"训厉"条文,作为官吏的守则,告诫官吏严格执法、守法。对于那些目无法纪、横行不法的官吏,则"一切裁之以法"。在以法整肃吏治的同时,诸葛亮非常重视对官吏的选拔与考核,作为从根本上改良吏治的举措。考核官吏的标准,主要是看其能否克己奉公、依法办事。凡是被发现有假公济私、贪赃枉法、乘权作奸等种种劣迹之一的官吏,一概予以罢黜。而对于有才之士,则量才录用,"取人不限其方"。《三国志》的作者陈寿曾为此称赞诸葛亮"科教严明,赏罚必信,无恶不惩,无善不显,至于吏不容奸,人怀自励"。

诸葛亮整肃吏治的另一个重要方面,就是要求官吏廉洁奉公。在这一点上,诸葛亮以身作则,堪称表率。他官居丞相之职,集蜀国的军政大权于一身,但家中仅有桑八百株,薄田十五顷。他以"不使内有余帛、外有赢财"而自约,这在当时确实是难能可贵的。这也正是蜀人对他怀念不已的主要原因之一。

诸葛亮整肃吏治,为蜀国的稳定和发展奠定了基础。但是,他严于治吏,重视对官员的选拔任用,却忽略了对人才的培养,以致蜀国后继乏人。王夫之在《读通鉴论》一书中就评论诸葛亮说:"于长养人才,涵育熏陶之道,未之讲也。"这个教训应当说是非常深刻的。

六
古代的两位"廉母"

古今多少名人成名的背后,都有良母、严母的教诲。孟母三迁、岳母刺字的故事早已为后人家喻户晓。同样,在中国历史上,还有不少以廉教子的"廉母"。最为著名的,当属战国时齐国相国田稷的母亲了。田稷曾将属吏所送的价值黄金百镒(两千四百两)的礼物献给母亲。母亲问他:你为相三年,俸禄收入没这么多,这些东西是哪里来的?田稷无奈,只得承认是属下送的。母亲告诫他说:"吾闻士修身洁行,不为苟得。非义之事,不计于心;非理之财,不入于家;不义之财,非吾有也。"一席话,说得田稷惭愧万分,赶紧将财物退还给属吏。

陶母教子

晋朝的陶侃年轻时曾为寻阳县主管渔业的小吏,他利用职务之便,送了一罐腌鱼给母亲湛氏。这并不是什么大不了的事,但湛氏却非常生气。她将腌鱼原封不动地退还给陶侃,还写了一封信对他进行严厉斥责:"尔为吏,以官物遗我,非惟不能益吾,乃以增吾忧矣!"陶侃后来屡任要职,但对母亲的教诲始终不忘,终于成了一代名臣、一代名将。湛氏也因此一语而名垂青史。

这两位"廉母",堪为后世为官者之母的表率。

七
孟昶与《戒石铭》

从宋朝起,全国各州县衙门外,都立有一块石刻,上书"尔俸尔禄,民膏民脂。下民易虐,上天难欺"十六个大字。这就是后世家喻户晓的《戒石铭》。而它最初的作者,却鲜为人知。他,就是孟昶。

孟昶是五代后蜀的最后一个君主,他喜以声色犬马自娱,并大肆搜罗良家女子以充后宫。他平日生活极为奢侈,连便壶都用精美的珍宝来装饰。不过,他为政却颇有可称道之处。他很赞赏唐太宗李世民虚心纳谏的作风,并努力仿效;他也很注意用法律手段打击不法豪强,整饬吏治。当时一些将相大臣都是他父亲的故旧,他们依仗权势,横行不法,夺人良田,占人家产。孟昶即位后,便将其中罪大恶极者逮捕法办,杀一儆百。宰相张业手握军政、财政大权,对百姓横征暴敛,并在家中私设监狱,滥用酷刑,"蜀人大怨"。孟昶设计将他捕杀,为国除了一害。为了督促、勉励地方官吏奉公守法,他以箴言的形式,向境内各州县颁布了为官守则,这就是后世《戒石铭》的蓝本。当时中原地区正处于军阀割据混战的状态,后蜀偏安一隅,保境安民,致力于发展农业生产,使百姓免于战火的波及,数十年不识干戈。

后蜀灭亡后,孟昶全家被迁往东京开封,当地百姓一路哭送,至犍为县而别,此地因而被后人称为"哭王滩"。

孟昶所作的箴文原文四字一句,共二十四句。宋太宗赵光义摘取了其中四句,颁行天下,这就是后世通行的《戒石铭》。宋高宗绍兴初

《戒石铭》

年,又命全国各州县将书法家黄庭坚书写的《戒石铭》刻于石上,以为座右铭。这一做法,为以后各朝代所继承。

八
宋初严禁官吏经商

自汉朝起,重义轻利就成了官员的基本道德准则。古代法律在严刑制裁官吏贪赃枉法的同时,把官吏经商也视作一种有悖官箴的行为。北宋初年,鉴于五代"贪益盛,民益死,国乃以亡"的教训,一方面,用法律制裁官吏贪赃枉法的行为;另一方面,严厉禁止官吏从事经商活动,"食厚禄者不得与民争利,居崇官者不得在处回图(贸易)"。平定川陕后,即下令川陕各州官吏,不得从事经商贸易,违者依法论处。当时的兵部郎中、秦州监税官曹匪躬等人就因违法经商为人告发,被处以"弃市"。其他因官吏违法经商而遭免职、罢官的案件也时有发生。宋太宗赵光义即位后,也下令严禁官吏利用职务之便,从事经商活动。著名大将张永德就曾因经商而被罢免官职;三司副使范旻等高级官员也因违法经商而遭贬斥。

宋初运用法律手段,严厉禁止官吏经商,在客观上对于整肃吏治,提高官吏尤其是中高级官员的素质,起到了一定的作用,"仕宦之人粗有节义者,皆以营利为耻"。

九
张伯行与《禁馈送檄》

> 正誼堂文集卷之一
>
> 儀封張伯行著
>
> 永城後學李汝霖較
>
> 男師栻 載正字
>
> 疏一
>
> 請借庫銀買穀疏 康熙四十六年
>
> 為謹陳閩省地方等事切臣一介寒儒蒙
> 皇上特恩委以巡撫重任蒞事以來日夜兢兢惟以
> 地方民生為念切見閩省地方人衆田少數十
> 年來我

张伯行是清朝中期较为著名的清官之一。他历任道员、按察使、巡抚,以及礼部尚书等职,康熙皇帝称他"居官清正,天下所知"。他每到一处,都以兴利除害为己任。在任山东济宁道道员时,正值灾荒,他便倾家财运谷粮赈济饥民,并捐钱及棉衣数船,分给冻馁者。行赈至汶上、阳谷两县时,又打开官仓,将仓谷二万二千多石发给饥民。他的上司为此以"专擅"的罪名对他进行弹劾。他上书辩解说,上司的责难是"视仓谷重,民命轻,害不可言矣"。

张伯行任福建巡抚时,鉴于当时官场腐败、贿赂公行的状况,为整肃吏治,制止行贿之风,曾专门作了一篇《禁馈送檄》:

一丝一粒,我之名节;一厘一毫,民之脂膏;宽一分,民受赐不止一分;取一文,我为人不值一文。谁云交际之常,廉耻实伤;倘非不义之财,此物何来?

十
老小于成龙

在中国历史上,有两位同名、同姓、同事、同官一朝、官位通至一品,而且又都以操守廉洁著称于世的清官,那就是清朝康熙年间的两位于成龙,世人称他们为老于成龙和小于成龙。

老于成龙像

老于成龙字北溟,谥清端。他45岁时以副贡出任广西罗城知县,便以"此行决不以温饱为念,所自信者,天理良心四字而已"自励。罗城县地处烟瘴,荒草遍野,县城中仅有6户居民,县衙更是"累土为几,插棘为门",条件很差。于成龙到任后,抚恤吏民,薄赋宽役,大力发展农业生产,还建立学校,创立养济院,使当地的情况得到了较大程度的改善。他勤敏的才干和卓越的政绩,得到了百姓的称赞和上司的肯定。之后他历任州府地方官及巡抚等职,操守始终如一。1681年,老于成龙升任两江总督,虽然官居一品,地位显赫,但依然自奉廉俭,每日粗茶淡饭,佐以青菜,因而江南人称他为"于青菜"。他死后,人们检查他的遗物,发现仅有"绨袍一袭,靴带二事,瓦瓮中粗米数斛而已"。康熙皇帝称他为"天下清官第一"。

小于成龙字振甲,谥襄勤,据说是老于成龙的族弟。老于成龙总督两江时,向朝廷推荐他才可大用,于是被任命为江宁知府。康熙皇帝南巡至江宁时,称赞他能以廉俭自奉,亲书手卷赐给他,对他说:"尔务效前总督于成龙正直洁清,乃为不负",并提升他为安徽按察使。小于成龙后来历任巡抚、河道总督等要职,以为官廉洁、政绩显著,多次受到嘉奖。

十一
雍正与养廉金

雍正像

清朝的雍正皇帝是中国历史上颇有争议的人物。后人的种种传说,又在他身上增添了一层神秘的色彩。事实上,作为清朝"康乾盛世"承前启后的帝王,雍正是一位很有作为的统治者。在政治上,他曾采取一系列措施,革除弊政,惩治贪污,整肃吏治。其中一项重要措施,就是实行地方官的养廉金制度。

中国古代官员一般都实行低薪制,特别是明朝及清初,官俸不足以给用,因此在正额赋税以外的各种浮收,公然被作为官员俸禄之外的合法收入。清朝的赋税征收以银两为主,除正额赋税外,还要另加收"火耗",即熔铸银锭时的损耗。《东华录》记载:"州县征收火耗,分送上司;各上司日用之资,皆取给于州县。以至耗羡之外,种种馈送,名色繁多,故州县有所藉口而肆其贪婪,上司有所瞻徇而曲为容隐。"州县官以火耗为借口,巧立名目,狂收滥征,既加重了人民的负担,又使其可借此大肆贪污,中饱私囊。因此,从整顿吏治的目的出发,雍正(于雍正二年,即1724年)接受了山西巡抚诺岷等人的建议,首先在山西实行养廉金制度。确定一定比例的火耗银,由官府统一征收,提解布政司库,按期发放给各级地方官,作为正俸以外的养廉金。至雍正五年(1727年)正式在全国推行,各级地方官按品级和职务高低,发给多少不等的养廉金,以解决地方官因低薪造成的经济问题。养廉金制度的实行,一方面,使火耗银比私征时减少了,并且"不得于耗羡之外更加耗羡",相对减轻了人民的负担;另一方面,提高了地方官的经济待遇,对于防止地方官贪赃枉法,使地方官养成和保持廉洁的操守,还是有一定积极作用的。

十二
丁宝桢受窘

丁宝桢是清末著名的封疆大吏,他在山东巡抚任上,智斩太监安德海的事迹,一直为世人所传颂。但在当时,他除了执法刚直不阿外,还以操守清廉著称于世。1876年,他出任四川总督。四川素有"天府"之称,总督又名位显赫,因此各种名目的"合法"收入自然为数不少。仅川

丁宝桢像

盐局筹定的每年公费就有三万余两，夔关每年例解公费也有一万二千余两。但丁宝桢均一介不取，而仅仅依靠养廉金应付开支。按清制，四川总督每年养廉金一万三千两，经扣除后实得一万一千两，由布政司按月发给，每月不足千两。总督的幕僚及其他各色人员的薪水，均由此项开支，再加上他常常接济亲朋故旧，因此往往是入不敷出。但他从不收取各种"例费"，而是自备衣箱一个，用总督的印文封识，每当缺钱时，便将此箱押入官库，当银二百两，待拿到养廉金后再赎出。有一次，厨役因他拖欠工钱，对他出言不逊。丁宝桢大怒，欲赶走厨役，但又无钱还清欠债。正打算再将衣箱质入官库时，恰好一位官员来见，问他为何闷闷不乐。他说：实不相瞒，刚才厨役向我讨账，偏偏布政司还未将本月的养廉金送来，所以正在发窘。官员回署后，立即通知布政司将养廉金送去，才算解了他的困窘。

丁宝桢身居封疆大吏的高位二十余年，但他为人清正，自奉廉俭，在当时腐败的官场中，实属凤毛麟角。因此，他的同僚也称他是"清风亮节，冠绝一时"。

十三
浮梁县衙随想

尽管自己曾经对古代衙门做过研究,也出版了有关书籍,但说来惭愧,真正的古代衙门的原貌,却一直未曾见过。2001年暑期去江西景德镇讲学,听人介绍说,景德镇浮梁县有一座保存完好的古代县衙,便在当地同志的陪同下,驱车前往参观。

浮梁县自唐宋以来,一直具有比较重要的经济地位。据说当地出产的茶叶畅销大江南北,非常有名。这从白居易的长诗《琵琶行》中"商人重利轻离别,前月浮梁买茶去。去来江口守空船,绕船明月江水寒"的诗句,也可以得到佐证。大概也正是由于浮梁县特殊的经济地位,该县知县的品级比一般知县(通常为七品)要高,为五品官阶。整个县衙也是规模宏大,占地面积六万余平方米,房屋有三百多间,被誉为"江南

浮梁县衙

第一县衙"。加上宋朝著名大臣范仲淹曾经在浮梁县担任知县，留下了不少明辨是非、秉公执法的办案传说，更为这座县衙增添了几分色彩。

我们开车经过一段杂草丛生的小路，来到了浮梁县衙。这是江南唯一保存完好的县衙。由于历史的变迁，衙署内的许多建筑已荡然无存，加上地处偏僻，以及游人稀少等原因，不免给人一种荒凉、破败的感觉。但近年来经过当地政府的投资修缮，基本恢复了从大门至三堂的主体建筑，又使人们依稀可以看到县衙当年那种威严的气派。大堂之上，高挂着"明镜高悬"的匾额，两旁竖立着"肃静""回避"的牌子，让人见了不由得肃然起敬。大堂前檐额枋上的"亲民堂"的匾文，似乎点明了知县与百姓的关系：既为民之父母，就应当关心、爱护百姓，为民服务，替民作主。这就要求知县在公堂之上，做到清正廉洁，秉公办事，为官一任，造福一方。想到这里，我留意观看了县衙内悬挂的楹联，发现其内容几乎全部与此有关。

大堂是知县公开审理案件之处。知县作为一个地方长官，能否克己自律，廉洁奉公，全在大堂上的一举一动、一思一念之间。因此，大堂之上的几幅楹联，便是提出了对一个合格、称职的地方官的基本要求：

　　欺人如欺天，毋自欺也；负民即负国，何忍负之。
　　理冤狱，关节不通，自是阎罗气象；赈灾民，慈悲无量，依然菩萨心肠。
　　铁面无私丹心忠，做官最怕叨念功；操劳本是分内事，拒礼为开廉洁风。

二堂是知县预审案件与调处纠纷之处，知县在此可以通过调解纠纷，恩威并施，实现慎刑爱民，以达政通人和之功效。而要做到这一点，知县个人的品德、能力无疑具有十分重要的作用：

为政不在多言，须息息从省身克己者出；当官务持大体，思事事皆民生国计所关。

民心即在吾心，信不易孚，敬尔公，先慎尔独；国事常如家事，力所能勉，持其平，还酌其通。

三堂是知县办公、读书和接待朋友之处。公堂之上，能否做到克己奉公，与平日的修身养性是分不开的。因此，作为一个称职的地方官，首先应该以平和的心态，抛开个人的荣辱得失，真心实意地替民作主：

得一官不荣，失一官不辱，勿说一官无用，地方全靠一官；吃百姓之饭，穿百姓之衣，莫道百姓可欺，自己也是百姓。

虽然封建时代的这种"替民作主"的思想，与现代社会的民主观念有着本质的区别，但从某种意义上说，它对于督促地方官克己爱民、奉公守法，保持清正廉洁的操守，无疑可以起到一定的作用。在今天新的历史条件下，要实现依法治国和以德治国的结合，浮梁县衙中的这些楹联，不是可以给我们提供一些有益的启示吗？

第七章
法律与生活

　　法律与生活密切相关,法律涉及了社会生活的方方面面。在一些零星碎片的记载中,也向我们反映了中国古代社会生活的另一面。

一
古代的老年保护

敬老爱老是中华民族的优良传统。在古代的礼教与法律中,都把对老人的尊敬及保护作为主要内容。《孝经》上说的"孝子之事亲,居则致其敬,养则致其乐,病则致其忧,丧则致其哀,祭则致其严,五者备矣,然后能事亲",正是这种观念的具体体现。为了切实维护老年尊长的权益,法律上专门规定了"不孝"等罪名,制裁各种侵犯老人权益的行为。

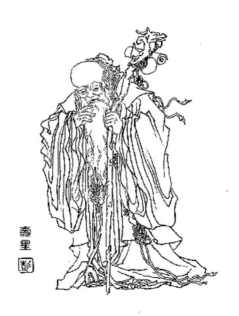

在《孝经·五刑章》中,就有"五刑之属三千,而罪莫大于不孝"的

规定。据说在夏朝时就有"不孝"的罪名了,凡各种对老年尊长不尊、不敬、不养等行为,均按照"不孝"的罪名予以严惩。《吕氏春秋·孝行》引《商书》,也有"刑三百,罪莫大于不孝"的记载。根据《周礼》一书的记载,周朝的大司徒"以乡八刑纠万民",其第一项就是"不孝之刑";大司寇"以五刑纠万民","三曰乡刑,上德纠孝"。《尚书·康诰》中也有"元恶大憝,矧惟不孝不友,……刑兹无赦"的规定。

从汉朝起,随着儒家思想的法律化,历代法律也都把对老年尊长权益的保护作为基本内容。而以唐律为代表的刑法将各种侵犯老年人权益的行为纳入了"十恶"中的"不孝"。从唐律有关老年尊长保护的规定看,特别注重对老人人身利益和经济利益的保护。为了使老人老有所养,严格禁止子孙"别籍异财"。凡祖父母、父母尚健在而子孙另立户籍、分异家产的,要处以徒三年。即使尊长同意分家财,在分家之后仍然要尽奉养老人的义务,如果不尽义务,致使老人"供养有缺"的,也要处以徒二年。此外,在为祖父母、父母服丧期间自主娶妻或出嫁,或者奏乐、脱去丧服换上华丽服装的,以及听到祖父母、父母的死讯匿不举哀及诈称祖父母、父母死亡等行为,都要按"不孝"罪论处。至于各种在精神上、肉体上虐待老人的行为,更是要受到刑法严厉的制裁。凡是诅咒、谩骂祖父母、父母的,要处以绞刑;殴打、谋杀祖父母、父母的,则属于"十恶"中的"恶逆",不仅一律处斩,而且要"决不待时"。后代法律对于这些行为的规定虽然在量刑上有所变化,但基本的原则与精神丝毫未变。

古代法律对老人权益保护的规定,虽然直接体现了封建纲常礼教的基本精神,旨在维护封建的家长制,但从客观上而言,这些规定对于全社会形成尊老敬老养老的社会风尚,从法律上保护老人的合法权益,使老人老有所养、老有所乐、老有所得,防止对老人的虐待和遗弃等,也都是有其积极的一面的。

二
古代的养老令

中国古代在依法对各种侵犯老人权益的行为进行制裁的同时，还通过制定礼仪规范，颁布养老令，对敬老养老提出了具体要求。

据《礼记》等书的记载，早在上古时期，就有关于养老的规定："凡养老，有虞氏以燕礼，夏后氏以飨礼，殷人以食礼，周人修而兼用之。"每年的中秋时节(农历八月)都要举行敬老活动，向老人敬献象征特殊优待的手杖和酒食。汉朝以孝治天下，历代君主都发布诏令，倡导养老。在甘肃武威县汉墓出土的《王杖十简》和《王杖诏令册》，可以说是现存最早的养老令了。所谓"王杖"，是一种长九尺、顶端雕有鸠形的手杖，它是由官府颁发给70岁以上的老人，以示养老之意。凡持有王杖的老人，可以受到种种特别的优待：在政治上，可以享受到"六百石"(相当于郡丞、小县县令的品级)的待遇；生活上，除了定期发给米、酒、肉以外，还可以免除子或孙的赋役，使之专心供养老人；法律上，凡对持有王杖的老人有谩骂、殴打等行为的，比照大逆不道罪论处。因此，王杖可以说是古代最早的"老年优待证"了。这些敬老养老措施，大都为后世所继承。

唐朝除了定期发给80岁以上的老人一定数量的粮食、布帛作为养老补助外，还在《仪制令》中规定：每年腊月聚集乡里老人，行乡饮酒礼，由官府出资，举办酒宴，"使人知尊老养老之礼"。

在古代的养老规定中，对老人的生活及福利方面的规定比较具体

武威王杖诏令册

的,大概要算是明朝了。明洪武年间颁布的养老令规定:对于80岁以上、贫无产业的老人,每月发给米五斗、肉五斤、酒三斗;90岁以上的,每年加给帛一匹、絮一斤;如果有田产足以自给的,则只给酒肉、絮帛。这些肉、米每月由县学的学生送上门,而且不得以陈米充数。希望借此能够使"人兴于孝悌,风俗淳厚,治道隆平"。

三
元日布法宣教

古时候由于客观条件的限制,百姓不可能全面熟悉和了解国家的法律。为了使百姓更好地知法懂法,将正月初一这一万民休息、欢庆春节的日子,作为布法宣教,进行道德和法制宣传的日子,使百姓于岁月更新之际、喜庆欢乐之余不忘学法守法。据《周礼》等书记载,在每年的正月初一这一天,由作为百官之长的大宰将国家的重要法律悬挂于宫阙之上,让万民观览;由小宰召集官属,于宫阙之下恭读法律,告诫百官恪尽职责,奉公守法。凡是不遵守法律、怠懈职守的,要依法予以惩处。各个有关的主管机构,也要将自己职责所属的法律悬挂于宫阙之上,各自向百姓宣传有关法律的内容。司徒负责公布民政方面的法律,司寇负责公布刑法,让百姓观览,使全国的百姓"有耳者所共闻,入于耳而警于心","有所避而不至于误入,有所惩而不至于故犯"。虽然这只见于古籍的记载,但从清朝于初一、十五日宣讲"圣谕"的规定中,仍然可以看到这一习俗的影响。

四
古代的当铺

当铺

当铺,最早称为质库。它起源于何时,现今说法不一。一般认为,它是佛教传入中国以后出现的,当时的一些寺院将寺库中的钱借给急需者,收取一定的物品作为抵押。这原本是寺院的一种慈善业务,但久而久之,又从慈善业变为寺院僧人牟利的手段了。绝大多数寺院的寺库,几乎都从事典当业务,质库的原意也出于此。南北朝时,大兴佛教,随着寺院的大量建造,典当业得到了发展,并开始从寺院走向民间。唐代大诗人杜甫有"朝回日日典春衣,每向江头尽醉归"的诗句,可见当时典当业已经相当普遍了。北宋神宗时,推行市易法,设立了抵当库、抵当所等官办的当铺,使当铺从民办走向了官办,当铺的名称也由此而来。明清时期,随着商业资本的发展,典当业也日趋繁荣。清代的典当业堪称鼎盛,康熙年间,全国当铺有两万余家;乾隆年间,仅北京一地,就有当铺六七百家。嘉庆年间,查抄和珅家时,仅当铺就有75家,本银3000万两。除私人当铺外,当时的官办当铺也为数不少。

　　古代当铺收当范围很广,取赎的时间也有约定,过期不赎的,就成"死当"。对死当物品,当铺有权随意处理。当铺一般以抵当物价格的一半乃至三分之一贷款。贷款的利息,法律上一般也有规定。唐宋时的《杂令》规定:当铺每月取利,不得超过六分;积月虽多,不得超过一倍。明清两朝的《户律》"违禁取利"条也明文规定:"典当财物,每月取利,并不得过三分;年月虽多,不过一本一利,违者笞四十。"虽然这些规定在实践中往往很难执行,但是从法律上限制利率上限的做法,对于保护典当者的权益还是有益的。

五
古代的经纪人

中国古时候称经纪人为"牙人""牙郎""牙侩"等,是指专门为买卖双方说合交易,并从中抽取佣金的中介人。汉代有"驵侩",最初是指专门说合牲畜买卖的经纪人,后来成为经纪人的通称。唐代则称经纪人为"牙人"或"牙郎"。

牛牙凭证

随着商品交易的发展,牙人的作用也日趋重要,分工也越来越细。宋代就有为人说合田宅交易的庄宅牙人,为人作贸易信用担保的牙保,清朝有参与买卖牛的牛牙等。明清时期，除了经官府批准，取得营业许可证的私牙外，还有官府指定的官牙，并出现了牙商的同业组织——牙行，这便是近代经纪行的前身。

为了规范牙人的行为，历代法律对牙人的活动及责任等都作了专门的规定。例如，明朝的《大明律》中有"私充牙行埠头"专条，明确规定："凡城市乡村诸色牙行及船埠头，并选有抵业人户充应，官给印信文簿……每月赴官查照。私充者杖六十，所得牙钱入官。"如果牙人与奸商勾结，操纵市场，也要依法予以严惩。

值得一提的是，古代对充当牙人这一职业者，不仅要由官府发给营业执照，而且必须严格按照有关规定进行活动。宋代官府发给牙人的"付身牌"，有"不得将未经印税物货交易"，"买卖主当面自成交易者，牙人不得阻障"，"不得高抬价例"等约束，在交易时，须"先将此牌读示"。

六
古代的集市管理

集市贸易是城市商业活动的重要形式之一。早在中国上古时期，集市就已经成为商品交换的主要场所。《易·系辞传》就有神农时"日中为市，致天下之民，聚天下之货，交易而退，各得其所"的记载，虽不完全可信，但它从一个侧面反映了古代集市贸易发展的概况。在《礼记》中，也记载了西周时对集市管理的法令，其中明文规定：伪劣商品和食品不得在集市上出售。著名的历史学家吕思勉先生认为，这条法令规定的目的是，"一以维当时之所谓法纪，一以防商人之欺诈也"。到了战国时期，这方面的规定更加具体。在《云梦秦简》中，不仅有对集市管理的明文规定，而且对集市管理人员不纠举违法经营的行为，也明确规定要追究其法律责任。在《周礼》中，对集市管理也有具体规定。

古代集市

据《周礼》记载，主管集市贸易的机构是"司市"，其主要职责是平定商品价格，禁止非法交易，防止伪劣商品在市场上出售，并调处有关商品买卖的纠纷。下设"质人""廛人"等专职管理机构,"质人"负责平定市场物价,监督商品质量,受理因商品质量等问题而引起的纠纷;"廛人"负责市场的税收。同时,为了便于管理,将集市分为若干"肆",每二十肆设"胥师"一人,负责检查商品质量,并对出售伪劣商品者给予相应的处罚;"贾师"一人,负责核定商品的价格。此外,每十肆设"司暴"一人,每五肆设"司稽"一人,每二肆设"胥"一人,他们的任务都是负责巡视市场,维持集市的秩序,制止各种扰乱集市治安的行为,对不听劝阻的违禁者可逮捕法办。《周礼》关于集市管理的规定,大致反映了先秦时期集市管理的基本情况,其中不少做法被后来的朝代所沿用。

  古代法律中关于集市管理规定最为具体的大概是唐律了。在唐朝的法律中,不仅沿袭了以前的一些做法,而且对一些严重违反市场管理法令的行为规定了明确的处罚。[①] 唐律中的这些规定,也大都被后世的法律所沿袭。

[①] 可参见本章之"唐朝的商品责任法"。

七
古代法律对"私盐"的规定

食盐是人们的生活必需品,也是朝廷税收的重要来源,因此历代统治者对食盐生产和销售的管理都极为重视。早在春秋时期,就已开始用法律手段对食盐进行管理。从汉朝起,正式制定了盐法,食盐的生产、销售由国家统一管理,严禁私盐,违者一律给予严厉的处罚。

南北朝时,由于社会动荡,加上富商大贾、豪门势力的发展,食盐由国家进行专卖的制度被打破。直到唐朝中期,重新制定盐法,恢复了国家专卖制度。当时曾在全国设十三巡院,负责缉捕私盐贩子,重者处死。

宋朝对食盐的生产、运输、销售,也实行国家的统一管理。商人经营食盐的,必须向官府领取经营许可证,接受官府的管理和监督。自明朝起,明确将私盐犯罪写入《大明律》。在《户律·课程》里,有盐法12条,对各种私盐犯罪作了具体规定:凡犯私盐的,不论货物多少,一律处以杖一百、徒三年;有军器的加一等;拒捕的,一律处斩。

在古代制裁私盐的法律中,还有一项特别规定,那就是主管官吏对私盐犯罪的连带责任。晋代法律就规定:主管官员对于私盐犯罪,要连带处以徒二年。

毋庸讳言,古代法律制裁私盐犯罪的主要目的,是保证国家盐税的收入。但同时,食盐作为人们的生活必需品,它的质量直接关系到食用者的健康和安全,从这个角度说,也理应由国家实行统一管理。就此而言,古代制裁私盐的法律规定,在今天看来,仍有一定的现实意义。

八
古代法律关于"拾遗"的规定

路不拾遗历来被视为中华民族的传统美德。在《荀子》一书中,就有"风俗之美,男女自不取于涂(途),而百姓羞拾遗"的记载。另外,对于拾遗而据为己有的行为,则要给予严厉的处罚。据说战国时的《法经》里就有"拾遗者刖"的规定。而后世为了鼓励拾得者将财物交还给失主,在法律上对拾遗问题作了具体规定。

《周礼》中有拾得遗失物应当交官府公告10日,如无人认领,大物归官府、小物归拾得者的规定。这一做法也被汉朝法律所继承。唐代法律规定拾得遗失物必须送交官府,否则即构成犯罪;而拾得漂流物的可给予一定的报酬,如无人认领,则归拾得者所有。

与前代法律相比,明朝法律对拾遗问题的规定无疑更为具体、合理。《大明律》对拾得遗失物作了专条规定:凡拾得遗失之物,必须在5日内送交官府,由官府公告认领,并将一半作为对拾得者的报酬;如30日内无人认领的,则全部归拾得者所有;如果拾得者将拾得物非法据为己有,则要受到处罚。这一规定也被以后的立法所沿袭。从清朝直到民国,在拾遗问题上的立法均采取了类似的做法。

九
唐朝的商品责任法

随着商品交换的发展与商品经济的繁荣,唐代对商品质量的要求也日趋严格。为了保障消费者的合法权益,保证商品交换和买卖的正常进行,唐朝在重视和加强市场管理、监督商品质量的同时,还通过法律手段,对制造、销售伪劣商品的行为予以制裁。唐律将伪劣商品分为"行""滥"与"短狭"三种情况。根据《唐律疏议·杂律》"器用绢布行滥短狭而卖"条《疏议》的解释,"不牢谓之行",即劣质商品;"不真谓之滥",即假冒商品;"短狭"则是指尺寸短缺,如"绢匹不充四十尺,布端不满五十尺,幅阔不充一尺八寸之类而卖"等,都属于这类情况。凡是在制造、销售商品时,有上述伪、劣及尺寸短缺等情形的,依法要处以"杖六十";如果销售伪劣商品的非法所得数额较大的,则要比照盗窃罪,处以"杖七十"至"加役流"(仅次于死刑的刑罚)的处罚。同时,为了防止消费者因购买伪劣商品而遭到损失,还专门规定了"市券"制度:凡购买牛、马等大宗商品时,买卖双方必须到市场管理部门订立"市券"。如果买主发现买回的牛、马等有旧病的,三日之内可凭市券退货。至于买卖时使用的斛、斗、秤、度等度量衡器具,必须每年由主管部门检查之后才能使用,以防止短斤缺两、短尺缺寸等情形的发生。

值得注意的是,唐朝法律在制裁制造、贩卖伪劣商品行为的同时,还专门规定了负责市场管理的官吏对商品质量的连带责任。凡是市场及州县的有关主管人员,明知是伪劣商品而不予禁止,任其制造、销售的,与制造、销售者同罪;未能及时发觉的,也要减罪二等论处。

十
唐朝的水利设施保护法

中国古代劳动人民在长期的生产实践中,兴建了大量的水利设施,以保护水利资源,抵御水旱灾害。为了更好地发挥这些水利设施的作用,从法律上对水利设施进行积极的保护。在敦煌发现的唐开元年间的《水部式》残卷,可以说是现存最早的有关水利建设的法规了。其中对水利设施及其管理作了明确的规定:"诸大渠用水灌溉之处,皆安斗门(即泄水闸门),并须累石及安木傍壁,仰使牢固,不得当渠造堰",而且"其斗门皆须州县官司检行安置,不得私造",重要处每斗门由专人负责管理,渠堰有损坏的,及时随近差人修理。

唐朝水利设施遗址

为了加强对堤堰等水利设施的管理,实行州县长官负责制。《营缮令》规定:"近河及大水有堤防之处,刺史、县令以时检校。若须修理,每秋收讫,量功多少,差人夫修理;若暴水泛滥,损坏堤防,交为人患者,先即修营,不拘时限。"如果是因为主管官员的失职,"不修堤防及修而失时"的,按照《杂律》的规定,要处以"杖七十";若因此而"毁害人家,漂失财物者,坐赃论减五等";因此而造成人员伤亡的,减斗杀伤罪三等论处。对人为破坏水利设施的犯罪行为,更要给予严厉处罚。《杂律》"盗决堤防"条规定:"诸盗决堤防者,杖一百;若毁害人家及漂失财物,赃重者,坐赃论;以故杀伤人者,减斗杀伤罪一等,若通水入人家致毁害者,亦如之。其故决堤防者,徒三年;漂失赃重者,准盗论;以故杀伤人者,以故杀伤论。"这些规定,也被后来的宋、明、清等朝的法律所继承。

十一
武则天与唐代法制

　　武则天是一个充满矛盾的历史人物。《资治通鉴》中称她"挟刑赏之柄以驾御天下,政由己出,明察善断,故当时英贤亦竞为之用。"武则天当政时,注意运用法律手段,维护统治秩序的稳定。在她即位之初,就颁布了由她主持制定,由一批详练法理、精通法律的官员参加编撰的《垂拱格》,并亲自作序。《旧唐书·刑法志》称这部法典"议者称为详密"。为了加强对官吏审判案件的监督,防止因官吏的枉滥而造成冤假错案,武则天专门在朝堂外设置一个铜匦,四面置门,西面的称为"申冤

武则天像

匦",天下百姓有冤屈的,可以将申诉状投入匦中。同时,武则天还秉承了唐太宗的遗风,任用了一批清廉正直、敢于秉公执法的官员,平反了大量的冤假错案,对唐代法制的发展作出了贡献。

然而,由于武则天所处的特殊的历史环境,她为了达到打击政敌、巩固自身地位的目的,任用了周兴、来俊臣等酷吏,屡兴大狱。这些酷吏发明了种种骇人听闻的酷刑,死于酷吏之手的无辜官民不可胜数。这对唐代的法制建设同样造成了极其恶劣的影响。

十二
宋代的开封府

包公的故事,被后人以各种文艺形式广泛传播,其中尤以"铡美案"最为著名。开封府的大堂,以及大堂上的那三把铡刀,也成了包公执法严明公正的象征。但是,舞台上的包公,毕竟是经过了艺术化的人物;舞台上的开封府,也不等于历史上的开封府。

开封府

宋代的开封府,是京畿地区的行政和司法机关,除行政及民政事务外,凡是京城开封及属县的刑、民事案件,轻者由开封府直接判决,重者由开封府审理后,奏请皇帝裁决。虽然开封府也可以审理官员犯罪的案件,但一般限于官员级别较低或情节较轻的案件,对官阶较高或情节较重的,则须由御史台(俗称"乌台")进行审理,所谓"群臣犯法,体大者多下御史台狱,小则开封府、大理寺鞫治"①。同时,"凡天下狱事,有涉及命官者,皆以其狱上请"②,由皇帝作出裁决。所以,舞台上"铡美案"的审理,其实是与宋代的史实不符的。对于类似"陈世美"这样的罪犯,开封府是无权审判的,更不用说当场执行死刑了。按照宋朝的法律,一般的死刑案件尚且要奏请皇帝之后才能执行,更不用说"陈世美"这样享有司法特权的皇亲国戚了。

"王子犯法与庶民同罪"是古人的一种理想。事实上,在专制时代,不仅王子犯法不可能与庶民同罪,即便是一般的官员,法律上也规定了诸如八议、上请、减赎、官当之类的特权优待。所以,从某种程度上说,舞台上的包公和开封府,正反映了人们要求法律面前人人平等的期望(尽管这在当时只能是一种奢望),这大概也正是"铡美案"的魅力所在。

然而,具有讽刺意味的是,放在开封府大堂上的那三把象征着公平的铡刀,却同样体现了这种法律上的不平等:皇亲国戚们,可以"享受"龙头铡的待遇;达官贵人们,"享受"的是虎头铡的待遇;而小民百姓,自然就只有领受狗头铡的份了。开封府大堂上的那三把铡刀,不也正是封建特权的真实写照吗?

---

① 《宋史·刑法志》。
② 《涑水记闻》卷3。

十三
史传"狸猫换太子"

"狸猫换太子"的故事,因小说《三侠五义》《龙图公案》等的流传而家喻户晓。其实,这只是后人根据传说演义而成的,并非历史事实。

宋仁宗的生母李氏(即李宸妃)本是刘妃的侍女,因宋真宗召幸怀孕,生下了仁宗。时刘妃专宠后宫,因不能生育,便强行将仁宗认为己子。不久,刘妃又被册封为皇后。宋真宗去世后,刘后便以皇太后的身份临朝,垂帘听政达11年之久。李妃与其他知情者畏惧刘后的权势,不敢向仁宗言明真相。仁宗21岁时,李妃去世,刘后打算按照普通宫女的礼仪发丧,但当时担任宰相之职的吕夷简主张用厚礼隆重安葬,刘后不从。吕夷简叫人转告她说:"李宸妃诞育圣躬而丧不成礼,异日必有受其罪者,莫谓夷简今日不言也!"刘后闻言大悟,便按照吕夷简的意见,用后宫一品礼隆重安葬了李妃,并用水银注入棺中,保护好她的遗容,将棺木寄放在奉先寺。不久,刘后也去世,仁宗非常伤心。就在这时,他的叔父燕王将真情告诉了他,并说李妃可能是被毒死的。仁宗闻言大惊,悲痛欲绝,追封李妃为章懿皇太后,并赶到奉先寺,命人开棺;同时又派兵包围了刘后的府第。开棺后,见李妃面目如生,显然不是被毒死的,这才下令将包围刘府的士兵撤回,刘氏一门也因此得以保全。仁宗追念刘后的抚育之恩,仍以太后礼将她安葬,谥为章献明肃皇后。

当然,在中国历史上,也确实有过类似"狸猫换太子"的事,不过,它不是发生在宋朝,而是发生在明朝宣德年间。这位被换下的太子,就是以后的明孝宗朱祐樘,年号弘治。

十四

苏东坡的西湖缘

说起杭州的西湖,人们可能会自然而然地联想起宋代的大文豪苏东坡。的确,在杭州的人文景观与民间传说中,留下了大量与苏东坡有关的遗迹:六桥烟柳的苏堤、鲜美的东坡肉……如果没有苏东坡,很难想象杭州的西湖会是什么样的景象。

苏东坡的一生中,大部分时间是在各地为官。但有趣的是,他的足迹所到之处,往往都会有个"西湖"。南宋诗人杨万里曾有诗道:"三处西湖一色秋,钱塘颖水及罗浮。东坡原是西湖长,不到罗浮那得休!"其实,苏东坡所到的西湖,还远不止三处。熙宁四年(1071年),苏东坡任杭州通判,这是他第一次出任地方官,便与西湖结下了不解之缘。几年后,任湖州知州。正是在湖州任上,他因诗文获罪,也就是著名的"乌台诗案"。① 而在湖州长兴县西南,也有一处西湖,又名吴越湖,相传吴王筑吴城,辇土于此,遂成湖。不久,苏东坡被任命为汝州(今河南临汝)知州,汝州城西有西湖,一名龙塘坡,其水四时不竭。元祐四年(1089年),苏东坡以龙图阁学士出任杭州知州,再度与杭州西湖结缘。三年后,调任颖州(今安徽阜阳)知州,州城西北有一西湖,长十里,广二里,景象极佳,苏东坡常宴赏于此,留下了许多题咏。绍圣元年(1094年),苏东坡被贬为宁远军节度副使,惠州安置。苏东坡携妾王朝云、子苏过

---

① 有关苏东坡的"乌台诗案",详见本书第五章之"'乌台诗案'与宋代法制"。

在此地居住了三年,于城西的西湖等地留下了朝云墓、六如亭以及他助款修筑的苏堤、西新桥、东新桥等遗迹。宋徽宗即位后,苏东坡被调往廉州(今广东合浦),城西亦有一西湖,苏东坡曾在那里留下了"西湖平,状元生"之语。苏东坡为官之处,有西湖的竟有六处之多。与苏东坡同时代的诗人秦觐(秦观之弟)有诗道:"十里薰风菡萏初,我公所至有西湖。欲将公事湖中了,见说官闲事亦无。"苏东坡的一生,真的是与西湖有缘了。

十五
手倦抛书午梦长

记不得是哪一位诗人,写过这样一首"午睡诗":"花竹幽窗午梦长,此中与世暂相忘。华山处士如容见,不觅仙方觅睡方。"

与其他生活习惯一样,午睡与文人也有着千丝万缕的联系。夏日午睡,本为调节精神的养生之道。清人李笠翁说过:夏日午睡,犹如饥之得食,渴之得饮,养生之计,未有善于此者。陆游有诗道:"相对蒲团睡味长,主人与客两相忘。须臾客去主人觉,一半西窗无夕阳。"宋人释有规也有诗道:"读书已觉眉棱重,就枕方欣骨节和。睡起不知天早晚,西窗残日已无多。"一枕睡去,直到夕阳西下,无忧无虑,自在逍遥。然而,就在这份悠闲心情的背后,似乎又流露出一丝淡淡的对尘世的不满。

古代最为著名的午睡诗当推宋人蔡确的《夏日登车盖亭》。北宋元祐年间,宰相蔡确被贬安州,在游览当地名胜车盖亭时,写下了绝句十首。没想到,他的政敌竟以此为证据,指责他借诗讥讽、诽谤朝政。结果,蔡确被流放到岭南,并死在那里。虽然后人对这桩政治公案和蔡确本人的评价不一,但那首《夏日登车盖亭》却成为后人传唱的名篇:"纸屏石枕竹方床,手倦抛书午梦长。睡起莞然成独笑,数声渔笛在沧浪。"

十六
元朝的医药管理

中国元朝时期,在药学水平不断提高的同时,对医药管理的立法也逐步完善,明确规定了庸医误人及制造贩卖毒药、假药等行为的法律责任。元武宗至大四年(1311年),鉴于民间私人行医的现象日渐增多,诏令全国各地禁庸医,并将原来的医学十三科合为大方脉杂医科、产科兼妇人杂病科、口齿兼咽喉科等十科,每科都规定了必读的经书(即医书)。医生必须精通十科中的一科,始准开业行医。同时,还令全国各地设立医学,规定了学习与考试之法,定期对医生进行考核。在《通制条格·医药》中还明确规定,如果"不精本科经书,禁治不得行医"。凡有"不习医道诸色人等,不通医书,不知药性,欺诳俚俗,假医为名,规图财利,乱行针药,误人性命"的,"严行禁约。如有违犯之人,仰所在官司究治施行"。此外,还严令禁止在人烟密集处以调弄蛇禽、傀儡等方式,"引聚人众,诡说妙药"等贩卖假药的行为。各药铺如果擅自将有毒药物如乌头、附子、巴豆、砒霜之类卖与他人,致伤人命的,要追究其刑事责任:"诸有毒之药,非医人辄相买卖,致伤人命者,买卖者皆处死;不曾伤人者,各杖六十七。"

十七
清朝的内务府

内务府在清朝的司法审判体系中具有非常特殊的地位。从职能上看,内务府只是一个管理宫廷事务的机构,主要负责皇室的日常生活、财产管理以及皇宫的安全保卫等。内务府管辖的事务繁多,因此不仅下属机构庞杂,而且人数多达三千余人,是清朝国家机关中组织最为庞大、人数最多的一个机构。不仅如此,内务府还拥有一套独立的治安和司法审判体系,享有司法审判权。

内务府都虞司所属的三旗包衣营(即骁骑营、护军营、前锋营)负责宫中治安,掌管宫中各处的警卫,稽查出入;番役处负责缉捕有关人犯;慎刑司则是专门行使审判权的机关,负责审理内务府所属上三旗(即八旗中由皇帝亲自统带的镶黄旗、正黄旗和正白旗)的刑事案件,以及内务府官员、匠役和太监犯罪的案件。凡是杖一百以下的案件,慎刑司审结后,报请总管内务府大臣核准,便可执行;徒刑以上的案件则要移送刑部定罪;死刑案件由内务府会同三法司(刑部、大理寺和都察院)一起审理。此外,其他一些与宫廷事务有关的案件,也交由内务府审理。因此,清朝的内务府事实上是一个专门负责宫廷案件审理的特殊的司法审判机关。

十八
清代官场的称呼

在官场中,上下级之间、同僚之间,相互的称呼都有约定俗成的规矩,且不同时期也有所变化。

在清代的官场中,常见的尊称主要有以下几种:

(1) 大人。大人最初仅仅是对各部院尚书、侍郎、外官总督、巡抚以及钦差大臣的尊称。嘉庆、道光以后,京官四品以上,外官司(布政使、按察使)、道(道员)以上,都被尊称为大人。翰林得差(如外任学政等),也可以称为大人。到了光绪末年,京官如郎中、员外郎、主事、内阁中书、未得差的翰林,外官如知府、直隶州州同,以至于捐道员衔的人,也都可以尊称为大人了。

(2) 老先生。老先生原是清代官场上最尊贵的称呼。康熙以前沿袭明朝旧称,大学士以及各部院长官彼此都以老先生相称。外官两司(布政使、按察使)称巡抚也为老先生。康熙以后,老先生之称渐滥,各部司郎中、员外郎以下也都以老先生相称,已失去其原有的尊贵称呼的意义。所以,到了同治以后,"贵贱上下,满朝无一人称之矣"。

(3) 大老爷、老爷。清乾隆以前,京官九卿以上,外官司、道以上,都称大老爷;知府至知县则称太老爷。至乾隆以后,知府至知县以及捐六品衔的人都可以称大老爷了。老爷则是普通的称呼,凡是文武官员家中的奴婢都称主人为老爷。乡民也有称举人为老爷的。到了光绪末年,老爷的称呼更为普遍。在一些较为偏僻的乡村,对平日居家身着长衫的人也都以老爷相称。

（4）父母、公祖。这是属下百姓对地方官的尊称。对州县长官称父母，对巡抚、司、道、知府则称公祖。

（5）大帅。这最初是对统兵大将军以及经略大臣的尊称。其后对带兵的总督、巡抚也有称大帅的。太平天国起义后，清政府派一些尚书、侍郎以原官外任总领军务，也尊称之为大帅。至光绪以后，督抚及实缺提督也都以大帅尊称，对年老资深的则称之为老帅。

在清代的官场中，常见的谦称主要有以下几种：

（1）学生：学生是官场中特别是高级官员之间常用的谦称。《词林典故》："翰林后辈称前辈为老先生，自称学生。"

（2）晚生：这是相对"前辈"而言的谦称。清代官场习俗，不论官阶高低，凡是由翰林出身的，先出者为前辈，后辈则自称晚生。即使前辈为后辈的属下，后辈也永称晚生（或侍生）。

（3）卑职：这是清代地方官最常用的谦称。凡知州、通判以下至未入流的吏员，不论是现任还是候补，对上司均自称卑职。知府对上司则自称卑府。此外，京官郎中、员外郎、主事等对上司均自称司官；外官各司对督抚自称本司或司里；道员则称职道。

（4）标下：这是清代武官的谦称。督抚等统辖的绿营兵称标，将军统率的称军标，总督统率的称督标，以此类推。各标的武官称所属长官为大帅或大人，自称标下，意为在其标下供职。

此外还有其他一些称呼，不一一赘述了。但有一点需要指出，尽管清代官场称呼变化较大，但在一定时期这些称呼都是固定的，是不能随意乱用的。

十九
年终赐"福"

清朝有年终向大臣赐"福"字的典制,据说始于康熙年间。康熙皇帝写得一笔好字,自然喜欢舞文弄墨。开始时只是一时兴起,写几个"福"字赐给左右大臣,没想到后来便成了一种制度。每年年终,由有关部门将有资格接受御书"福"字的大臣的名单送给皇帝,皇帝写好后,于农历12月29日作为礼物分送给名单上的大臣。在朝廷百官中,一般只有王公大臣、各省督抚、将军,以及在南书房、上书房当值的翰林学士才有这种"荣幸"。乾隆时的王际华在31年中,得赐"福"字24幅,他将这些"福"字精心装裱后,挂在大堂上,并自题其堂为"二十四福堂",以炫耀皇帝对他的"恩宠"。有时,皇帝除了赐"福"字外,另加赐一"寿"字,这更是一种特殊的荣耀了。清朝皇帝开笔书写第一个"福"字时所用的笔,据说是康熙时传下的。笔管上端端正正镌刻着"赐福苍生"四字。这支笔世代相传,也成了清王朝祈求江山永固、延福后世的象征物。

二十
"员外"种种

中国古代民间对人的称呼,总喜欢与官职联系起来。医生称作郎中、大夫,卖茶的称茶博士,连理发剃头的都称为待诏,意思就是说不定哪天会被皇帝宣召进宫授以官职了。而在所有的称呼中,最常用、最普遍的,恐怕莫过于"员外"了。

员外作为一种官称,原来有两种意思。一是指员外郎这一官职。员外郎本是员外散骑侍郎的简称。《通典》记载:"员外散骑侍郎,晋武帝置。晋代名家,身有国制者,起家多为员外散骑侍郎。"隋朝在尚书省二十四司各置员外郎一员,作为行政机构正式编制的副司职官员。这一制度一直沿用到清末。员外的另一种意义,则是指正式编制以外的官员。唐朝有员外置同正员的名目,主要是用来安置候选补缺的官员;地方官如长史、司马、参军乃至县尉,也有员外官,主要是安置那些被贬降的官员。此外,有钱人也可以花钱捐买员外官。《通俗编·仕进》记载:"所云员外者,谓在正员之外,大率依权纳贿所为,与今部曹不同,故有财势之徒皆得假其称。"因此,唐宋以降,员外之称,遍及民间,成了那些地主富绅的代称了。

二十一
金莲三寸为哪般

女子缠足,自宋元以降,被视为女子的完美形象及女性美的主要标志之一。这一世界文化史上的奇特现象,曾使多少人为之疑惑不解:究竟是什么原因,使得这种摧残女子身体而又没有任何实用价值的陋习得以久盛而不衰,甚至连清王朝严厉的刑罚也禁止不了呢?

一种看法认为,缠足的盛行,是出于封建士大夫病态审美观的需要。清代的李渔说,小脚的好处,就是叫人白昼"怜惜",夜里"抚摸";另一位方绚更是专门写了一本《金莲品藻》,来研究种种小脚的诸般"妙处"。正是由于士大夫们的大力吹捧、提倡,缠足的陋习才蔚然成风。现今的一些研究传统文化的学者,也颇推崇这一观点。

另一种看法则认为,缠足是为了限制女子的行动自由。元朝人伊世珍的《琅嬛记》中说:"圣人重女而使之不轻举也,是以裹其足,故所居不过闺阁之中,欲出则有帷车之载是无事于足也。"《女儿经》中也说:"为甚事,裹了足,不因好看如弓曲,恐他轻走出房门,千缠万裹来拘束。"

上述两种看法,虽然都有道理,但又都无法解释这样一个问题,那就是无数女子承受残害肢体的痛苦,所为的难道仅仅只是男子的需要?

1793年,英国的斯当东爵士随马嘎尔尼出使中国时,见到女子缠足的现象后在日记中这样写道:"像这样一种习俗并不能用暴力夹让人接受。如果男人只是想把他们的妻子关在家里,那么他们完全可以用别的办法来做到这一点。印度的妇女比中国的妇女更不自由,但她们的脚并没有搞残。如此荒谬的习俗只有妇女自己愿意才能得以普及和延续。"妇女自己愿意,这正是缠足久盛不衰的前提条件。帮助女子缠足并不断加以监督的,恰恰是那些曾经也深受缠足之苦的母亲们。除非她们从缠足中得到了好处,否则是决不会如此残忍地摧残自己的亲生女儿的。那么,这种"好处"又是什么呢？

我们认为,这种好处就是小脚本身所代表的文化与社会意义,即等级社会中的某种特定的身份和地位。在古代中国,人们通常是以能否避免参加体力劳动作为评判女子社会地位高下的标准(其实对男人也是如此),"劳心者治人,劳力者治于人",这种观念对女子来说也是同样适用的。而是否缠足,又无疑是区分这种身份贵贱的最好标志了。以缠足最为盛行的江南地区为例,在那里,农家女子和贫民家的女子是不缠足的,因为她们必须参加生产劳动,而那些缠了足的女子很看不起她们,原因就是她们不具备缠足的"资格"。

因此,从这一意义而言,缠足把女子从繁重的体力劳动中解脱出来,成为封建时代女子社会地位"提高"和妇女"解放"的最为显著的象征,小脚的妇女也因此而引以为自豪。这或许正是女子心甘情愿地承受缠足之苦以及缠足的习俗久盛不衰的主要原因吧。

后　　记

校改完书稿的最后一个字,不由得掩卷长叹。这本小书,可以说是凝聚了我几十年研究中国法制史的心血,是我的学术之路的一个最好的见证,虽然这本书无论如何也称不上是一部"学术著作"。

接触中国法制史并将其作为我的专业,说起来也是非常偶然的,也可以说是得益于那场全国范围内轰轰烈烈开展的"批林批孔"运动。那时我虽然已经在读中学,但实际上是无书可读;我作为家里"幺儿"的现实,使我无法逃脱"上山下乡"的命运。所以,读书对我来说,是毫无意义也毫无用处的。但天性沉静(用今天的话说,就是"宅")的我,却又偏偏喜欢读书,尤其是古书。而那场"批林批孔"运动,却在无意中让我有了接触那些古书的机会。和我的同龄人一样,我们最早接触到的《论语》和《孟子》等儒家经典,恰恰是当时为了配合"批林批孔"运动,作为反面教材而编著的《论语批注》和《孟子批注》!正是这些"反面教材",让我了解了中国古代思想和文化的精华。而为了配合"评法批儒"而出版的一批法家著作,如《商君书》《荀子》《韩非子》《论衡》,乃至《柳河东集》《王文公文集》等,又让我有机会接触到了诸子百家的一些经典著作。

记得1974年生日那天,母亲带我去淮海中路的一家饭店吃饭。在饭菜上来之前,我跑去附近的新华书店,用母亲给的钱买下了一大堆书,其中就有《盐铁论》。一起吃饭的一位亲戚看到后问我:这些书你能看懂吗？说实话,当时我还真的看不懂,但就是觉得喜欢。若干年后,我读中国法制史专业的研究生,老师给我们开列的中国法律思想史的必读书中,排在前面的就有《盐铁论》!这些大概是冥冥之中注定的吧。

正因为这份对中国古代文化的爱好,在成为华东政法学院复校后的首届学生时,我就对中国法制史这门课程产生了浓厚的兴趣,并在大学毕业后直接考上了华东政法学院中国法制史专业的研究生,毕业后就留在了华东政法学院法律系法制史教研室任教。那时正赶上"下海"和赚钱的大潮,我却躲进书斋里"爬格子"。由于不用坐班,所以没课时就去书店买书,回家后翻阅买来的书,也就成为一种乐趣。但"爬格子"就不同了,投出去的文章,基本上都是退稿(那时不像现在,稿子都是手写的,所以编辑部对不用的稿子一般都是退还给作者,有时还会写上几句鼓励的话)。难得有一篇被录用,就会兴奋得好长一段时间像打了鸡血似的。当时上海《新民晚报》的副刊《夜光杯》栏目经常会刊登一些文史类文章,短的几百字,长的也不过一千字。有一次我投去的一篇辨误文章被采用了,立刻激发了我的热情,开始不停地投稿,当然随之而来的是不断的退稿。终于有一天,副刊编辑全岳春先生给我来了一封很长的信,和我交流了一些学术问题,同时也对如何写稿提出了建议。正是在全岳春先生的指导下,我逐步明白了文史类的文章应当如何写,以后基本上一个月左右就有一篇文章发表(后来我才知道,那时在《夜光杯》上发表一篇小文章,难度要超过在学术期刊上发文章),我的文风也有了很大的改变。我今天能够在学术上有所成就,真的首先应当要感谢全岳春先生!

所谓功夫不负有心人,几年下来,我逐步有了学术积累,写了不少东西,也发表了一些文章,单独与合作出版了一些著作和教材,尤其是积累了大量的资料。但正在这时,根据学校学科建设的要求,要调我去宪法教研室,从事宪法学的教学与研究。从当时的现实看,我的这个转型是必要的,因为中国法制史毕竟离现实有一定的距离,从而导致研究的发展受到很大的限制,对个人而言也不利于自身的发展;从今天看,我的这次转型也是完美的,因为如果没有当年的转型,就不可能有我今天的成功。

当然,要真正放下自己喜欢的专业,去研究一门相对比较陌生(可能还有些枯燥)的学科,确实是不容易的。虽然后来我在新的学术研究领域和工作领域有了一定的造诣和社会影响力,但对中国法制史的热爱却从未消减过,并尽可能地将不同专业的研究联系起来。我的第一本宪法学研究的专著就是《近代中国宪政史》,其中就有明显的宪法史研究的色彩。这期间,还出版了《中国古代衙门百态》(2008年又重版)、《盗墓史》等书。尤其是后者,无意之间成了中国第一本研究盗墓史的专著,尽管只是薄薄的一本,却打开了盗墓史研究思路,这一点是任何后来者所不能否认的。此外,我平时看到一些感兴趣的法制史书籍,就会立刻买下来;闲暇时,也会翻看中国法制史方面的书籍,思考一些问题;在讲课时,也会举出一些中国古代的案例和故事。由此,我萌发了将过去的一些思考和研究成果汇集起来的念头。大概是五年前,我开始着手进行整理,并形成了一部书稿,也想过将其出版,但由于种种原因,一直没有实质性的进展。大概是一年前吧,同我的好朋友、北大出版社编辑部主任王业龙先生谈起此事,得到了他的大力赞同,并立刻着手策划。由于书中的一些内容是多年前写的,整理的时候也比较粗糙,有不少文字和资料方面的错误,一些相关的参考书也早已被我束之高阁,要校改实属不易。承蒙责任编辑刘秀芹小姐的细心编校,在她那双慧眼之下,一些连专业人士都很难发现的错误被她一一捉出改正!因此,这本书能够顺利出版,真的要感谢王先生和他的团队!

由于书中的内容都是多年前写的,而且许多内容是分别发表在不同地方，因此尽管在整理过程中进行了调整，但全书的系统性和一些篇章的内在关联性显然是不够的。但作为一本知识性的读物，只希望能够通过对中国古代法律与社会的一些零散的介绍，使读者对相关问题有一个基本的了解。如果能够实现这一目的，那对我来说也是最大的欣慰了。

殷啸虎

2015 年 6 月于沪上寓所